첨단기술 시대의 신학과
기독교윤리

첨단기술 시대의 신학과 기독교윤리

초판 1쇄 인쇄 | 2025년 3월 25일
초판 1쇄 발행 | 2025년 3월 31일

지은이 김은혜
펴낸이 김운용
펴낸곳 장로회신학대학교 출판부

등록 제1979-2호
주소 (우)04965 서울시 광진구 광장로5길 25-1(광장동)
전화 02-450-0795
팩스 02-450-0797
이메일 ptpress@puts.ac.kr
홈페이지 http://www.puts.ac.kr

값 18,000원
ISBN 978-89-7369-502-7 93230

첨단기술 시대의 신학과 기독교윤리

김은혜 지음

장로회신학대학교출판부

목차

**첨단기술 시대의 신학과
기독교윤리**

서 론

1. 하나님과 세계 : 인간과 자연 그리고 물질과 기술의 얽힘의 네트워크

COVID-19 팬데믹 이후 한국 교회의 미래는, 전 세계가 팬데믹이라는 지구적 위기를 어떻게 극복해 왔는지에 대한 깊은 성찰과, 그에 기반한 교회의 전환 여부에 달려 있다. 이 세계가 그저 단순한 물리적 공간이 아니라, 하나님의 초월적 계시의 진리와 그에 따른 역사적 변화, 그리고 지속해서 변화하는 물질적 환경이 서로 매개되는 장이라는 믿음 때문이다. 이는 사회와 역사뿐 아니라 자연환경과 기술환경이 개인과 공동체에 강력한 영향을 미치고 있다는 사실을 반영한다. 하나님의 역사는 우연에 맡겨진 것이 아니라, 분명한 방향성과 섭리를 지니고 있다. 이러한 관점에서 팬데믹의 3년은 전 세계적 전염병일 뿐 아니라 믿음의 백성들에게는 하나님 계시의 현장인 것이다. 하나님과 인간, 인간과 자연, 그리고 자연과 세계가 서로 매개 없이 만날 수 없다는 사실은 오늘날 더욱 명확해지고 있다. 예를 들어, "네트워크"는 원래 컴퓨터와 디지털 기술에서 유래되었지만, 이 개념은 기독교 공동체를 새로운 방식으로 이해하는 데 유용하다. 네트워크라는 집합체로서의 은유는 인간 존재에 대한 새로운 신학적 이해와 공명하며, 하나님과 인간, 인간과 세계 간의 상호작용을 더욱 깊이 조명할 가능성을 열어준다.

본서는 한국교회의 미래를 다시 그려갈 그 전환의 중심축으로 생태

ecology와 기술technology에 대한 신학적 윤리적 성찰이다. COVID-19 이후 문명 전환을 선도하며 새로운 문화를 이끄는 시대정신의 두 가지 핵심 개념은 생태와 기술이다. 우리가 처한 다중 위기 속에 가장 긴급한 문제인 기후 위기는, 산업문명의 지속 가능성은 물론 인간과 현존하는 생명 영역을 넘어 비유기체적인 물질환경과 기술환경을 포함하여 지구 전체를 통째로 위기에 몰아넣고 있다. 아마도 현대 자본주의 사회 인간의 각종 시스템은 기후 위기를 심화시키며 자연과 사회를 동시에 붕괴로 몰아갈 최적의 조건일지도 모른다. 이렇게 지구의 지속 가능성은 현 인류의 결정과 선택에 달려있다.

인류는 항상 기술의 발전과 함께 수많은 어려움과 문제를 극복해 왔다. 기술은 첨단기술 시대에만 문제로 여겨진 것이 아니다. 기술은 단 한 순간도 인류 역사에서 분리된 적이 없다. 기술을 통해 인류는 시공간과 자연 및 물질적 한계를 극복했고, 미지의 세계를 탐험했으며, 기술 문명을 통해 사회의 진보와 역사적 발전을 늘 시도해 왔다. 그러므로 하나님의 지속적 창조를 고백하는 기독교는 어떤 시기에도 과학기술의 발전을 막지 않았다. 오히려 기독교는 오랜 역사 속에서 변함없는 진리를 전하기 위해 끊임없이 새로운 미디어 기술을 활용해 왔으며, 이를 통해 종교와 기술은 함께 발전해 왔다. 기독교 윤리적 관점에서 보면, 기술 자체가 신성한 것은 아니지만 하나님의 세계와 인간의 상호작용 속에서 사랑과 구원의 희망을 드러낼 때 그 진정한 가치가 나타난다. 기후 위기의 시대에 생태신학적 관점에서 인간뿐 아니라 하나님의 피조세계를 구성하고 있는 자연을 공동창조자로 인정하듯이 창 1:11 첨단 기술의 시대에 기술 신학적 토대 위에서 기술 개체들 역시 하나님의 새로운 창조와 구원의 과정에서 매개자로서의 역할을 수행해왔음을 인식하는 것이 중요하다. 이것은 만물의 화해자로서 예수 그리스도의 뜻을 숙고하며 구원을 이 세계의 치유와 회복의 과정으로 바라보는 입장이다^{행 3:21}. 특별히 현대 기술 시대의 '기술'은 인간의 편의를 위한 단순한 도구를 넘어 인간의 일부가 되어가고 더 나아가 인간과 더불어 삶을 만들어 나가는 협력자가 되어가고 있다.

이렇게 본서의 기본적인 방향은 자연환경과 기술환경이 상호 엮이고 얽히며 만들어가는 하나님의 세계를 상상하는 만물신학을 기반으로 성육신적 인간주의를 지향하는 삶의 새로운 방식을 숙고하도록 이끈다. 팬데믹은 인간에게 혼자서 생존할 수 없음을 일깨워 주었다. 인간은 만유의 연결망의 한 부분으로, "땅과 거기 충만한 것이 주의 것"^{고전 10:26}이기에 하나님께서 창조하신 피조세계의 신적 기원을 깨달아 하나님의 능력과 신성에 감탄하며 이 세계를 애써 돌보아야 하는 것이다^{골 1:16-21}. 따라서 생태와 기술을 중심으로 하나님의 창조세계를 회복하려는 노력은 그리스도를 통한 만물과의 화해를 이루는 문명전환과 생명경외를 통해, 인류가 '깊은 육화' deep incarnation 와 '넓은 육화' wide incarnation 의 길로 나아갈 수 있는 열쇠가 된다. 이러한 창조 세계의 회복과 기술의 방향을 제시하기 위한 우리들의 사랑과 정의의 실천은 신음하고 혼돈에 빠진 만유를 회복시키시는 만유의 주, 예수 그리스도의 능력을 경험하는 길이다. 특별히 기술 발달에 대한 우려에도 불구하고, 우리는 새로운 기술개념의 신학적 이해를 통하여 기계 역시도 인간 진화의 산물이므로, 물질 환경 속에서 인간과 기계가 공진화하면서 공동의 미래를 열어가도록 생태적 기술에 대한 신학적 해석의 역량도 요구되는 시대를 살아가고 있다.

2. 인간과 공존하는 기술 그리고 교회

　자연과 함께 기술은 인간에게 보조적인 수단이 아니라 문화와 삶을 구성하는 핵심이자 유일한 수단이기도 하다. 어쩌면 기술은 인간의 '인간 됨을 이루는 매개이자 성향'이라 할 수 있다. 첨단기술의 시대에 혁신적인 신기술이 등장할 때마다 교회 내부에 퍼지는 불필요한 두려움이나 무비판적인 수용은 오히려 교회의 사명을 수행하는 과정에 장애가 된다. 특별히 이러한 기술에 대한 신학적 연구는 새로운 교회와 신앙 표현을 갈망하는 목회자와 사역자들에게 중요한 통찰을 제시할 수 있다. 이것이 바로 신학교육의 사명이다. 팬데믹 이전, 필자는 가나안 청년들을 다시 교회로 돌아오게 할 방안을 고심하며 전통적 교회의 변화를 이야기하곤 했다. 팬데믹 이후 가속화된 탈종교 현상과 청년의 교회이탈 현실은 오프라인 현장에서 그저 기다리는 것을 넘어 그들이 거주하는 디지털 세상에서 실천하는 디지털 선교의 중요성을 깨닫게 한다.

　본서는 포스트코로나 시대를 살아가면서 그리스도인들과 교회가 하나님 나라에 대한 희망과 이 땅에서의 생태적 삶과 그리고 디지털교회와 현실교회에 대한 선택적 이원론을 비판적으로 성찰하며 교회의 지속적 발전을 지향하는 치열한 문제의식과 구체적 대안이 포함되어 있다. 따라서 각 장의 내용은 기본적으로 생태와 기술을 연결하는 물질에 대한 신학적 성찰을 통하여 여전히 창조와 구원을 위한 인류의 유일한 공유지인 지구의 치유와 회복, 그리고 동시에 또 하나의 세계인 디지털 지구^{Digital Earth}에서 활동하시는 하나님의 돌보심과 그 변화하는 역사에 부지런하게, 또

거침없이 참여해야 함을 강조하고 있다. 따라서 본서의 내용은 팬데믹 이후 교회론을 고민하는 목회자, 신학생뿐 아니라 매일의 생활 현장 속에서 기술적 접속을 통하여 기독교적 가치를 전하고자 하는 신앙인들과 그리고 평신도들에게도 필요한 내용들로 구성되어 있다.

　한국교회는 온라인 예배가 하나의 신앙생활의 형태로 자리 잡아가고 디지털교회가 개척되는 현실을 바르게 인식하고 해석하며 첨단기술 시대에도 어떤 미래가 펼쳐지든지 하나님의 통치에 대한 흔들림 없는 믿음에 굳건하게 뿌리를 내려야 한다. 그것은 잃은 양 한 마리를 애타게 찾으시는 주님의 마음으로 디지털교회와 모든 교회를 하나님 사랑의 네트워크로 연결하여 복음을 전해야 하는 사명이 있기 때문이다. COVID-19를 지나면서 한국교회가 여러 차원에서 위축된 것을 부인할 수 없다. 그렇게 된 과정과 문제를 분석하고 반성하는 것도 필요하지만, 이제 한국교회는 하나님의 것인 이 시대에서 세상을 섬기며 이웃과 더불어 살아가는 사회와 인류의 공동선을 위한 건설적인 응답을 제시해야 한다. 교회 지도자들이 가장 어려워하는 주제는 미래세대 교육과 전도이다. 청소년과 청년들을 위한 복음전도를 위해서는 디지털 세계를 놓쳐서는 안 된다. 미래는 그저 기다리면 오는 시간이 아니다. 현재의 문제에 신실하게 응답할 수 있는 신학적 역량과 신앙적 결단이 있어야만 미래에 대한 대안과 예측이 가능하다.

　팬데믹 이후의 급변하는 세계는 다중 전환의 시대를 맞이하였다. 한국교회는 이 전환이 인간의 삶을 그리고 신앙생활을 전방위적으로 변화시키고 있음을 주목할 필요가 있다. 한국교회와 교계 지도자들은 가나안 청년들이 지속적으로 증가하고 COVID-19 이후에도 감소하지 않는 현상에 대한 책임을 통감해야 한다. 이러한 청년세대의 심각한 종교현상을 면밀히 분석·연구하여 현실적 대안을 제시하는 것이 시급하다. 특히 기후 위기 시대에는 더욱 깊이 있는 분석과 대안이 필요하다. 기후 우울증을 호소하는 청년들, 팬데믹으로 정신건강이 악화된 청년들, 절망하여 교회를 등진 기독 청년들, 그리고 앞으로 교회를 떠날 수 있는 우리 자녀들에게 어떻게 소중한 신앙의 가치를 전할 것인가 하는 과제가 우리 앞에 놓여 있다. 이러한 새로운 상황에서 한국교회는 단순한 근심이나 당혹감을 넘어서, 변화하는 삶의 환경과 기술 발전이 다음 세대에게 미칠 중요한 영향을 인정하고 적극적인 대안을 모색해야 한다.

3 | 구원의 현장으로서의 생태지구와 선교의 현장으로서의 디지털지구

우리는 지속 가능한 지구를 물려받았음에도 불구하고, 이를 파괴하는 세대가 될 위험에 처해 있다. 이러한 복합적 위기의 시대에는 단순히 속도만을 중시하는 것이 아니라, 우리가 "어디로 나아가야 할지" 방향을 확고히 설정하는 대전환이 필요하다. 이러한 문명전환의 시기에 불안이 증폭되고 이념적 갈등이 고조되는 현실에서 기독교가 지구 환경과 기술 변화를 외면한 채 내세 지향적인 구원에만 몰두한다면, 하나님이 부여하신 지구를 돌보고 사회를 섬기는 사명에서 멀어지게 된다. 생태위기와 첨단기술이 교차하는 오늘날, 아날로그와 디지털 공간의 경계를 자유롭게 넘나들며 시공간을 초월하시는 하나님의 사랑을 더욱 잘 전하고, 이웃을 더 깊이 사랑하기 위해 우리는 지구 공동체의 지속 가능성과 사회적 책임을 잘 수행할 책임이 있다.

특히 한국교회는 영혼 구원을 위해 이 세상의 일들을 부차적인 것으로 간주하는 '타락한 세상'이라는 신학적 관념과 지구의 파멸과 연결된 '탈세계적 종말론'을 극복해야 한다. 이는 한국교회 안에 오랫동안 자리 잡은 이러한 탈세계적 신학의 관념들이 그리스도인들을 지구의 고통과 신음에 무감각하게 만들어 왔음을 깨닫는 것이 중요하기 때문이다. 사실 '타락한 세계'라는 관념은 유대-기독교 전통에서 원죄에 의해 타락한 인간의 상태를 다루는 이야기의 일부로 자리 잡고 있다. 그러나 이러한 고정된 관념으로서의 죄의식은 악의 실체와 현상을 나와 분리하고 세계의 악을 나와 별개의 것으로 간주함으로 더 큰 악을 초래하는 것이다. 기독교 인간 이해는 '하나님의 형상'과 동시에 '죄인'이라는 두 개념의 역설적 의미로 정의되며, 모든 악이 나에게 내재한 한 부분임을 깨닫는 것이다. 이러한 깨달음이야말로 진정으로 신앙적인 태도라 할 수 있다. 인류가 살아갈 수 있는 땅으로서 지구는 하나님께서 예수 그리스도를 통하여 몸으로 찾아오셔서 창조와 구원의 역사를 실현해 가시는 장소이다. 무엇보다도 먼저 그리스도인들은 시편 24편의 "땅과 거기에 충만한 것과 세계와 그 가운데에 사는 자들은 다 여호와의 것이로다"라는 말씀대로 지구가 하나님의 것임을, 그리고 인류는 지구 공동체의 일원이라는 인식을 공유하는 것이 우선이다.

또한 새로운 첨단기술 시대에도 우리는 온라인 세계를 위한 선교적 전략을 모색해야 하며, 동시에 그 공간에서 발생하는 다양한 도덕적 문제들에 민감하게 대응할 수 있는 윤리적 가치, 원리, 그리고 규범들을 형성해야 한다. 이를 위해 그리스도인들과 교회의 미래지향적이고 실천적인 방향을 설정하는 데 중요한 과제는 또 하나의 지구인 디지털 지구Digital Earth를 하나님의 사랑의 네트워크로 연결할 수 있는 새로운 신학적 성찰과 하나님 나라의 확장이다. 디지털 전환Digital Turn 시대의 핵심 가치는 '개방’과 ‘공유’이다. 디지털 기술과 데이터의 개방 및 콘텐츠 공유를 통해 인공지능AI, 가상 세계, 공유 플랫폼 등 기술 기반의 새로운 현장과 다양한 디지털 공간의 발전이 지속해서 이루어지고 있기 때문이다. 교회는 이러한 시대적 흐름 속에서 어떻게 개방하고 무엇을 공유할 것인지 진지하게 고민해야만, 세계와 이웃과 효과적으로 소통하며 공감할 수 있다. 따라서 기술은 이제 진보와 보수라는 이분법적 논쟁의 대상이 아니라, 교회의 시대적 사명을 실현하는 데 필수적인 매체로 인식되어야 한다. 어떤 시대에도 교회는 영적인 접촉과 접속을 통해 공동체를 세워나가야 하는 사명이 있다. 특히 팬데믹 이후의 사회적 전환은 단순히 과거로 회귀하는 것이 아니다. 과거의 성장과 진보 방식과 결별하고, 새로운 방식으로 미래를 열어가는 길을 찾는 것이 오히려 더 중요한 과제이다.

에클레시아는 교회를 소집된 하나님의 백성으로 정의한다. 더 구체적으로, 에클레시아는 코이노니아에서 비롯된 수많은 관계의 네트워크를 통하여 교회, 즉 기독교 공동체의 개념으로 구체화 된다. 교회는 하나님과 연결되며, 그리스도인들 간의 사회적, 정서적, 신앙적 그리고 무엇보다 중요한 영적 연결에 초점을 맞춘다. 이렇게 교회는 단순히 내부에만 머물지 않고, 교회의 경계를 넘어서는 공동체적 친교를 구축하고 확장해야 한다. 이를 위해 우리는 변화하는 기술사회의 흐름을 파악하고 우리에게 주어진 모든 매체와 방법을 활용함으로 교회를 세워나아가고 동시에 아날로그 공간과 디지털 공간에 대한 신학적 이해를 바탕으로 이 두 영역을 조화롭게 결합할 때, 교회의 지속성을 실현하며 하나님과 세계 그리고 인간을 더 잘 섬길 수 있다.

첨단기술 시대에 디지털과 아날로그 공간 사이의 분리할 수 없는 역동적 관계는 점점 더 복잡해지고 있다. 이러한 현실 속에서 예배와 교제, 봉사와 선교, 그리고 교회의 사회적 책임의 다양한 방식을 고민하며, 무엇이 더 복음적이며, 어떻게 기독교 가치를 실행하고, 하나님 현존의 실재^{real}를 이 세계 속에서 나타낼 것인가에 대해 열린 대화의 자세가 필요하다. 여전히 그리스도인들이 온라인 경험이 '가상적'이고 '덜 실재적'이라고 생각한다고 해도 우리는 이웃과 그리스도인들과의 소통을 위해 디지털 기술에 의존해야 하는 상황을 경험하고 있다. 어쩌면 온라인과 오프라인 접촉을 분리하려는 태도는 디지털 매체가 복음 전파와 하나님의 사랑을 나누는 데 이바지할 잠재력을 간과하거나, 교회적 친교를 활성화하고 이웃과의 사랑을 실천하기 위한 의사소통 행위 자체를 평가절하하는 결과를 초래할 수 있다. 그러나 디지털 시대를 살아가는 우리의 현실은 온라인과 오프라인 삶이 점점 더 복잡하게 얽혀 공존하고 있으며 그 세계가 하나님께서 사랑하시고 성육신 하신 곳임을 믿고 그 믿음의 삶을 살아가야 하는 것이다.

4 | 함께 더불어 만들어가는 하나님의 나라 : 새 하늘과 새 땅^{계 21:1-4}

팬데믹 이후 변화의 한복판에서 교회 역시 많은 혼란을 겪어왔고 특별히 멈추지 않는 청년 이탈과 돌아오지 않는 젊은 부부들, 그리고 교회학교의 감소 등 교회의 가까운 미래와 그 부정적 결과에 대한 치밀한 분석과 그 대안적 방향을 설정하는데 여전히 어려움을 겪고 있다. 이제 한국 교회는 우리에게 닥친 암울한 통계들을 정직하게 마주할 필요가 있다. 우리는 교회의 감소와 실패까지도 하나님의 큰 섭리 가운데 있음을 고백하며 '잘못된 성공과 더 나은 실패'를 향한 '주의 길'과 '진리의 길'을 걸어가야 한다. 하나님의 역사는 아무렇게나 흘러가는 것이 아니라 그 분명한 섭리와 방향이 있기에 그 어떠한 어려움과 절망의 시간이라도 우리는 하나님의 뜻을 부지런히 묻고 교회는 그 뜻에 따라 날마다 개혁되어야 한다. 기후 위기와 첨단기술 시대, 우리는 다시 새 길을 걸어가기 위한 근본적 전환을 위한 교차로에 서 있다.

사전적 의미로 전환은 '방향이나 상태 등을 바꾼다'라는 의미이다. 즉 방향의 전환뿐만 아니라 현존하는 상태의 전환을 동반해야 바람직한 미래를 만들어갈 수 있다는 것이다. 믿음으로 추구하는 교회의 미래는 그냥 오는 것이 아니라 '오늘 여기'에서 '신앙적 전환'으로 이루어갈 수 있기에 그렇다. 한국 교회의 '오늘'의 결단이 우리 자녀들의 신앙을 이어갈 교회의 미래를 열어가기 때문이다. 구체적으로 이제 한국 교회의 바람직한 미래는 생태 환경의 변화와 기술이 매개된 디지털 환경의 변화를 동반하고 있다. 따라서 한국 교회의 건강하고 지속 가능한 발전을 위해서 방향의 전환뿐 아니라 교회의 어려운 현실을 표상하고 있는 상태의 전환을 동반해야 한다는 것이다. COVID-19 이후 우리는 한국교회의 예배 형식, 예전, 신앙 정체성과 교회론의 변화를 이끌며 높아진 상호작용, 복합적 접근방식, 새로운 연결 방식 등을 고민하게 되었다. 즉 '오늘 여기'에서 우리의 전환의 결정과 행동이 지속가능한 한국 교회의 상장과 자녀들의 미래를 열어가는 영향력으로 작동된다는 의미이다. 본서가 치열하고 신실하게 하나님의 뜻을 물으며 그 전환과 상태의 변화를 추동하는 행동과 가치를 함께 찾아가고 발견하며 공동체적인 희망을 만들어가는 길잡이가 되기를 바란다.

본서 내용은 그동안 다양한 저널을 통해서 발표한 글을 수정하고 보완한 것으로 1부 기술과 신학은 "기술과 인간의 관계와 기술신학의 토대" 기독교사회윤리 제56집, 2023 와 "기독교 인공지능 윤리와 인간의 책임" 장신논단, 2024.12 을 기본주제로 하여 기술신학의 이론적 구성과 그 신학 이론을 토대로 기독교 인공지능 윤리를 제시한 것이다. 2부 기술과 기독교 인간론은 "포스트휴먼 시대의 되기의 기독교윤리" 신학과 사회, 2018 와 "포스트바디 시대에 인간의 몸에 대한 신학적 성찰과 윤리적 과제" 신학과 실천, 제68호, 2019 를 탐구함으로 기독교 인간을 기술과 분리적 관점 혹은 인간중심의 관점으로 보는 것을 비판적으로 극복하고 인간과 기술의 존재론적이고 인식론적인 관계성과 그 복잡한 과정을 추적함으로 기독교 인간이해를 확장하고 기독교가 추구하는 기술발전의 방향을 새롭게 재정의 하였다. 3부 기술과 목회는 "디지털 문화에 대한 이해와 관계적 목회의 가능성" 선교와 신학, 2020 과 디지털 기술과 한국 교회의 청년 문제 「흩어진 MZ시대와 접속하는 교회」 를 중심으로 기술이 단순한 도구적 관점을 넘어 기술을 통해 목회 현장이 어떻게 변화하고 있으며 특별히 가나안 신자들과 마치 바닷속 물고기처럼 디지털 세계 속에서 살아가는 아동, 청소년, 청년세대 선교를 적극적으로 수행하기 위하여 디지털 전환을 추구해야 하는 현실을 분석하고 있다. 마지막으로 4부 기술과 생태는 "기술과 생태를 연결하는 물질 Matter 과 물질화 Materialization" 신학과 실천, 2023 와 "기후 위기 시대의 기독교 행성적 인간주의" Religion 13, 2022 그리고 "포스트 팬데믹 시대의 종말론과 그 윤리적 의미" Korea Presbyterian Journal of theology, Vol. 54 를 중심으로, 보다 근원적 관점에서 기술과 생태의 복잡한 관계를 규명하여 만물 신학의 토대를 강화하였다.

끝으로 본서의 출간을 위해 편집과 교정을 검토해 준 양정호 교수님과 출판조교 한수빈 님, 김예진 님, 연선혜 님에게 진심으로 감사를 드린다.

첨단기술 시대의 신학과
기독교윤리

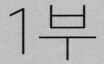

기술과 신학

1. 기술과 인간의 관계와 기술신학의 토대

2. 기독교 인공지능 윤리와 인간의 책임

1. 기술과 인간의 관계성과 기술신학의 토대

1) 첨단기술 시대를 살아가는 그리스도인

산업사회에서 정보사회로의 전환 속에서 기술은 단순히 문화적 변화뿐 아니라 문명의 변화를 추동하고 있다. 지난 팬데믹 3년을 겪으며 기술과학의 변화는 사회문화 전반의 변화를 넘어 오랜 기간 익숙했던 교회 활동과 신앙 양태를 근본적으로 재고하도록 만들었다.[1] 사실 한국 교회는 일찌감치 대형 스크린과 영상광고 등으로 예배에 디지털 기술을 적극적으로 활용해 왔다. COVID-19 이후 온라인 예배와 비접촉 교회 활동 등으로 전통적 접촉 중심의 목회만을 고수하는 것이 어렵고 디지털 문화의 확산에 맞추어 모바일로 연결된 가상적인 인간관계가 일상이 되어가는 현실에서 온라인 기반 활동이 중요한 신앙방식으로 자리를 잡아가고 있다. 첨단기술 시대에 디지털 혁명에 가까운 기술 발전으로 향후 기술이 점점 더 생활에 밀착될 것이고 더 중대한 미래의 목회적 파트너가 될 것이다.[2]

포스트코로나 시대에 상당 부분 예전의 교회 활동을 재개하며 회복을 위해 안간힘을 쓰지만, 여전히 교회는 온라인 관계를 목회적으로 간과할 수 없는 현실에서 향후 기술은 목회 활동에 더 깊이 개입하게 될 것이며 더 필수적으로 연결될 것이다. 더욱이 디지털미디어 시대 소리 없이 교회를 등지는 청년들, 가나안 신자 그리고 부유하는 그리스도인[3]의 증가 현상은 이제 목회자들이 전통적 교회로 그들이 돌아오기를 기다리기보다는 흩어진 양들을 위한 적극적인 네트워크가 필요함을 의미한다. 탈성장의 시대에 목회자는 기술에 대한 새로운 패러다임의 변화를 신학적으로 해석할 수 있는 목회역량과 그 현상을 신학적으로 진단하고 기존의 접촉중심의 목회와 접속중심의 디지털 목회를 결합시켜 나아가는 방식을 준비해야 한다.

한편 컴퓨터와 디지털 기술의 발달과 더불어 인터넷, 트위터, 페이스북, 메타버스, 인스타그램, 모바일, ChatGPT 등으로 속도를 내는 기술은 인간의 필요와 의도에 따르는 도구적 기계의 수준을 넘어서 개인적이든 집단적이든 인간의 사유와 활동 전체에 본질적인 변화를 야기하고 있다. 동시에 인간의 기술 의존도가 높아지면서 생활방식의 변화뿐 아니라 인간소외와 불평등과 미래에 대한 불안이 증가하고 있는 현실도 문제이다. 더욱이 기술이 핵무기개발, 우주개발, 바이오테크놀로지, 정보통신기술 등 인간의 통제범위를 넘어가고 있는 현실과 자연환경의 문제도 만만치 않다.

이 글은 첨단기술 시대에 인간중심주의나 기술만능주의를 넘어서 호모 파베르로서의 인간과 그 인간이 사용하는 기술개념을 재고하고 변화된 인간과 기술의 관계에 대한 신학적 성찰과 응답이다. 인간의 역사는 자연환경만이 아니라 기술환경과의 복잡한 상호영향 안에서 형성되어왔다. 따라서 인간중심적 도구적 기술관을 넘어 인간과 기술 사이의 존재론적 관계를 신학적으로 숙고하고 기술에 대한 발생적 관점으로 근대 인간중심적 기술 이해를 비판할 것이다. 이러한 과제를 수행하기 위하여 기술의 존재론적 본성과 기술과 인간의 관계를 과정적이고 생성적 관점에서 고찰하는 기술 철학자 질베르 시몽동^{Gilbert Simondon}과 만물신학⁴과의 교차 대화를 통해서 기계들과 공존하는 인간의 삶을 긍정하며, 기술적 존재자들에 대한 신학적 이해를 기초로 현대 기술사회에서 인간과 기술의 상호 협력적 관계를 신학적으로 정립하고자 한다.

이러한 기술에 대한 새로운 이해와 만물신학의 입장이 팬데믹 이후 속력을 내는 기술 발전을 그저 놀라움과 위협으로 바라보는 것이 아니라 현재 마주하는 목회 현장과 신앙생활의 급진적 변화에 미치는 영향을 신학적으로 분석하고 새로운 기술에 대한 이해를 기초로 바람직한 목회의 한 방향을 제시할 수 있기를 바란다. 더 나아가 이 글의 핵심 주제인 기술과 기술 개체⁵에 대한 신학적 숙고에 나타나는 새로운 개념들은 단순한 언어적 의미 형성을 넘어, 문화와 물질환경을 적극적으로 변화시키고 인간과 만물, 그리고 각각의 기술 개체들 사이의 관계를 새롭게 정립하는 기술신학의 토대가 될 것이다. 이러한 신학적 성찰의 과정은 기술 시대에도 교회의 사명을 재정립하고 신앙 공동체인 교회가 다시 동력을 회복하는 새로운 길을 발견하는 기회가 될 것이다.

2) 기술개념의 변화에 대한 신학적 성찰

기술^{technology}과 인간의 관계가 중요한 이유는 단지 최근의 눈부신 기술의 발전에만 기인하는 것이라기보다는 기술이 이미 그 자체가 인간의 사는 환경이요 생태계가 되었기 때문이다. 즉 현대 사회에서 기술은 미디어와의 상호작용 방식, 인간의 인식 체계와 세계관, 인간 사이의 상호관계 방식, 사회문화적 차원 등에 큰 변화를 불러왔다. 이렇게 기술의 변화는 우리의 실제적인 삶뿐 아니라 정신적, 정서적, 영적 차원에도 영향을 미치고 있으며, 인간이 디지털 기술을 만들지만, 이 기술은 문화에 영향을 주고 문화가 다시 디지털 기술 개발에 영향을 주는 이 복잡한 상호작용이 여전히 진행 중이다. 이러한 다차원적 디지털 세계 Digital World 의 현상은 인간의 편리함을 넘어 기존의 개념적 틀을 균열시키고 더 근본적으로는 '인간이란 무엇인가?' 그리고 '어떻게 살아야 하는가?'에 대한 규범과 가치의 문제를 제기하며 다중 전환을 불러오고 있다. 결국, 사회 안에 있는 교회는 신앙인이 살아가는 생활세계에서 기술 발전이 가져오는 급진적 기술 현상을 어떻게 해석하고 신학적으로 응답해 나갈지를 진지하게 숙고해야 한다.

기술에 대한 고전적 이해는 간단하게 "목적을 위한 수단"이자 "인간적 활동"으로 규정한다.[6] 이때 인간은 도구를 만들어 자신의 쓸모에 맞게 사용하는 호모 파베르의 인간을 의미하며[7] 기술은 오랫동안 인간의 신체적 활동을 돕는 도구나 연장의 형태로 수동적 역할을 하는 것으로 이해됐다. 즉 근대적 사유는 정신과 물질을 이원적 대립으로 인식하여 인간과 기술 그리고 사회와 자연을 서로 배타적으로 위치시키고 결과적으로 기술을 문화에서 분리하여 유용성의 차원으로 정의하였다. 이러한 기술과 문화의 분리는 도구적인 기술과 문화를 창조하는 정신적인 인간의 관계가 계층적이며 상호협력이 불가능하다는 사유에서 비롯된 것이다.

이렇게 전통적으로도 기술은 한 개인의 발명을 통한 기능과 기교로 과학이론이 필요치 않은 반복 훈련을 통해 전수되는 것으로 생각되어 왔다. 과거에는 학문으로서의 과학과 수작업으로서의 기술이 명백히 분리되었으나, 근대로 올수록 이 둘은 긴밀한 동맹 관계를 이루고 서로 상승작용을 한다. 오늘날에는 과학기술을 함께 사용하는 것이 일반적인 추세다. 산업사회 이후로 나타난 거대한 자동화 기계들의 출현과 기계들의 거대한 집합체인 공장의 출현은 기술적 대상들의 극적인 변화를 수반하며 인간의 삶을 근본적으로 변화시켰다. 서구에서는 산업혁명 초기에 근대 과학이 기술에 적용되다가 나중에 기술과학[8]이 자율적으로 작동하게 되었고, 이는 모든 사람의 삶을 변화시키는 전 지구적인 현상이 되었다. 또한 현대의 핵 개발과 현재 진행되는 기업의 우주개발은 국가적 방향일 뿐 아니라 거대한 기술 관계자들의 집단적 연구를 통해 확장되고 있다. 즉, 과학기술과 기술과학의 결합이다. 이러한 총체적 현실은 우리가 도구적·합리적·목적적 관점에서 기술을 바라보는 시각을 수정해야 하는 시대에 살고 있다는 의미이다.

근현대 신학적 담론 안에서도 기술에 대한 전통적인 인식은 대체로 부정적이다. 근대 기독교는 기술을 인간성과 대립적인, 적어도 인간성과 분리되는 것으로 정의하기에 현대 기술을 바라보는 시각도 비판적인 경향을 띤다. 따라서 기술에 대한 신학적 담론도 기본적으로 비판적 담론이 주류이다. 그 배경에는 인간이 만든 기술이 절정이던 냉전 시대 핵무기에 대한 공포심과 그로 인한 인간성 상실과 소외에 바탕을 둔 기술 비판이 자리한다.[9] 그 정점에는 하이데거 Martin Heidegger 의 기술 철학적[10] 사유가 중요한 전환을 주고 있다. 기술에 대한 하이데거나 아감벤 Giorgio Agamben 과 같은 현대적 이해는 기술의 독립적 자율성을 인정하면서도 여전히 기술의 반인간화 경향에 대한 방어적이고 비판적 태도가 기본이다. 그러나 하이데거는 근대의 기술이해의 한계를 지적하며 기술이 자연을 지배하는 도구 그리고 목적 지향적인 인간 행동의 하나라고 여기는 주장에 문제를 제기한다. 즉 그는 기술에 관한 도구적, 인간학적 관점이 주체로서의 인간과 도구로서의 기술이란 이분법적 관계를 넘어서지 못한다고 비판하였다. 이러한 이분법적인 사유는 기술의 본질 영역을 밝혀주지는 못한다는 것이다. 이렇게 하이데거의 기술 이해는 이미 인간 주체에 의해 사용되고 조종된다는 기술에 대한 근대적 사유를 뛰어넘는 것이다. 그는 현대기술이 자연과 인간을 고작 부품으로 대상화한다고 비판하였으며 이러한 현대기술의 등장은 인간의 의지로 어찌할 수 없는 역사의 운명인 것도 깨닫지 못한 채 인간이 기술의 주체인 양 자신의 비인간화와 존재 망각에 오히려 동조하고 있는 것이 더 큰 위험이라 주장하였다.[11]

하이데거는 정신의 주체인 인간이 사물을 객체화하여 지배하게 되었다고 자만하지만, 사실 인류는 객체화의 과정에 예속되었고[12] 인류가 기술을 도구로 생각하는 한 인류는 그 기술의 본질을 간과하게 될 것이라고 지적하였다.[13] 그는 오히려 기술을 대상화하는 인간중심의 생각을 비판하며 형상과 질료, 그리고 정신과 물질의 오랜 분리적 사유의 토대와 근대 인간 이해를 근거로 뿌리내려 온 도구로서의 기술 이해를 비판한다. 하이데거는 인간 중심의 편리함과 생산성에 도취되지 않고 기술의 본질에 대해 존재론적 물음을 던지면서 과학기술에 대한 근대적 사유의 한계와 두 차례의 세계 대전의 핵폭탄 위력을 경험했던 기술사회의 모순과 위협을 간파하였다. 이러한 하이데거의 기술 이해는 근대 인간중심의 도구적 기술 이해를 날카롭게 비판하며 기술의 본질이 내포하는 모순을 자기 시대의 운명으로 예리하게 꿰뚫어 보았다. 결론적으로 하이데거는 근대인의 기술에 대한 이러한 도구적, 인간학적 정의를 거부하였다.

하이데거는 기술에서 결정적인 것은 도구 혹은 수단을 쓴 제조 행위나 조작 행위에 있는 것이 아니라 오히려 탈은폐entbergen하는 행위로 정의하였다. 즉 기술은 탈은폐의 행위로 그것은 밖으로 끌어내어 '앞에 놓음'으로 사물의 본질을 밝히는 진리의 영역에 관계한다는 것으로 그 자체의 모습이 고유하게 드러나는 비은폐성Unverborgenheit 가운데로 데려오는 행위에 있다고 말한다.[14] 이것은 기술의 본질을 파악하고자 한 하이데거의 시도로서 인간이 기술의 노예가 되지 않는 극복 방안으로 존재 망각에 대한 부단한 반성과 본질에 대한 사유를 제시한 것이다. 그러나 기술에 대한 본질적 사유로 도구적 기술 이해를 극복하고자 한 것은 현대 첨단기술 현상을 지나치게 단순화시키는 경향이 있다. 즉 기술을 철학적 본질 관계로 환원하는 것만으로는 인간을 닮아가고 인간을 뛰어넘는 AI나 로봇, 그리고 ChatGPT 같은 생성형 인공지능의 복잡한 내적인 구조와 인간과의 관계를 해명하기 어렵기 때문이다. 동시에 그의 기술 이해는 기술과 문화 그리고 인간과 기술의 이원론적인 분리를 정당화함으로 발생시키는 환경파괴와 인간과 물질의 복잡한 얽힘의 관계를 간과하게 만든다.

이렇게 하이데거의 시대가 여전히 근현대적 modern 기술 문명을 문제 삼고 있다면, 20세기 후반의 기술 발전은 탈근대적 post-modern 후기 산업사회적 양상을 보인다. 그동안의 과학기술을 둘러싼 환경이 더욱 급속하게, 더욱 복합적으로 변했기 때문에 이후의 기술은 점점 더 확대되어가는 기술 발전의 복잡성, 불확실성에 처하게 될 것이며 인공지능, 로봇공학, 유전공학 등의 급속한 발달은 지금까지와는 다른 기술의 패러다임을 가져오고 있다.[15] 즉 인간만이 가치를 지니고 기술은 단순한 도구일 뿐이라는 입장 Technophobia 이든, 혹은 반대로 기술을 통해 인간이 신적 영역으로 도약할 수 있다는 입장 Technophilia 이든, 두 관점 모두 인간중심주의적 사고에 기반한 기술에 대한 왜곡된 이해를 초래한다. 또한 기술이 인간의 자율성을 침해할 것이라는 기술비판이나 기술의 자율성을 강조하는 기술중심주의도 모두 기술에 대한 과도한 평가에 기인한다. 필자는 기술 시대의 신학적 과제는 기술과의 연관에서 인간중심주의를 넘어서면서도 탈인간화되지 않는 방향을 모색하는 것으로 생각한다.

사실 기술은 단 한 순간도 인간 역사에서 분리된 적이 없다. 이러한 의미에서 오히려 테크놀로지의 어원인 '테크네Tekhne'의 의미를 되새겨 볼 필요가 있다. 고대의 기술은 문화와 분리되지 않았고 예술과 다르지 않았다. 고대로부터 문예부흥의 시기까지 기술은 은폐되어있던 다양한 존재자들 간의 관계성을 만들어가는 진정한 포이에시스^{ποίησις}이었다.[16] 그리스의 철학자들에게 테크네는 매우 실천적인 성향의 지성으로 이해되었으며 '서로 다른 이질적인' 것을 엮는 인간의 지성적 행위 모두를 포괄하는 용어로 이해되었다. 따라서 테크네의 실천은 관념적 실천이나 그 본질 파악으로 그치는 것이 아니라 인간이 비인간 '타자와 사물'을 포함하는 함께 만들어가는 세계이며 인간 몸의 감각을 통해 확장되어가는 환경이 된다.[17] 이렇게 기술의 어원적 유래를 살펴보면 인류는 항상 '테크네'의 실천적 행위로 사물과 존재들의 관계망을 형성하여 왔고, 그렇기에 인간의 역사는 인간과 기술의 창조와 융합의 과정이라고 볼 수 있다.

특별히 최근의 2세대 기술철학[18]은 기술개념을 노동과 사용 도구의 관점으로 파악할 수 없는 기술개체들과의 관계를 위해 기술적 작용과 활동의 관점에서 인간과 기계의 상호협력적 관계를 강조하고 있다. 이러한 기술과 인간의 관계적 이해를 통해 수많은 네트워크로 연결된 디지털 기술문화 속 인간의 삶을 새로운 관점에서 이해할 수 있게 되었다. 이러한 기술개념의 변화 속에서 우리는 진지하게 다시 물어야 한다. 현대 기술은 인간을 위협하는 대상인가? 알파고의 등장은 인간과 기계의 대결을 의미하는 것일까? 한국교회는 이러한 기술에 대한 이해의 변화와 상관없이 기술을 그저 선교와 예배를 위한 도구로 바라보는 관점은 문제가 없을까? 기술이 인간성에 대한 새로운 도전을 주고 있는 시대에 우리의 새로운 과제는 무엇일까?

이러한 도전과 문제에 응답하기 위한 기술신학의 토대를 정립하기 위해, 무엇보다도 기술에 대한 도구적 인식의 한계를 성찰하고 인간과 기술과의 상호작용에 대한 더 깊은 이해와 다양한 해석의 가능성을 수용할 수 있는 개방적 사유가 시급하게 요구된다.[19] 나날이 복잡해지는 현대기술 문화는 초연결사회의 기술 시스템에 관한 이야기이지만, 이러한 기술이 중요한 것은 즉각적으로 인간의 삶과 밀접한 관계 속에서 그 모습이 드러나기 때문이다. 또한 4차 산업혁명 시대에서 인공지능과 알고리즘 네트워크가 주도하는 기술 발전에 함몰되지 않으려면, 일방향적 인식을 넘어서야 한다. 인간과 기술의 상호작용 관계를 이해하는 신학적 상상력을 통해 고정된 경계를 초월하고 하나님 나라의 확장성을 인식해야 한다. 즉 그 확장성은 자연뿐 아니라 물질과 기술개체를 포괄하며 인간중심의 경계를 필연적으로 넘어서는 것과 동일한 노력이 되는 것이다. 인간과 동식물, 로봇을 비롯한 비인간 존재들이 한데 어울려 지내는 세상을 상상할 수 있을까? 이러한 다중 전환에 대한 신학적 응답을 모색하기 위해 인간과 기술의 상호관계를 더욱 근본적으로 모색한 철학 이론을 살펴보도록 하겠다.

3) 기술과 인간의 관계에 대한 새로운 이해 : 시몽동의 철학적 도전과 신학적 응답

첨단기술의 시대에 기독교 사회윤리의 책임은 그 어느 때보다도 중요하다. 그것은 현재 진행되고 있는 삶의 기반으로서 기술변화를 순방향으로 발전될 수 있도록 한 사회의 규범과 미래의 삶 방식에 대한 방향을 제시해야 할 책임이 있기 때문이다. 성경에는 바벨탑과 같은 기술뿐만 아니라, 구원의 방주를 만드는 기술도 등장한다. 고도로 숙련된 기술자들이 나무와 역청이라는 물질을 사용하여 복잡한 상호작용을 통해 만들어낸 기술개체인 방주는 인간 구원의 서사를 구성하는 핵심 매개체이다.

최근 주목받고 있는 기술에 대한 새로운 사유는 질베르 시몽동[20]의 개체 발생적 생성[21]과 역동적 관계론이라는 독특한 관점에서 기술적 대상들의 존재론적 본성을 주장하는 입장이다. 시몽동 철학의 핵심은 '개체화' Individuation[22]이다. 통상적으로 개체는 분리할 수 없는 독립된 생물체를 말한다. 그러나 시몽동에게 그것은 생명적 개체동물일 수도, 기술적 개체기계일 수도, 심지어 심리적 개체사유일 수도 있다. 개체화란 이런 개체들이 발생하는 과정이다. 생명체와 다름없이 기계가 발명되는 과정도 개체화의 과정으로 본다.[23] 따라서 그에게 기술은 '결여된 인간을 강화하는 단순 보철물이 아니라 인간의 잠재력을 현실화하는 매체로서 인간사회의 새로운 구조화와 존재론적 도약을 가능하게 하는 것'이라고 말한다.[24]

특별히 시몽동이 기술에 대해 이러한 독특한 시각을 전개한 배경에는 생성철학의 영향이 있었다. 하지만 그는 사물의 변치 않는 본질이나 생성의 흐름보다는 존재를 구성하는 '불연속적' 구조를 강조했다는 점을 이해하는 것이 중요하다. 즉 그에게 기술적 대상은 '지금 여기' 주어져 있는 불변의 고정된 사물이 아니라, 끊임없이 발생하고 변화하는 어떤 것으로 존재론적 상호작용인 것이다.[25] 특히 각 기술개체의 이질적 요소 사이에서 양쪽 어느 것으로도 환원 불가능한 새로운 형태가 창조되는 과정 자체를 기술적 활동으로 간주한다.[26] 그러므로 기술적 대상은 그 안에 내재된 기술적 본성을 실현하고 양립불가능하고 불일치하는 것들 사이에서 새로운 소통을 위해 발생하는 것으로 본성상 기술과 자연, 기술과 인간, 그리고 인간과 인간을 소통시키고 관계 짓는 '탁월한 매개자'가 되는 것이다.[27] 즉 기술대상을 이해할 때 정태적인 것이 아니라 새로운 형태의 창조 과정, 곧 역동적이고 발생적인 형태-화의 과정에서 일어나는 상호작용적인 운동성의 포착이 핵심이다. 이렇게 시몽동은 너무나 간단하게 넘겨버린 수많은 기술 대상을 오로지 유용성만을 가지며 어떠한 의미작용을 가질 수 없는 물질의 집합으로 다루는 태도와 동시에 로봇과 같은 기술 대상들이 인간을 공격할 것이라는 위험을 드러내는 인간의 모순적 태도를 지적하였다.[28] 이러한 인간의 태도는 기술적 대상들에 대한 게으른 인식과 값싼 휴머니즘을 소비하는 결과이다.

바로 이 지점에서 시몽동은 하이데거나 엘륄Jacques Ellul과 같은 고전적 기술 철학자들과 결정적으로 관점을 달리한다. 그에게 기술적 대상들이 가지는 상대적 자율성은 인간을 지배하고 위협한다기보다는 인간과 자연, 인간과 인간을 소통시키고 관계 맺게 하는 변환적 매체[29]로 기능하는 것으로 이해한다.[30] 엘륄 역시 기술의 자율적 발전을 문제 삼고 있지만 그것을 인간을 통제하고 전복시킬 위험을 보았던 것과 반대로 시몽동은 기술의 행위능력을 긍정적으로 탐색하면서 이전의 기술철학과는 다른 방향을 제시하고 있다.[31] 시몽동의 관점에서는 인간의 지능과 능력을 뛰어넘는 탁월한 기계들이 인간을 지배할지 모른다는 영화적 상상력과 기술발전에 의한 인간소외의 문제들은 오히려 기술적 대상들의 존재 방식에 대해 잘못된 이해와 기술적 대상들과 인간의 부적합한 관계 방식에서 비롯된 것으로 이해한다.

이러한 기술개념을 전제로 기술과 인간의 관계를 일찍이 중요하게 보았던 시몽동은 기술이야말로 인간과 자연의 관계를 매개하는 진정한 소통의 역량이라고 역설한다. 특히 하이데거와의 차이는, 인간을 본성상 다른 존재자들보다 특권화하고 기술을 사용 가능한 수단으로 환원하는 인류학적 태도를 비판하며, 생태주의적 기술공포증이나 기술만능주의의 양극단을 벗어나 '기술과 인간의 앙상블'을 강조하는 것이다.[32] 시몽동을 한국인문학계에 소개해 온 김재희는 시몽동에 대하여 "인간과 기술적 대상들 사이에 주인과 노예의 관계가 아닌 상호협력적 공진화의 적합한 관계 방식을 정립하고자 노력했다"라고 평가한다.[33]

즉 하이데거가 기술을 '세계 내 존재'라는 근원적 차원에서 존재론으로 이해했다면, 시몽동은 1950년대에 기술에 대한 근대의 오해를 해체하고 이미 기술의 핵심을 '관계론'으로 파악한다. 이러한 그의 관계론적 관점은 하이데거와 같은 과학기술의 본질에 대한 질문보다는 더 정치적이고 현실적으로 인간의 발명, 산업과 기술, 노동자 문제, 그들을 둘러싼 사회적 문제에 집중할 수 있게 된다.[34] 따라서 그는 기술에 대한 새로운 이해를 위해 인간과 기술의 상호협력적 관계성을 주목하면서 인간과 기술 그리고 자연과 기술을 하나로 바라보게 하는 독특한 관점을 제시함으로 기술의 고유한 존재 양식을 설명하였다. 즉, 시몽동은 기술적 대상들의 발생과 진화 방식은 원칙적으로 자연물의 발생 혹은 진화 방식과 동일하지 않지만 기술적 대상은 애초부터 자기 고유의 발생과 진화의 법칙을 갖는 독자적 존재성의 특징을 소유하고 있다고 본다.[35]

이러한 관계적 관점에서 시몽동은 인간과 분리되어 작동하는 자동기계 장치를 상정하는 사이버네틱스를 비판한다. 오히려 시몽동은 "자동화로 인해 인간과 기계 사이에 포화되어 가는 갈등을 풀기 위해서는 무엇보다 기계에 대한 과도한 기대와 두려움을 바로잡고 인간 중심적인 노동 패러다임에서 벗어날 필요가 있음"을 주장하였다.[36] 따라서 인간은 이제 로봇이 할 수 있는 '노동'으로 축소될 수 없는 '기술적 활동'을 해야 한다. 즉 그가 이질적 요소들 사이의 관계론을 주목하는 이유는 각 개체가 애초부터 일정한 자기동일성을 가지지 않으며, 개체들이 모여 일어나는 집단적 개체화의 과정으로 이해하기 때문이다.[37]

갈릴레오의 망원경은 그저 밤하늘을 바라보는 기구가 아니라 근대 이후 인간과의 협력을 통하여 과학발전의 핵심적 역할을 하였으며, 현미경 또한 과학자들과 조화로운 앙상블을 이루어 세포와 스펙트럼선의 기능을 발견하면서 근대과학지식의 새로운 장을 열었다. 이러한 관점은 과학자와 기술개체와 과학지식은 존재론적 관계 속에서 기술과 인간과의 관계성을 상호적으로 사유하게 하며 동시에 인간이 사용하는 모든 기술적 기구는 정도의 차이는 있으나 인간의 발명과 기술 본성이 결합된 결과이기에 인간의 역할을 이러한 얽힘의 과정에서 바라볼 수 있게 된다. 이러한 기술과 인간의 관계성에 집중하는 관점은 근대기술에 대한 통제와 지배의 인간중심주의를 넘어서서 현대사회 첨단기술의 역량과 더불어 인간과 기계의 조화와 인간과 비인간의 새로운 관계를 모색하는 데 유익하다.

결론적으로 인간과 기술 발전의 관계를 긍정적으로 바라보는 시몽동의 작업은 인간의 발명에 의한 기술적 대상의 자율성을 인정하고 기술은 그 자체로 존재적인 양식을 가지고 있어서 그 내적 필연성의 전개를 추적하여 인간과 기술의 근본적 관계를 재조명하는 것이다. 인간과 기술을 이렇게 관계적으로 바라보는 관점은 소셜네트워크와 스마트 기기의 확산으로 인간 각각이 거대한 네트워크에 항시적으로 접속해 있는 유비쿼터스 시대, 기술적 대상 없이는 일상의 삶이 가능하지 않은 기술 의존의 시대에, '기술의 존재가치'와 '인간과 기술의 관계'에 대한 중요한 통찰을 던져 주고 있으며 우리에게 기술에 대한 진지한 성찰뿐 아니라 오히려 인간의 책임을 불러일으킨다.

더욱이 시몽동의 기술과 인간을 협력적 앙상블로 바라보는 관점은 인공지능과 로봇 그리고 ChatGPT와 웨어러블wearable 컴퓨터가 발명되는 시대의 기술본성은 인간과 사물 그리고 인간과 인간의 새로운 관계를 가능하게 하고, 기술개체는 나름의 행위능력을 가지고 인간에게 새로운 가능성을 열어주는 존재로 사유할 수 있도록 한다. 이렇게 시몽동은 자연물과 인공물의 존재 방식을 관계론적으로 바라보면서 인간과 비인간 즉 물질과 기술 대상의 고유한 존재 방식을 정립하였다. 기술적 대상의 존재와 발생에 대한 시몽동의 독특한 관점에서 출발하면 이 지구의 역사는 그리고 인간의 삶은 기술과 생명 사이에 존재하는 심층적 관계가 있음을 짐작

할 수 있다. 기술은 단순히 인간과 세계를 매개해 주는 하나의 도구가 아니며 인간이 처음 기술을 사용하던 시기부터 이미 인간과 기술은 긴밀히 접속되어 있었던 공진화co-evolution의 역사로 보게 된다. 즉 "물질자연-인간-기계사물가 연속적으로 맺고 있는 앙상블" 안에서 인간과 기계의 공진화를 논할 수 있다. 이때 기술 대상들의 존재양식을 유기체와 동일하거나 유익한 대화가 가능할 만큼 유사한 것으로 바라보고, 각각의 고유한 뿌리와 그에 상응하는 사유를 발전시키는 것은 인간을 무시하는 것이 아니다. 오히려 이는 인간의 기술 본성을 세계와의 관계 속에서 파악하게 하는 중요한 관점을 제시한다.

특별히 중요한 지점은 기술과 인간이 함께하는 세계에서 인간의 고유한 역할은 열린 기계들의 협력과 총체적 조화를 실현하는 상설조직자로, 그리고 기계들을 서로 연결시켜주는 살아있는 통역자로 그 역할을 수행해야 함을 강조한다.[38] 인간과 기술의 존재론적인 관계에서 인간의 책임에 대한 강조가 인간이 자신을 강화시키거나 확장하려는 방향이 아니라 오히려 인간의 특권화를 내려놓고 다양한 타자를 향하여 개방한다는 점에서 기술신학의 정초를 위해 중요한 통찰을 제공하였다. 이렇게 인간과 기술 개체와의 관계성 변화로 제기되는 핵심 논점은 다음과 같다. 첨단기술 사회는 더 이상 고전적 휴머니즘의 패러다임으로는 이해하기 어려운 단계에 접어들었다. 기술적 전환 과정에서 기술은 인간에 대한 위협만이 아닌, 새로운 휴머니즘의 기회를 동시에 제공하고 있다는 것이다.

이러한 발생적 기술 본성에 대한 깊은 이해 가운데 기술적 대상들을 조화롭게 배치함으로써 세계를 형성해 가는 인간의 고유한 역할을 신학화하고 신과 세계, 그리고 인간과 세계 사이의 소통의 매체로 기술대상을 이해하면 기독교 진리 전파의 매개자로 기술을 적극적으로 사유하게 된다. 이렇게 기술의 발생적 과정적 관점은 기술의 기능과 의미의 작동 방식을 사물과 물질 그리고 물질화^{materialization}의 복잡한 얽힘의 과정을 신학적으로 규명함으로 말씀과 물질과 인간과 기술을 어느 하나 중요하지 않는 것이 없는 관계 속에서 보게 된다.[39] 오랫동안 전통 신학은 물질성과 신체성과 같은 개념은 신앙생활에 부정적 영향을 주는 것이라고 왜곡되어 왔기 때문에 이원론적 신학 전통에 익숙한 한국교회는 물질과 사물에 대한 적극적 사유가 낯설 수 있다. 그러나 기술의 발생적, 관계적 관점은 신학적 사유와 실천 역시 물질화의 과정에서 분리되어 있지 않음에 대한 통찰을 통하여 영혼 구원과 타락한 세계라는 이원론적인 분리를 넘어 세계와 그 세계를 형성하고 있는 만물들까지도 하나님의 내재하심으로 얽히어 가는 과정임을 인식하게 된다.

이렇게 디지털 전환^{Digital Turn}의 시대에 인간과 기계의 관계론적 관점은 기술개체의 행위성을 심도 있게 평가하는 최근의 인문학적 배경과 연동되고 인간중심의 구원론의 교리적 한계와 영혼보다 열등하게 평가해 온 물질과 도구화해 온 기술 대상에 대한 반성적 성찰을 토대로 좀 더 인간과 기술과 물질의 존재론적 관계성에 대한 신학적 해석이 가능해진다. 창조와 구원의 서사 속에서 인간과 기술의 상호협력적 관점은 정신과 물질의 이원론으로 인간과 기술의 분리를 정당화해 온 인간중심주의적 도구주의적 기술이해를 반성하고 만물을 선하게 창조하신 창조신학적 전통을 복원하며 기술개체는 더 이상 인간이 지배하고 통제하고 독점하는 대상이 아니라 인간과 물질 환경, 그리고 인간과 자연 사이에서 중요한 매개자의 역할을 수행하는 것임을 이해할 수 있게 한다.

구약시대 광야에서 성막에 대한 하나님의 세세한 명령은 인간의 발명적 특성을 통하여 기술적이고 동시에 미학적이며 종교적 응답으로 표현된다. 성막은 인간 공동체와 기술 개체들의 결합체로서 하나님과 이스라엘 백성을 만나게 하고 소통하게 하는 거룩한 공적인 장소로 거듭난다.

기독교 공동체의 십자가도 성례전의 빵과 포도주도 인간 구원의 도구이거나 대상화된 사물이 아니라 인간과 기술의 결합체로서 신적인 임재를 경험하게 하는 매개자이며 신앙적 의미를 형성하는 변환적 매개자로서의 기술개체가 되는 것이다. 이러한 기술개체에 대한 관계성에 기초한 존재론적 이해는 그 각각의 기술적 개체가 인간과 그리고 다양한 환경적 요소들과 결합하는 관계적 실재임을 강조하는 것이다. 인간 홀로 할 수 있는 것은 아무것도 없다. 구원의 역사는 말씀으로만 이루어진 것이 아니다. 그 말씀은 그 언어가 지시하는 물리적 환경과 수많은 기술개체들을 포함하는 만물all things과의 관계 안에서 하나님 나라가 선포되는 것임을 인식해야 한다. 하나님과 인간, 인간과 세계를 매개 없이 만나는 것은 불가능하다. 이 세계의 천하 만물은 계시의 초월적 진리와 사회문화적 변화 사이를 매개하는 것으로 이해할 수 있다.

4) 기술신학 techno-theology 의 토대로서 만물신학

필자는 역사적으로 살펴본 기술개념이 그 시대의 사회문화 속에서 발전됐으며 예술과 창조성 영역까지 확대되는 인공지능이 만들어지는 기술의 시대에 윤리적 책임을 수행하기 위해 기술신학의 정립은 매우 중요한 시대적 과제라고 생각한다. 기술신학의 이론적 토대를 구축하고자 할 때 특별히 신학과 시몽동의 기술철학의 대화는 유기체와 비유기체 그리고 인공물과 자연물의 전통적 이원론을 극복하고 개체보다 본질적인 집단성 collectivity 으로 관계 안에서 구체화하는 기술 개체의 존재 양식과 기술과 인간이 맺는 존재론적 관계를 규명하는 중요한 관점을 제공한다. 이러한 대화를 통한 신학적 구성의 과정은 하나님 구원과 창조의 서사 안에서 인간을 위한 유용성만을 강조하는 기술 이해에 대한 반성적 사유와 궁극적으로 인간과 기술의 협력적 공진화의 복잡하고 세밀한 과정을 발견하는 의미 있는 작업이다.

필자의 기본적인 입장은 근대 신학에 영향을 준 기술 부정 혹은 기술 비판적 관점으로는 인간 존재와 삶의 기반이 될 뿐 아니라 인간 신체와 정신의 확장과 실재와 가상의 구분이 어려워지는 디지털 시대의 기술 본성을 파악하지 못하는 한계가 있기에, 보다 적극적이고 대안적 담론을 펼쳐갈 기술신학이 필요하다는 것이다. 그것은 여전히 인간중심의 세계관 안에서 인간과 기계, 자연과 사물, 유기체와 비유기체 사이의 엄격한 개념적 분리를 전제하는 근대 이원적 개념들을 비판적으로 성찰하면서 기술의 개념적 변화에 실천적으로 응답하기 위하여 기술에 대한 새로운 존재론적, 생성적, 관계적 접근 방법으로 기술성의 본질에 대한 존재·인식론적 관계를 설명하였다.[40] 즉 이러한 존재론과 인식론의 결합을 통하여 인간사회는 인간만의 일방적 진화가 아니라 인간 개체 자체가 만물의 얽힘의 과정 안에서 이미 집단적 개체라는 전제와 인간의 창조성과 생산성과 같은 기술 본성과 기계의 상호작용적 관계 맺음을 통해서 '더불어 세계를 형성'하여 온 것임을 알게 된다. 예를 들면 COVID-19 기간 동안 '인간-바이러스-마스크-진단 키트'의 긴밀한 연결은 인간과 자연과 기술과 사물들의 간의 복잡한 네트워크로, 인간생명의 실질적인 존재의 기반이었다. 능동적 행위자였던 인간은 이제 보이지 않는 바이러스에 의해서 그 행위를 수정해야 했다. 이러한 인간과 비인간의 존재-인식론적 관계를 인식하게 되면 세계는 결코 인간이 중심이 아니라는 것과 역설적으로 모든 존재는 제아무리 작은 미생물부터 거대한 천체들까지 천하 만물은 신적인 세계에 참여하고 있다는 것을 깨닫게 한다. 이러한 점에서 하나님의 역사는 아무렇게나 흘러가는 것이 아니라 그분의 뜻과 방향이 있기에 첨단기술 시대에도 여전히 또 하나의 세계인 디지털 지구^{Digital Earth} 한가운데서 행동하시는 하나님을 만나게 된다. 하나님의 사랑은 운동적이기 때문이다.

더 나아가 이러한 과정적 관점은 기술개체는 물질환경과 인간 사이의 상호작용적 관계 맺음을 통해서 그 의미를 획득해 나아가며 도구적 작동을 넘어 정신작용의 과정임을 알게 한다. 우리는 중세의 세계관을 전복시킨 종교개혁의 정신이 단지 인간만으로 수행된 것이라기보다 기술 개체들, 즉 인쇄술, 종이기술, 그리고 잉크기술의 발전과 앙상블을 이루어 전 유럽으로 확산되었음을 인식해야 한다. 그리고 그 인쇄술과 종이 기술은 각각의 발전과정에서 나무와 석탄과[41] 같은 물질 환경 안에서 발전된 것이다.[42] 즉 종교개혁의 가치는 새로운 미디어 기술의 발명과 함께 확산된다. 이렇게 새롭게 발명된 기술적 존재는 인간과 자연 사이를 매개하는 것만이 아니라 인간과 인간 사이를 매개하면서 익숙한 관계 방식을 해체하고 때로는 새로운 의미체계와 더 나아가 사회적 관계를 창조할 수 있게된다.

기술에 대한 과정적 이해는 인간이 기술을 다 통제할 수 있다는 태도에 대한 성찰과 기술 대상의 존재 양식의 고유한 과정을 보게 하는 중요한 시각을 동시에 제공한다.[43] 이러한 기술적 존재양식은 기술 대상의 발생이나 진화를 인간의 유용성 때문만이 아니라 시스템 내부에서 발생하는 장애들을 해결하려는 기술 내적 필연성으로 본다. 결론적으로 기술본성의 발생적 생성을 추적해 가면 인간의 지배적인 기술 이해를 넘어 인간과 기계의 존재론적 상호협력의 가능성을 발견하게 된다. 이러한 기술과 인간의 관계적 이해는 인간이 기술을 만드는 주체이지만 기술이 일방적인 객체가 아니며 기술 개체의 역사성과 그 자체의 추동능력을 가지고 있기에 기술과 인간의 상호관계 안에서 기술 활동을 이해하게 된다. 이러한 기술의 새로운 이해는 기술이 새로운 가치와 문화를 형성하고 인간의 지향과 관계성에서 상호영향력을 적극적으로 숙고하도록 하며 인간이 일방적으로 통제하거나 기술이 일방적으로 위협하는 왜곡된 전제들로 인해 발생하는 통제와 지배의 패러다임을 넘어서도록 하는데에 중요한 관점을 제공한다.

기술은 갑자기 우리에게 다가온 주제가 아니라 인류가 처한 위기 때마다 헤쳐 나가는 길에 없어서는 안 될 동반자였으며 하나님의 창조와 구원의 서사에 늘 함께해 왔다. 이러한 기술개념의 존재론적 관계성과 발생학적 관점은 만물에 대한 성서적 해석을 통해서 온 세상의 화해를 추구하는 만물신학theology of all things과 만날 수 있다. 하나님이 피조세계의 창조주이심과 역사를 이끌어 가시는 구원자이심을 고백하는 것은 추상적 차원이 아니라 그 대지 위에서 끊임없이 변화하는 물질과 그리고 인간과 자연과의 소통적 매개인 기술적 대상을 포함하고 있음을 의미한다. 골로새서 1장 16절에 '만물'이란 단어가 두 번 사용되었는데 이 단어는 우리가 흔히 '우주'universe라고 말하고 있는 '타 판타'τα πάντα를 번역한 것이다.[44] 그리스도의 구원 사역은 인간뿐 아니라 비이성적인 피조물, 물질적인 피조물, 생물, 무생물, 유기체, 무기체, 사물들things 등을 포함한다. 이렇게 인류의 창조와 구원의 역사에서 배제되지 않았던 만물all things[45]에 대한 성경적[46] 해석은 하나님과의 화해의 과정에 인간뿐 아니라 땅의 모든 것들을all things 포괄하며 새 하늘과 새 땅을 실현해 간다.

이러한 만물에 대한 성경적 이해는 인간의 집단적 사회가 탈물질화와 탈육체화로 분리되는 것을 재관계화하여 기술적 대상을 생명-물질-사물life-matter-thing과의 얽힘의 과정 안에서 이해하게 하는 중요한 관점을 제공한다. 신물질주의자[47]의 대표적 학자인 캐런 바라드Karen Barad는 존재를 개체individual가 아니라 집단적 '얽힘'entanglement으로 본다. 바라드는 그래서 개체가 각각의 주체와 객체의 상호작용이 유래하는 것이 아니라, 얽힘으로부터 주체와 객체가 구별되어 보이는 것이고, 우리가 상호작용interaction 이라고 생각하는 것이 오히려 '내적-작용'intra-action 이라고 말한다. 그것이 얽힘 안에서 이루어지는 작용이기 때문이다.[48] 이러한 사조는 이른바 '존재론적 전회轉回'라고 할 수 있다. 즉 동물, 식물, 무생물, 기상현상, 인공물 등 모든 비인간과 인간을 동등한 행위자로 봐야 한다는 방향으로 나가고 있다.

이러한 각 개체의 집단적 공존 안에서 기술성이 인간과 자연, 인간과 인간의 관계를 매개하는 소통의 역량으로 전환됨은 마치 예수가 제자들과 만찬을 나누실 때도 빵과 포도주와 같은 물질적 개체뿐 아니라 책상 의자 그릇들과 같은 다양한 기술개체들을 통해서 예수는 제자들과 소통하고 그 사랑의 가치를 전달하게 되는 것과 같다. 즉 인간의 의미화의 과정은 인간의 정신작용이 홀로 만들어가는 것이 아니며 곧 물질-기술-사물의 네트워크와 집단체로서 기술적 개체들萬物과 그리스도와의 관계 안에서 획득된다는 것이다. 바울은 성경의 다양한 문맥 가운데 피조세계를 통한 신적 계시는 누구나 경험할 수 있는 보편적인 것임을 분명히 한다. 또한 이렇게 만물 가운데 하나님의 현존을 경험할 수 있다는 사상은 시편이나 욥기, 선지서에서 자주 발견할 수 있다.[49] 즉 만물에 대한 신학적 이해는 기술적 존재와 발생에서 출발하는 시몽동의 독특한 관점과 대화하며 좀 더 구체적으로 자연물과 인공물 사이에 존재하는 심층적 관계를 인식할 수 있게 한다.

이러한 포괄적 과정적 관계적 신학적 관점은 인간과 물질뿐 아니라 인간과 사물 그리고 인간과 기계의 관계를 아상블라주assemblage[50] 관계로 이해하도록 한다.[51] 이러한 만물에 대한 성경적 해석은, 존재하는 모든 개체는 이미 집단적 개체이며 항상 공존을 전제하기에 이 세계를 본질적으로 하나님과 인간 그리고 만물의 관계적 공존으로 바라보도록 한다. 골로 새서 1장 16절은 그리스도가 만물의 주체임을 말하고 17절은[52] 더 나아가 만물과 그리스도의 관계를 완성시키고 있다. 이러한 관점은 세계에 존재 하는 모든 것은 인간과 더불어 신적 기원을 가지고 있으며 하나님의 능력 과 신성을 드러내는 매개자로서 가치를 가진다는 것이다. 바울은 만물이 라는 철학적 언어를 사용하지만 분명한 정체성을 가지고 그리스도는 만 물의 원리이며 모든 창조물의 유지자이심을 말한다. 이것은 단지 그리스 도가 피조된 세계의 외적 질서의 중심이 됨을 언급하는 것을 넘어 모든 만물은 그리스도를 중심으로 할 때 한 개체 한 개체가 '내재적 가치'를 가 지게 된다는 뜻이 함축되어 있다. 그리스도는 모든 순간마다 피조물 안에 현존하기 때문에 그리스도의 선재성이 만물에 미치는 결과는 만물이 그 분께 속해 있음을 의미한다. 따라서 성육신하신 하나님은 창조적이고 생 성적이며 상호성이 충만한 신적 현존이시다.

많은 현대 신학자들은 예수께서 구원자이시라면 사도 바울[고전 8:6]과 에베소 서신과 골로새 서신에서 나타난 것처럼 우주적 그리스도에 대한 신앙으로 하늘과 땅 위에 있는 모든 만물의 화해[골 1:20]를 발견하고 모든 피조물을 그리스도께서 죽음을 통해 대가를 치르신 귀중한 존재로 받아 들여야 함을 강조하였다.[53] 이러한 현대신학의 도전은 근대의 신학의 지 배적 담론이 구원을 인간구원과 영혼구원으로 축소 시킴으로 이 세계의 다른 모든 피조물을 구원이 없는 상태로 배제했으며 이러한 신학적 전통 은 우주적 그리스도가 실존적으로 해석될 수 없는 하나의 신화로 여겨질 수밖에 없음을 날카롭게 비판하였다.[54] 그러나 하나님은 탈세계적 존재가 아니라 그리스도를 통해 만물을 창조하셨고, 바로 그 만물을 하나님과 화 목하게 만들고 계신다. 이러한 그리스도와 만물의 존재론적 관계는 이분 법적 존재론에서 관계적 존재론으로의 전환을 가능하게 하였다.

더군다나 지구 위의 모든 만물은 우리의 눈에 보이든 그렇지 않든 인간 인식의 가능성에 상관없이 하나님 나라가 구현되는 과정에서 사랑의 매체가 된다. 인간이 지각할 수 없는 거대한 기후 체계나 인간이 다 파악하지 못하는 디지털 네트워크의 복잡성 역시 인간이 통제할 수 없지만[55] 실재하고 있으며, 팬데믹 이후 디지털 세계 역시 하나님 사랑의 네트워크로서도 존재하고 있다. 놀랍게도 바울은 그리스도를 통하여 이루어져야 할 궁극적인 화해의 대상을 '만물'이라고 규정한다.[56] 성경의 구원사에서 그 어떤 순간에도 인간은 고립되어 있지 않으며 그 역사에서 항상 비인간은 즉 방주와 바다, 성막과 광야, 그리고 지팡이와 홍해 등과 같이 구원의 서사를 형성해가는 다양한 협력적 존재들과 함께 하였다.

　기술신학의 토대로서 만물에 대한 성경적 해석은 기독교가 인간중심이 아니며 인간만이 세계의 변화를 만들어가는 주체가 아님을 깨닫게 하며 만물이 하나님의 뜻을 수행하는 주체들임을 말한다.[57] 즉 피조세계와 만물은 단순히 인간만을 위한 활동 공간이나 소유 그리고 활용과 소비의 대상이 아니라 인간의 창조성과 발명 그리고 기술적 대상과의 상호작용을 통해 신적 계시의 공간이 되는 것이다. 따라서 기술신학은 이제 '유기체와 생명체를' 넘어 비 유기체적 존재들과 만물의 얽힘 속에서 공생하며 공동참여하는 하나님의 세계를 위해 만물신학theology of all things적 바탕 위에 기술 대상들의 고유한 존재론적 가치가 드러나게 한다. 예수 그리스도는 이 땅 위의 피조물과 사물 그리고 기술적 대상을 고유한 존재로 유지하게 하시는 분으로 만물신학은 그리스도가 하나의 지구와 동시에 디지털 세계 속에 우리와 함께 계실 뿐 아니라 이 지구공동체의 일원이 되신 성육신의 신비를 다시 되새기며 만물과 공생하는 길을 모색할 수 있게 된다. 인간이 자연에서 분리되거나 기술과의 협력을 제외한 채 홀로 할 수 있는 일은 아무것도 없다. 기술에 대한 이러한 존재론적인 상호관련성과 각각

개체들의 본래적 가치는 현대 기술개발로 인해 또 하나의 지구를 형성하고 있는 디지털 지구Digital Earth 역시도 하나님 창조와 구원의 네트워크로서 긍정적으로 인식하도록 한다.

마지막으로 인간과 기술대상의 존재론적 관계성과 집단적 개체성을 설명하며 필자가 중요하게 강조하는 부분은 인간의 고유한 역할이다. 인간중심적이고 도구주의적인 기술개념에 대한 비판에도 불구하고 기술적 대상은 자동으로 발생하는 것이 아니라 반드시 인간의 중재와 협력을 통해서만 발생한다는 것을 잊지 않아야 한다. 시몽동은 자신의 기술철학과 당대의 사이버네틱스 간의 차이를 강조하면서 사이버네틱스가 기술적 대상들을 생명체와의 유비 가운데 이해하는 것을 넘어서 그 자체로 곧 생명체인 것처럼 착각하고 있다고 비판하였다.[58] 시몽동은 생명체와 기술개체와의 차이를 분명하게 인식하면서 동시에 기술적 존재 안에 인간적 본성이 있다고 주장함으로 인간과 기계와의 관계성을 강조하게 된다.[59] 성육신 신학적 관점 역시 신체적 인간과 만물과의 분리를 거부하고 관계성 안에서 상호협력과 조화를 이루어가는 집단적 네트워크로서 세계를 이해하도록 하는 동시에 가장 중요한 인간의 책임도 기술개체와 함께함으로써 비로소 인간의 기술적 본질을 발휘할 수 있게 된다. 즉 인간이 사용하는 모든 기구나 기술개체는 정도의 차이는 있으나 모두 인간의 창조성, 생산성 그리고 발명과 같은 기술 본성이 결합된 결과다. 즉 기계를 작동시키기 위해서는 생명체로서 개입하는 인간이 필요하고 인간과 기계로 구성된 실재인 이 복잡한 기술적 개체의 핵심을 보유하고 있는 것도 여전히 인간이며 기계와 연장들의 관계 안에서 연합환경의 핵심에 있는 것도 여전히 인간이다.

골로새서에서 언급되는 모든 만물all things과 그리스도의 화해를 인간과 기술의 관계적 존재론의 토대로 바라본다면 중재자 혹은 조정자로서 인간이 기술개체, 그리고 세계와의 관계 속에서 만물을 조화롭게 배치하는 고유한 임무를 수행하게 된다. 특히 다른 피조물들은 '하나님의 흔적' vestigia Dei 만 담고 있는 데 반해 인간은 이 땅에서 '하나님의 형상' imago Dei 을 나타내는 중재자로 창조되었기 때문에 단지 자연의 일부분만이 아니라 하나님으로부터 발원하고 하나님께 책임을 지는 존재이다. 특히 잊지 않아야 하는 것은 성경의 전통에 의하면 이러한 인간의 특별한 존재 규정은 오직 창조 공동체 안에서만 유효하며 인간은 단지 자연의 일부로서의 인격이다.[60] 모든 존재자는 존재자로서 예외 없이 모두 다른 존재자의 내면과 관련되어 있다는 바로 "이 사실은 '존재를 가진 모든 것'과 일치하도록 되어 있는 어떤 존재가 실재하는 것으로서 받아들여지지 않는다면 가능하지 않다. 그런 존재가 '어떤 의미에서 모든 존재자'인 영혼이다."[61] 즉 온 세계를 하나님의 만물로 이해할 때 우리는 모든 만물에 초월적 내면이 있음을 인식하게 되고, 만물에 대한 우리의 경험은 하나님에 대한 경험이 되는 것이다. 이러한 그리스도와 만물과 인간의 관계 속에서 인간-비인간의 관계맺음을 통해서 신적인 목적을 실현해 나아가는 방향을 모색할 수 있게 된다.

5) 기술시대의 기독교윤리의 새로운 과제

종교는 그 어떠한 시기에도 과학기술을 일방적으로 중지시킨 적은 없다. 왜냐하면 긴 역사를 지나면서 변치 않은 기독교 진리를 소통하기 위한 매체는 기술을 통해서 끊임없이 변화되어왔기 때문이다. 이제 '기술'은 인간의 일부가 아니라, 인간과 더불어 삶을 만들어 나가는 동반자가 되었다. 따라서 기독교윤리의 과제는 고도기술의 발달로 전 지구적 위기에서 출구를 찾지 못하는 인간 문명에 신학적 대안들을 제안하며, 기술과 인간의 존재론적 관계성에 대한 대안적 윤리담론을 형성해 가는 것이다. 현대의 다양한 네트워크적 기술이야말로 분리된 개인들을 묶고 소통시키는 진정한 매개자로서 때로는 사회의 발전적 출구를 마련하는 새로운 공동체의 가능 조건이 되었다.

첫째, 기술개념의 변화이다. 현대사회의 인간은 매 순간을 기술과 함께 소통하고 있다. 우리가 도구적 기술개념에 대한 다양한 비판을 수용하고 기술대상을 기술과 인간, 사회와 자연 그리고 인간과 인간을 연결하는 매체로 바라볼 때 첨단기술 시대의 신앙 공동체의 의미 형성 과정과 가치 생산구조가 확연히 달라지고 있음을 깨닫게 된다. 디지털 기술 시대에 현대인은 생활의 매 순간순간을 찾고 보고 대화하고 듣고 만들고 중계하고 구매하면서 만들어가는 그 연결은 끝이 없다. 이 디지털 매체가 만들어가는 연결의 기록은 네트워크를 통하여 매 순간 역동적으로 변화하는 유기체처럼 우리들의 생활공간을 만들어가며 인간 중심적인 기술개념을 넘어서고 있다.

둘째, 기술과 인간의 관계성에 대한 성찰이다. 현대 기술사회는 기술의 인간화와 인간의 기술화가 공존하여 때로는 복잡한 현상을 만들어내는데 그 복잡함은 어떤 것이 우선적인 가치인지 분별이 어려울 때가 있다. 만약 우리가 '그리스도 안'에서 기술 대상들과 인간의 존재론적인 관계를 설정하게 되면 전통적인 수동과 능동의 관계를 극복하게 하고 각각의 존재 자체가 하나님의 창조 세계 속에 뿌리내리고 있음을 깨닫게 된다. 시몽동의 고유한 기술적 존재 양식의 인식은 '타락한 세상'이라는 과도한 구원론적인 개념을 극복하고 하나님의 피조세계 속에 만물을 경외와 감탄으로 바라보게 하는 성경적 관점과 연동되어 첨단기술의 시대에도 신학적 상상력을 통해 활동하는 비인간 객체들을 인간과 더불어 온 세계를 향한 창조와 구원의 서사를 이루는 매개자로 관계 맺을 수 있게 된다. 또한 그리스도 안에서 이 세계는 만물의 화해와 인간과 비인간의 역동적 협력관계 속에서 고유한 각각의 존재방식을 토대로 조화를 이루어가는 것이다. 만물에 대한 성경적 이해는 기술과의 상호관계적 인간의 삶을 이해하고 공적 영역에서 오히려 후퇴하고 있는 신학을 반성하며 적극적이고 문화 변혁적 기술신학을 구성할 수 있는 성경적 토대이다. 기술신학적 구성으로서의 만물신학은 만물에 깃든 그리스도의 의도를 성찰하고 매개자로서 적극적인 의미를 부여하며 만물이 내재와 초월의 관계성 안에서 드러남을 인식하게 한다. 이때 세계의 유지자이신 그리스도와 만물과 인간과 존재론적인 관계성을 신학화함으로 인간과 기술의 공존과 상호협력적 관계를 보다 적극적으로 모색할 수 있다.

마지막으로 이러한 과정에서 인간의 고유한 역할을 인식하는 것이 중요한 이유는 만물신학은 인간의 한계와 동시에 인간의 가능성에 대한 희망에 근거하고 있기 때문이다. 인간이 사용하는 모든 기술 개체는 모두 인간의 창조성, 생산성 그리고 발명과 같은 기술 본성이 결합된 결과다. 즉, 기술 개체들과의 관계에서 핵심에 있는 것은 여전히 인간이다. 인간은 '하나님의 형상'을 나타내는 중재자로 창조되었기 때문에 하나님께 책임을 지는 존재이다. 그런데 인간의 특별한 존재 규정은 예외주의로 귀결되기보다 오직 창조 공동체 안에서만 유효함을 인식할 수 있어야 한다. 즉 온 세계를 하나님의 만물로 이해할 때, 우리는 모든 만물에 초월적 내면이 있음을 인식하게 되고, 만물에 대한 우리의 경험을 하나님에 대한 경험으로 인식할 수 있다. 그리고 이러한 그리스도와 만물과 인간의 관계 속에서 인간-비인간의 관계맺음을 통해 신적인 목적을 실현해 가는 방향을 모색할 수 있다.

특별히 이 글에서 기술이 가져오는 부정적 현상 분석에 내용을 할애

하지 않은 이유는 그 중요성을 간과해서가 아니라 최근 기술 관련 신학적 담론이 인간소외와 인간에 위협적인 기술 혹은 인간의 사용에 따라 달라지는 가치중립적 기술에 대한 내용이 다수 있기에 본 글은 그러한 인식의 전제가 된 기술개념의 비판적 숙고와 기술과 인간의 존재론적인 관계성에 대한 기술신학의 재정립의 필요성을 강조하기 위함이다. 그리스도인들은 기술과 인간과 세계와 하나님의 창조신학적 관계를 파악하고 그것을 판단하는 윤리적 책임과 가치들을 바르게 설정해 나아가는 것이 중요하다. 이러한 과정은 기술과 신학의 대화만으로는 불충분하며 다양한 공적인 영역에서 기술이 가져올 엄청난 긍부정적인 현상을 분석하는 담론에 참여하면서 미래의 더 좋은 세계를 그려 나아갈 수 있어야 한다. 궁극적으로 인간과 기술의 관계론적 관점은 기독교가 기술은 그 자체로 발전한 것이 아니라 하나님이 부여하신 인간의 창조성과 발명과의 결합을 통해서 하나님의 뜻이 이루어져 왔음을 인식하도록 하며 제아무리 빠르게 변화되는 기술이라 할지라도 그 기술이 지구와 인류를 위해 바른 방향으로 진보할 수 있도록 신학이 적극적 공론의 장에 참여해야 하는 책무가 있음을 강조하는 것이다.

2. 기독교 인공지능 윤리와 인간의 책임

1) 인공지능의 도덕성과 도덕적 행위자^{Moral Agent}로서의 가능성

팬데믹 이후 세계는 여러 가지 위기가 교차하는 복합위기 시대를 맞이하였다. 이러한 전환기적 시대를 맞으면서 '미래사회'에 대한 관심이 다시 높아지고 있다. 그 중심에 기술의 빠른 발전이 존재한다. 현대 기술은 2010년 구글의 등장과 함께 검색의 시대를 열었고 2016년 알파고와 자율주행자동차 등 분석형AI가 등장하고, 2022년 ChatGPT와 같은 생성형AI가 등장하면서 생성의 시대를 열어가고 있다. 전문가들은 이러한 속도를 고려하면 2028년 AGI가 가능하다고 말한다.[62] 인류가 더 나은 미래를 위해 새로운 것을 만들고 다른 것들과 융합하고 연결을 시도하는 것은 늘 두렵고 위험과 기회를 동시에 제공한다. 특별히 모두가 동의하는 바는 현재 AI의 대부분의 응용 분야와 가속화되는 발전 속도는 우리의 예상을 넘어서고 있다는 것이다.[63]

이미 AI 기술은 끊임없이 개발되고 빠르게 상품을 만들어 상용화되고 있으며 우리의 일상을 지배하고 도구적 활용 차원의 일방향을 넘어 다차원적으로 영향을 미치고 있다. 더 스마트한 AI가 의료 서비스를 혁신하거나 각종 사회문제에 대한 해결책을 찾는 데 도움이 될 수 있다는 희망도 있지만, 기계가 모든 것을 대신하게 될 것이라는 우려도 공존한다. 통계에 따르면 생성형 AI가 오는 2030년까지 약 30%의 직업을 자동화시킬 것으로 예상했다.[64] 이렇게 인간과 닮아가는 AI는 인간을 대체하기에 안성맞춤이므로 일자리와 임금의 문제로 바로 연결되는 것이다.[65] 이러한 현실에 비해 AI에 대한 윤리적 성찰과 제도적 대안은 매우 느리게 공론화되고 있다. 우리는 이제 기술과 함께 공존하는 더 나은 미래를 상상하고 함께 공동선을 향해 지혜를 모아야 한다.

이 글은 첫째, 인공지능[66]의 미래에 대한 영향력 있는 서사를 분석함으로 인간의 책임과 윤리적 우려, 그리고 인공지능기술 발전으로 제기되는 윤리적 지체 현상ethical lags과 책임의 공백a vacuum of responsibility의 문제를 살펴보고자 한다. 둘째, 도덕적 인공지능의 가능성을 성찰하기 위해 인공지능의 상용화 과정에서 제기되는 '우리가 누구인가?'라는 인간성에 관한 질문을 살펴보면서 인공지능 기술 도전에 응답하는 기독교 인공지능 윤리에 대한 기초 연구이다. 마지막으로 기술이 가치중립적인 개념이라기보다 윤리적으로 우리가 어떠한 삶과 어떠한 가치를 지향하는지와 관련이 있기에 향후 인공지능의 미래가 인간의 결정에 달려 있음을 분명히 하면서 현실적으로 AI 개발의 부정적인 영향을 피하고 앞으로 공정하고 투명하며 안전한 기술개발을 위한 중요한 기독교 인공지능 윤리의 방향을 제시하면서 궁극적으로는 윤리적 인간과 도덕적 인공지능의 협력적 공존의 현실을 성찰할 것이다.

2) 인공지능의 미래에 대한 다양한 서사들과 그 윤리적 의미

AI의 미래를 바라보는 전문가들의 입장은 다양하고 그에 대한 대중적 서사는 때론 극단적 차이가 존재한다. 나는 기본적으로 인공지능이 가져올 기회와 위험의 극단적인 서사를 비판적으로 숙고하면서 인공지능이 불러온 인간성에 대한 새로운 도전을 신학적으로 성찰하고자 한다. 필요에 따라 AI와 관련된 윤리적 문제에 대한 기독교 도덕 담론을 발전시키기 위해서 기독교 인간성과 관련된 보다 근원적인 문제와 동시에 실제적 인공지능의 대중적 사용에서 발견되는 현실적 위험과 피해를 줄이고 완화하기 위한 기독교 인공지능윤리의 기본적 방향을 구별하면서 논의를 진행하려고 한다. 한스 요나스 Hans Jonas 는 현대 기술은 본래 극히 미세하고 많은 복잡한 단계를 거치기 때문에 기술이 가져올 소산에 대해 예견이 곤란한 상황에 있다고는 해도 그것이 초래할 나쁜 영향에 대해서 미리 대처해 두는 것이 필요하다고 강조하며 이른바 '예방 원칙'적인 책임을 주장하고 있다.[67] 즉 도약의 기술적 시도들은 늘 확실성 보장 없이 불안정성을 감내해야 하므로 예방적 윤리의 필요성을 강조하면서 동시에 인공지능과 같이 이미 다가온 인간과 기계의 공존의 현실도 심각하게 인식하는 것이 중요하다.

기술은 역사적으로 악용되지 않는 이상 인간에게 커다란 유익과 복리를 가져다주었다. 사실 기술의 역사를 촘촘히 보면 우리는 우리의 환경과 얼마나 많은 기술을 공유하고 있는가? 내가 쓰고 있는 작은 연필에서부터 샤프 볼펜 그리고 태블릿이나 노트북 등으로 연결된 기술과 인쇄술에서 시작한 책과 전자책과 넘치는 인터넷의 정보는 사실 우리의 생각과 인식을 만들어 가고 있는 핵심 매체이다. 더욱이 인공지능은 기존의 기술들과는 다르게 도구가 갖지 못한 수준의 관계성을 제공하고 있다. 최근 인공지능의 급속한 성장은 의료 진단을 용이하게 하는 것부터 소셜미디어를 통한 인간관계 활성화와 자동화된 작업을 통한 노동 효율성 창출에 이르기까지 전 세계적으로 많은 기회를 창출하고 있다.

우리는 인간을 '호모 사피엔스' 즉, 똑똑하고 현명한 종이라고 부른다. 이러한 현명한 종인 인간은 너무 똑똑해서 자신보다 더 스마트한 포스트휴먼이라는 신인류를 만들기 위해 AI 기술을 발전시키고 있다.[68] 그덕에 AI 기술의 알고리즘은 계획, 음성, 얼굴 인식, 의사 결정 등 인간의 많은 활동을 대신할 수 있게 되었다. 현재 AI 기술은 운송, 마케팅, 건강관리, 금융과 보험, 보안과 군사, 과학, 교육, 사무와 개인 비서, 엔터테인먼트, 예술, 농업, 제조업 등 다양한 분야에서 활용되고 있다.[69] 인공지능은 미래가 아니라 오늘날 이미 일어나고 있으며, 우리들의 일상에 널리퍼져있다. 이러한 급격한 변화는 동시에 심각한 윤리적 문제를 야기하고있다. 즉 AI 시스템이 편향을 내장하고, 기후 악화에 기여하고, 인권을 위협하는 등의 윤리적 문제를 가져올 잠재적 가능성이 존재한다. 더욱이 이미 현실에서 AI와 관련된 이러한 도덕적 위험은 기존의 불평등을 가중시키며 그 결과 소외된 집단에 더 많은 피해를 입히고 있다.[70] 지면의 한계로 다 언급할 수 없지만 이미 각국의 AI 윤리 가이드 라인[71]이 발표되었고 국제적 차원의 'AI 윤리 권고'와 AI 윤리에 대한 대중의 이해를 돕기위한 'AI 윤리 권고해설서' 등이 잘 정리되어 있다.

특별히 윤리적 관점에서 주목해야 하는 지점은 현재 AI 기술은 종종일상적인 도구와 복잡한 기술 시스템의 일부로 눈에 보이지 않게 내장되어 있어서[72] 사실 AI가 가져온 변화와 미래에 대한 전망은 다양한 양상을보이고 있으며 그러한 전망에는 AI를 바라보는 다양한 서사들이 자리하고 있다는 것이다. 일군의 학자들과 기술자들은 인간의 한계와 어려움을극복하게 도울 수 있는 긍정의 미래를 예측하고 또 한 그룹에서는 인간의소외와 더 나아가 인간의 멸종까지도 언급한다. 인공지능이 기후 변화,질병, 죽음의 수수께끼를 풀고 인간을 대신해 모든 일을 처리하는 유토피아적 세상을 그리는 사람이 있는가 하면, 초지능 인공지능이 인간을 비참

한 일꾼 드론이나 애완동물로 만드는 디스토피아 미래를 우려하는 사람들도 있다.[73]

이미 근대사회에서 다윈 Charles Darwin 과 프로이트 Sigmund Freud 는 인간의 예외주의에 대한 우리의 믿음과 우월감, 그리고 통제에 대한 인간의 환상을 무너뜨렸다.[74] 그러나 현재 인공지능은 인류를 영광스러운 트랜스휴먼의 미래로 이끌 거라는 비전과 함께 인류의 자아상에 또 다른 도전을 주고 있다.[75] 2013년 알파고는 스스로 인식 추론 판단하는 딥러닝을 통해서 인간의 고유한 영역이라고 생각했던 직관적 영역에 도전하고 성공했다. 실패의 결과가 발표되자 이세돌 9단의 눈시울이 붉어졌다. 이 경우 프로그래머는 데이터 세트를 준비하고 알고리즘을 만들지만 프로그램이 어떤 수를 둘지 알 수 없다.[76] AI는 스스로 학습하기 때문이다. 따라서 가장 두려운 것은 인공지능 기술을 인간이 다 통제할 수도 다 파악할 수도 없다는 것이다.

따라서 회의적이고 비관적인 인공지능의 미래에 대한 관점들도 만만치 않다. 2017년 7월, 테슬라의 창립자이자 CEO인 일론 머스크 Elon Musk 는 "AI는 인류 문명의 근본적인 실존적 위험이며, 사람들이 이를 충분히 인식하지 못하고 있다고 정부의 적극적인 규제를 촉구하며, 이러한 규제가 일반적으로 성가신 일이지만, AI 규제에 대응할 때는 이미 너무 늦었다." 라고 말했다.[77] 그리고 인공지능연구는 악마를 소환하는 것과 다름없다고 경고했다. 이미 몇 년 전 물리학자 스티븐 호킹 Stephen Hawking 은 BBC와의 인터뷰에서 "완전한 인공 지능의 개발은 인류의 종말을 가져올 수 있다" 고도 말했다.[78] 이러한 대중에게 영향을 미치는 AI에 대한 극단적 서사들을 기독교윤리적 관점에서 분석해 보면 인간 본성과 인간 미래에 관한 질문과 연계되어 있음을 알 수 있다.

AI에 대한 또 다른 전문가 그룹은 이러한 비관적 해석을 지나친 우려

라고 생각하는 예도 있다. MIT 컴퓨터 과학자 로드니 브룩스Rodney Brooks
는 머스크와 호킹이 "스스로 AI 분야에서 일하지 않는다"라고 지적하며
AI 분야에서 일하는 사람들은 제품 수준에서 실제로 작동하는 것이 얼마
나 어려운지 잘 알고 있다고 말한다.[79] 제이슨 래니어Jaron Lanier는 현대 소
프트웨어를 경험한 사람이라면 미래의 로봇 군주에 대해 걱정하지 않아
도 된다고 말한다. 즉, "AI가 인류에게 실존적 위험을 초래할 수 있을까?"
에 대한 고민 말이다. 그는 인간과 같은 방식으로 생각하는, 인간의 두뇌
만큼이나 더 다양한 방식으로 생각하는 지능적인 컴퓨터는 앞으로도 오
랫동안, 아니 앞으로도 없을 것이라고 말한다.

이러한 AI에 대한 다양한 서사가 존재함에도 불구하고, 일론 머스크
나 레이 커즈와일Ray Kurzweil과 같은 영향력 있는 AI 기술 개발자들이 공통
적으로 언급하는 대중적 발상은 초지능에 관한 것이다. 그들은 인간이 기
계를 지배하는 것이 아니라, 오히려 기계가 인간을 장악하고 지배하게 될
것이라는 비관적 전망을 내놓고 있다.[80] 이러한 미래를 극복하기 위해서
보스트롬Nick Bostrom과 같은 트랜스휴머니스트들은 초지능과 인간의 연약
함과 '오류'에 대한 실망을 고려하면서 인간을 향상할 필요가 있다고 주
장한다. 일부 트랜스휴머니스트들은 생물학적 부분을 완전히 없애고 비
유기적인 지능적 존재를 설계하지 않을 이유가 없다고 주장하기까지 한
다.[81]

신학자 테드 피터스Ted Peters는 이러한 신기술이 불러일으킨 트랜스휴
머니즘의 꿈을 "우리는 고통과 죽음과 같은 생물학적 구속의 굴레에서
해방될 것이며, 향상된 지능으로 우주적 정신의 충만한 삶을 누릴 수 있
게 될 것이라"는 희망으로 요약한다.[82] 실제로 2009년, Humanity+Board
에 의해 채택된 트랜스휴머니스트 선언에는 이렇게 죽음을 극복하는 것
을 목표로 명시하고 있음을 알 수 있다. 인간을 더 똑똑하게, 질병에 덜

취약하게 만들고, 더 오래 살고, 잠재적으로 불멸의 존재로 만들어서 인간을 신으로 업그레이드해야 한다고 주장하는 것이다.[83] 인간이 인류를 잠재적으로 창조하게 된다면 어쩌면 인간을 대신할 신을 창조함으로써 호모 데우스가 되려고 하는 욕망을 드러내고 있는 현실이다.

이렇게 AI의 미래에 대한 서사들은 인간성에 대한 이해와 어떤 인간의 미래를 희망하느냐에 따라 때로는 극단적으로 다르게 나타난다. 인공지능에 관한 대중적 서사가 극단적으로 언급되는 배경에는 인공지능기술의 빠른 발전을 쫓아가지 못하는 인문학적 성찰과 느리게 논의되는 윤리적 담론의 문제가 자리하고 있다. 기독교윤리적 관점에서 AI와 관련된 다양한 서사들을 성찰하며 중요한 것은 인공지능기술은 우리가 생각했던 것보다 빠르게 발전했고 우리의 예상보다 높은 수순에 도달하고 있다는 현실 인식이다.[84] 즉 그러한 현실에 교회와 그리스도인이 책임적으로 응답하기 위해서는 기독교 인간이해 humanity in Divinity에 의거한 기독교 인공지능윤리의 담론적 활성화가 시급하다.

특별히 기독교윤리적 관점에서 주목하는 것은 머스크와 호킹의 끔찍한 예측이 현실화 될 가능성은 작지만, 이러한 AI에 관한 극단적 서사는 오히려 인간의 생각을 위협하거나 또는 매혹시켜 진정한 위험을 모호하게 만들고 사람들이 훨씬 더 내재적인 부도덕한 악영향에 눈을 감는 일종의 마술적 사고로 이끈다는 점이다.[85] 즉 윤리적 공백의 문제를 심각하게 일으키게 된다. 따라서 기독교 인공지능 윤리는 반드시 하나님과의 관계 속에서 비윤리적 현실의 가능성으로서의 인간의 죄성을 예측하면서 예방적 AI 윤리의 원칙들을 수립하고, 하나님 형상으로서의 인간다움이 실현되는 미래를 위한 윤리적 토대를 확고히 해 나아가야 한다. 즉 기독교 인공지능 윤리의 기초적 작업을 위해 하나님 형상에 기초한 가능성과 죄인 된 인간의 유한성이라는 신학적 인간이해의 균형과 역설은 인공지능

윤리에 대한 공적인 담론에 기독교가 기여할 수 있는 분명한 한 방향을 제시할 수 있다.

필자는 이러한 과정에서 양극단의 서사의 비판적 극복을 위해 가장 중요한 관점은 대중적인 서사들이 도덕적 위험과 파괴적 미래에 대한 예측과 경고를 숙고 하는데 장애가 되며 오히려 윤리적 지체와 책임적 공백을 가능하게 만드는 것을 간파해야 한다는 것이다. 왜냐하면 극단적 비관이나 낙관에는 인간의 고유한 책임과 인간 본성을 바르게 위치시키는데 쉽게 실패하기 때문이다. 따라서 인간을 닮아가는 인공지능의 시대는 신학적으로 인간의 본성과 내면을 더 깊이 성찰함으로써 그리스도인의 윤리적 책임과 인류의 공동선을 향한 공동체적 합의의 과정을 간과하도록 이끌어가는 인공지능에 대한 위협이나 무비판적 낙관의 서사를 주의해야 한다.

2024년 이후 종종 나타나는 AI 관련 뉴스를 살펴보면 전에 비해 크게 변한 것이 있다. 이제는 AI의 신기함을 전파하는 내용보다 누가 어떤 창의적인 아이디어로 새로운 일을 만들어가고 있는지, 또는 어떻게 기존의 사업 및 업무가 자동화를 통해 경쟁력을 얻고 있는지 등 실질적인 변화에 관한 이야기가 더욱 많다. 즉 AI가 불러온 인간과의 관계에 대한 윤리적 논의보다 AI 기술이 산업에 어떤 영향을 미칠 수 있는지에 대한 실용적인 관심으로 이동하고 있음을 알 수 있다. 이는, 성찰과 윤리적 원칙 없이도 AI는 우리들의 생활에 더 밀착되고 더 보이지 않는 곳곳에서 인간과 공존한다는 의미이며 동시에 누구도 책임질 수 없는 윤리적 공백이 증가하는 현실을 목도하고 있음을 깨닫게 된다.

근대신학적 담론에서 기술은 기본적으로 회의적이다. 이미 제2차 세계대전 직후 20세기 스위스 개혁주의 신학자 바르트 Karl Barth는 글을 통하여 기술이 가져올 부정적인 영향과 파괴를 염려했다. 컴퓨터 과학자이자

신학자인 헤르츠펠트 Andy Hertzfeld 는 "AI는 인간의 부정과 파괴인가? 인간의 번영인가?"를 우리에게 묻는다. 우리는 하나님의 형상인 동시에 죄인이며, 우리의 죄악 된 본성에는 바르트의 말처럼 자신의 부정과 파괴를 위한 자유까지 포함되어 있다.[86] 이러한 인공지능에 대한 서사의 근원에서는 그것이 인간 자신을 들여다보는 거울처럼 인공지능 개발과 사용의 과정에서 발생하는 윤리적 문제가 다름 아닌 인간성의 발현임을 깊이 이해해야 한다.

기독교 인공지능 윤리의 기초는 제아무리 발전된 첨단 인공지능이 개발된다고 하더라도 라인홀드 니버 Reinhold Niebuhr 의 말처럼 인간의 유한성은 인간이 개발하는 어떠한 어떤 힘으로도 해결할 수 없는 문제임이 명확해지는 것이다.[87] 인간의 유한성을 분명하게 인식하는 기독교 인공지능 윤리는 호모데우스가 되려는 인공지능에 대한 낙관과 인간 스스로를 부정하는 비관적 인간이해를 모두 비판한다. 기독교 인공지능 윤리는 하나님의 형상으로서의 인간의 신적인 차원의 존엄성을 존중하며 동시에 자신의 파괴를 선택할 수 있는 자유를 소유한 인간만이 궁극적으로 책임의 주체가 될 수 있음을 의미하는 것이다. 기독교 인공지능 윤리는 인간의 고유한 책임성을 인공지능이 대체할 수 없음을 분명히 하고 인간의 유한성은 오히려 하나님 앞에 선 책임적 존재로서의 기독교윤리적 조건이 됨을 강조한다.

3) 윤리적 인공지능[88]과 도덕적 행위자로서의 가능성에 대한 기독교 윤리적 성찰

최근 인공지능의 발전 양상에는 기술적 요인만이 아니라 사회적·경제적 배경 요인도 함께 작용하고 있다는 점을 고려할 때 우리가 내릴 수 있는 결론은 인공지능의 급속한 발전과 이것이 사회에 미치는 영향이 일시적인 유행이 아니라 앞으로 상당 기간 우리 삶의 여러 영역에 파고들 것이라는 예측이다. 이처럼 인공지능의 기술 변화는 개인 삶의 전 영역뿐 아니라 문화 전반의 변화에도 영향을 미칠 것이며 관련된 다양한 윤리적 문제는 이미 AI가 사회적 관련성을 가지고 있음을 보여 준다.[89] 또한 AI 기술의 변화는 실제적인 삶뿐 아니라 인간과 AI 사이의 상호성으로 인해 정신적, 정서적, 영적 차원에도 상당한 영향을 미치고 있으며, 인간이 AI를 만들지만, AI 상용화는 인간관계에 영향을 주고 그러한 관계성의 변화는 더 인간과 유사한, 더 증강된 AI 기술개발에 영향을 주는 복잡한 상호작용은 여전히 진행 중이다.

그러나 이러한 인간과 기계의 상호성의 연구는 최근에야 많은 주목을 받고 있다. 사실 근대정신의 기초를 놓은 데카르트 René Descartes 는 세계를 구성하는 기본단위를 '실체' substance 라고 지칭했고, 그 특징을 개별 독립성 즉, '자기 존재를 위해 다른 존재를 필요로 하지 않는' 개체적 존재방식에서 찾았다. 개인주의로 얼룩진 현대사회는 어쩌면 실체와 본질 중심의 근대 인간이해의 당연한 귀결일지도 모른다. 그러나 기독교의 인간이해는 근본적으로 근대정신과 다르다. 칼 바르트는 "너와 내가 온전한 인간이 될 수 있는 것은 오직 우리가 다른 사람에게 동반자, 동지 및 도움의 동료 즉 다른 사람과 함께 자신이 되고, 다른 사람과 함께 자신이 될 수 있다"고 주장하였다.[90] 물론 이러한 동료와 타자의 범주 속에 인공지능이 포함될 수 있는 지는 진지하게 논의되어야 한다. 분명한 것은 최근 생태신학을 포함해서 현대신학적 담론은 인간 예외주의에 근거한 자율적이고 독립적인 기독교 인간이해를 비판적으로 성찰해왔다. 이러한 근대의 비관계적 실체중심의 인간이해에 대한 비판은 기독교의 탈세계적 영혼중심의 인간이해와 연동되면서 세계의 문제를 간과해 온 것에 대한 깊은 반성에서 시작되었다.

인공지능을 타자의 범주에서 배제하고 인간과 기계의 본질적 차이만을 강조하면, 인공지능의 도덕성에 관한 논의는 더 이상 발전할 수 없다. 또한 이는 인간과 인공지능 간의 관계성과 그 영향력을 간과하게 만드는 결과를 초래한다. 사실 헤르츠펠트는 바르트의 인간이해의 전제하에 "인공지능은 자신의 '임무와 책임'의 한계를 인식할 수 있는 충분한 자유와 그것에 기초한 자율성 그리고 자기 인식을 할 수 없기 때문에 인간과 관계적 파트너가 될 수 없다"고 말한다. 양쪽이 각자의 임무와 책임을 유지한다는 바르트의 양쪽 독립성 기준을 충족하지 못하기에 기계는 도구이며 도구의 과제는 곧 인간의 과제이며, 그 완성은 전적으로 인간의 책임이 된다고 말한다.[91] 나는 그녀가 궁극적 인간의 책임을 강조하는 것에는 동의하나 인간과 인공지능의 근본적 차이만을 바라보는 인공지능에 대한 도구적 관점이 현재 진행되는 인간과 인공지능과의 실제적 관계를 지나치게 단순화하거나 복잡한 관계성을 간과할 수 있음을 비판적으로 보고 있다.

이미 공학의 '자율적 에이전트' 개념은 현행의 철학적 논의에도 영향을 미치고 있으며, 공학과 철학의 자율성 개념 간의 관계와 그 정의가 명료하게 인식되지 못한 까닭에 여전히 혼란스러운 부분이 있는 것도 현실이다.[92] 그런데도 이미 우리의 현실은 자율적이고 감정적이기까지 한 인공지능과 인간과의 관계에 나타나는 상호성에 대한 해석이 요구되고 있다. 즉 AI는 여러 가지 단순한 자율적 판단을 하기도 하고 윤리적 결정을 해야 하는 과정을 예측할 수 있다. 가정에서 간병인을 대체하는 로봇은 사람의 직접적인 통제 없이도 작업을 수행할 수 있다. 이러한 작업 중 일부는 로봇이 신중한 선택을 해야 하며, 이러한 선택은 항상 단순하거나 직접적인 것은 아니지만 로봇의 책임이다.

또한 인간과 동일한 자율적 도덕적 행위자라고 할 수 있는 기계는 없지만, 특히 법 집행과 전쟁터와 같이 선택이 심각한 도덕적 영향을 미치는 환경에서 자율적으로 작동하는 로봇과 프로그램은 다양하게 존재한다.[93] 인공지능의 행위는 단순히 인간의 능력을 보강하거나 육체적 노동을 덜어주는 차원을 넘어섰다. 이제는 감정적 소통과 정서적 공감이 가능하며, 더 나아가 인간의 책임까지 분담하는 현실에 이르렀다. 이러한 상황에서 인공지능에 대한 윤리적 기준의 논의가 필요하다. 하지만 기계가 진정한 도덕적 행위자가 되기 위해서는 환자에 대한 자신의 역할과 책임을 자율적으로 인식하고 선택할 수 있어야 하는데, 아직 그러한 수준의 로봇 도우미는 존재하지 않는다.[94] 따라서 인간과 유사한 AI 윤리를 형성하기 위해서는 근대 인간중심의 도덕성 이해와 구별하면서 논의 되어야 한다.

2022년 『네이처』라는 세계적으로 명성이 높은 저널에 고대사 전공 학자와 AI 연구자들이 협업하여 고대사의 발전에 필요한 AI를 만들어 활용한 매우 특이한 연구가 발표되었다. 이 연구의 핵심은 AI가 인간 역사학자보다 월등히 좋은 성과를 냈다는 것도 중요하지만, 두 '전문가'가 지적인 협업을 했을 때 더 좋은 결과가 도출되었다는 점이다. 역사학자의 능력만으로 25%, AI만으로 62%를 달성하여 획기적인 성과를 거두었으나, 협력한 경우 72%를 달성한 것이다. 핵심은 인간 전문가와 AI가 서로 다른 방법으로 수행한 시너지의 결과인 점이다.[95] 오늘날 우리가 AI 기술과 관련하여 많이 듣는 수식어는 '지능', '자율적', '스마트' 등이다. 과거에는 사람에게만 적용되었던 이런 수식어들이 요즘은 인공지능에게도 적용된다.

특별히 최근 점점 인간을 닮아가고 인간을 뛰어넘는 로봇 같은 생성형 인공지능의 복잡한 내적인 구조와 인간과의 관계를 완전히 해명하기 어렵다는 것이다. 따라서 전통적인 방식에서처럼 기술개발과 윤리 문제를 분리하여 단계적으로 진행할 수 없다는 점을 주목할 필요가 있다. 이러한 엄청난 변화 가운데 AI는 이미 혐오와 편견, 부당한 차별을 강화하고 있으며, 프라이버시 침해 문제로 인한 윤리적 논쟁이 끊임없이 제기되고 있다.[96] 브린욜프슨Erik Brynjolfsson과 맥아피Andrew McAfee에 따르면 우리는 기계가 산업혁명에서처럼 인간을 보완할 뿐만 아니라 인간의 대체물이기도 한 제2의 기계시대에 접어들었다고 말한다.[97] 이제 AI가 단순한 기계적인 활동의 도구로 사용되는 것을 넘어 가설 생성 및 증명 방법 도출 등과 같이 지적인 분야에 인공지능과 연구자가 협업하는 형태로 발전되고 있다는 것이다.

그러므로 인공지능윤리의 실제적 효과를 위해서는 개발의 첫 단계부터 도덕적 인간과 인간이 개발하는 인공지능의 도덕성 실현을 위해 협력해야 하는 것이다. 예를 들면 윤리적 인공지능ethical AI을 위한 윤리적인 데이터는 복잡한 과정에서 형성되는데 개발 시초부터 언어학자, 윤리학자, 프로그래머, 개발자가 협동 연구를 해야 윤리적 인공지능이 가능하다. 대부분 AI, 특히 챗봇에서는 데이터 편향을 윤리 문제 주범으로 이야기한다. 그러므로 "윤리적으로 불완전한 인간이 윤리적으로 완전한 AI가 만들어지기를 기대하는 모순"을 어떻게 극복할 것인지에 대한 성찰이 윤리적 AI 개발의 출발점이 되어야 한다는 것이다.[98] 이렇게 도덕적 인간과 윤리적 인공지능은 분리되어 있지 않고 관계성 안에서 실제적 인공지능 윤리가 가능해진다.

최근 인공지능 기술은 컴퓨터가 자율적 에이전트가 될 수 있는 가능성을 제시하였다. 간단히 말해서 에이전트는 환경 내에서 변화를 일으키는 방식으로 행동할 수 있는 능력을 갖추고 있다. '도덕적 행위자'의 정의가 만약 현재 수준의 간단한 인공지능도 만족할 수 있는 조건을 제시한다면, 예를 들어 인간이 '도덕적'이라고 판단할 수 있는 행위를 적어도 한가지 이상 수행할 수 있다 정도로 제시한다면 현재 시판 중인 가정용 로봇 페퍼pepper도 '도덕적 행위자'가 될 수 있다. 페퍼는 사람을 보면 그쪽으로 주목하면서 '반갑게 인사하는 듯이' 손을 들어 올리는데 이는 '예의바름'이라는 일종의 도덕적 특징의 외부적 행위로 해석될 수 있기 때문이다. 하지만 페퍼에게 '도덕적 행위자'의 지위를 부여하자는 주장에 대해 동의할 사람은 많지 않을 것이다.[99]

또한 도덕적으로 행동하는 로봇을 하향식으로 설계하는 시도가 국내에도 있다. 동아대학교 김종욱 교수팀은 10세 어린이 수준의 윤리적 판단이 가능한 인공 윤리 행위자를 개발하는 과제를 수행하고 있다. 10세 어린이 수준이란 미국 심리학자 로런스 콜버그Lawrence Kohlberg의 도덕 발달 이론에 의거한 인습 이전 수준pre-conventional level의 최상위 단계로, 공정함과 공평에 대한 개념을 기반으로 둔 기초적 윤리 판단이 가능한 수준을 의미한다.[100] 따라서 AI는 아직 도구의 형태로 존재하는 경우가 많지만, 점차 독립적인 주체로 변하거나 독립된 주체의 일부로 들어간 형태로 존재하게 될 가능성이 없지 않다. 독립적인 지위가 주어질수록 인간과의 시너지를 내는 수준도 높아질 것이며 인간은 AI에게 점점 더 폭넓은 자율성을 부여할 것이다. 그러므로 자율성을 가진 AI와의 협업은 점차적으로 선택이 아닌 필수 사항이 될 수밖에 없다고 판단하는 학자들도 다수 존재한다.[101] 필자 역시 AI 기술개발과 도덕적 인간이 함께 연계되어 AI의 도덕적 행위자로서의 가능성을 어떻게 구현해 내느냐가 현실적 과제임을 인식하게 되었다.

더욱이 최근에는 자유로운 대화를 통해 인간의 감정에 충실하게 반응하는 AI 챗봇들도 개발되어 정신과적 치료가 필요한 사람들과 건강한 사람들까지 포함하여 서비스를 시작했다. '레플리카'라는 앱은 사용자와 AI 간 장기적이고 개인화된 관계 형성을 목표로 친밀하고 정서적 파트너로서의 역할에 초점이 맞추어져 있다. ChatGPT가 나오기 전인 2023년 초반 당시 조사에서 월간 사용자 50만 명 중 40%가 이 챗봇을 낭만적 파트너로 생각한다고 발표했다.[102] 더 나아가 감정표현이 가능한 로봇을 사회적 역할에 도입한 '로봇 물개 파로'에게 소개받은 노인들을 대상으로 한 연구에서 파로가 치료견과 동일한 치료효과를 보이며 노인들을 진정시키고 감정 처리를 돕고 비밀을 공유하고 애착을 갖는다는 사실을 발견했다. 또한 양로원 거주자들에게 놀라운 인간형 아기 로봇인 '마이 리얼 베이비'를 선물했을 때 터클[Sherry Turkle]은 증조할머니가 자신의 손녀보다 마이 리얼 베이비를 더 좋아하는 것 같았던 한 사례를 소개하면서 사람들이 무엇이 인간이고 무엇이 아닌지 혼동하여 로봇을 애완용이 아닌 파트너로 대체할 수 있다는 우려까지 제기했다.[103]

이와 같은 사례들은 인간과 AI의 협력을 통해 감성 전문가의 능력을 확장하며 일반인들의 파트너로서 건강이나 외로움과 같은 문제를 해결하는 것을 보여 주고 있다. 즉 과거의 기술이 수동적인 도구로서 역할을 했다면, 이제 딥러닝에 기반한 생성형 AI는 인간의 협력자로서 자리매김하고 있다. 더 나아가 최근의 AI 기술발전은 인간과 기계에 대한 예전의 상식적인 견해에 따를 때, 처음부터 문제 설정조차 되지 않았던 인공지능의 '도덕적 행위자'로서의 가능성을 검토해야 하는 과제를 주고 있다.[104] 이러한 맥락에서 기독교윤리적 관점은 인간과 타자와의 관계를 설정할 때 실재론적 입장보다는 관계론적 입장이 더 설득력이 있어 보인다.[105] 우리는 위에서 언급된 인간과 인공지능의 실체적 속성 차이만을 가지고 거부할 수 없는 다양한 공존과 협력의 사례들을 윤리적으로 검토하고 도덕적 관계를 형성할 수 있는 새로운 윤리의 가능성을 이야기해야 하는 현실에 당면해 있다.

사실 인류는 이미 법인으로서의 사물이나 단체 등이 법적인 보호를 받거나 인간의 활동을 제한하는 것을 경험해 왔다. 법적 인격, 즉 법인 legal person 개념은 서양에서 오랜 기간에 걸쳐 사회적 수요와 각 시대적 조건에 따라 점진적으로 형성되어 온 개념이다.[106] 법인이 단순히 재산의 영속성을 보장하기 위한 법률적 장치에서 확장되어 일종의 '책임과 의무'의 주제로서 인식되게 된 데는 유럽 근대의 경제적 확장이 관련된다. 현재 우리는 특정 목적을 위한 사단법인의 존재를 당연하게 받아들이고 있지만 처음 법인이 생겼을 때는 법인에게 사람에게 적용되는 개념, 예를 들어 '노화'를 정의할 수 있는지 등에 대한 혼란이 있었다.[107]

이렇게 기독교 인공지능 윤리를 만들어가는 과정에서 우리는 '법인'의 탄생 및 변화 과정과 마찬가지로 '자율주행차' 혹은 '운전자 없는 차'의 법적 책임, 도덕적 책임의 문제는 각 시대의 기술적 수준과 사회적 활용 및 널리 공유되는 윤리적 직관에 따라 사회적 논의를 통해 결정되며 그 과정에서 '자율성'이나 '도덕적 책임'도 궁극적으로 재정의 될 가능성이 있다는 점을 인식해야 한다.[108] 또한 '법인'의 개념이 수도원에서 강으로 확장되는 과정을 고려할 때, 그리고 인간의 개념이 노예, 여성, 야만인을 모두 포괄하는 것으로 널리 받아들여지게 된 과정을 고려할 때 이런 과정이 인공지능의 '도덕적 행위자' 개념에 대해서도 발생할 가능성은 상당히 높다고 볼 수 있다. 따라서 기독교 인공지능 윤리의 형성을 위해서 만약 어떠한 존재가 '도덕적 행위자'가 되기 위해서는 하나님의 형상으로서의 인간과 존재론적으로 완벽하게 동일해야 한다고 요구한다면 인공지능이 도덕적 행위자가 될 가능성은 처음부터 중단되어야 한다.[109] 하지만 우리는 기술을 통하여 끊임없이 인간과 유사해지기를 요구하면서 동시에 인공지능에게 도덕적 지위를 부여하지 않으려는 인간의 모순을 함께 성찰하는 것도 중요하다. 결론적으로 윤리적으로 AI를 인간의 협력자로 그래서 인공지능의 도덕적 행위자로서의 가능성을 실제로 논의하고자 할 때 두 가지 방법이 가능하다. 하나는 대체적으로 공유하는 윤리적 직관을 크게 바꾸지 않고 약간의 변형이나 확장을 통해 논의하거나 또 한 방법은 '도덕적 행위자'와 관련 되어 가지고 있는 핵심 개념에 대한 본질적 재검토가 필요한 문제와 쟁점을 가지고 연구하는 것이다.[110] 나는 기독교 인공지능 윤리에 대한 신학적 담론의 활성화를 위해서 인공지능의 실제적인 광범위한 영향력에 대한 적극적 분석과 현실사회에서 이미 일어나고 있는 인간과 인공지능과의 상호성에 대한 윤리적 성찰을 위해 윤리개념의 확장성 논의와 본질적 도덕성의 논의를 구분하며 논리를 전개할 필요가 있다고 생각한다. 즉 기독교 인공지능윤리는 관계론적 관점에서 인공지능과 인간의 상호성에 대한 적극적 해석을 기반으로 도구적 관계를 넘어 협력적 관계로서 인공지능의 활동을 고려하며 윤리개념의 확장성을 지향하는 방향이 바람직하다고 생각한다. 예를 들면 인간의 도움의 동료로서 인공지능을 바라볼 수 있는 윤리적 개념의 확장이 실제적인 인공지능의 기독교윤리적 규범을 만들어가는 데 생산적 논의를 가져올 것이라는 점이다. 그러나 아직 도덕적 행위자로서의 인공지능에 대한 논의는 어느 한 사람의 주장에 의해 만들어지는 것이 아니기에 행위자로서의 인공지능의 본질적 도덕성과 그 관련된 개념들에 대하여 많은 신학적, 철학적 논의의 과정이 필요할 것으로 보인다.

또한 기독교 인공지능윤리의 기본적 입장은 도덕적 규칙과 윤리적 규범만으로는 불충분하기에 인간과 인공지능의 차이와 유사성을 간파하고 여전히 궁극적 책임의 존재로서 인간을 강조하는 것이 중요하다. 복음서에 기록된 예수와 바리새인들 사이의 분쟁은 대부분 예수나 제자들이 규칙이나 종교적 관습을 어긴 데서 비롯된다. 법의 정신이 항상 문자와 일치하는 것은 아니다. 성경을 보면 다양한 상황에서 예수는 그때의 관습적 규칙과 유대교 율법을 어기며 복음의 진리를 설명하셨다. 따라서 인간과 인공지능의 협력관계로서의 상호성에 대한 윤리적 해석은 인공지능이 데이터 처리와 사례 학습, 사물의 인식 분야에서는 급속한 발전을 한다고 해서 관계성이나 상황 판단, 직관, 정서, 융통성, 사회성과 같이 인간의 중요한 본성을 대체하는 것과는 구별되어야 한다.[111] 인간의 도덕성과 AI 도덕성의 차이의 본질은 인간의 우월성이나 인공지능의 완결성이 아니라 불완전한 인간이 때로는 기존의 규칙과 규범에 저항할 수 있는 자율적 의식과 궁극적 진리를 향한 열려있는 믿음이 중요한 것이다.[112] 그러므로 인간과 인공지능의 속성 차이만을 강조하는 근대신학의 분리적 인간이해와 본질과 실체에 기초한 방어적 태도를 극복하고 현실 세계에서 일상적으로 일어나고 있는 인간과 인공지능의 협력적 공존의 현상을 적극적으로 분석해야 한다. 그래야 우리는 인공지능 개발의 과정에서 책임적이고 도덕적으로 개입하게 되며 윤리적 공백ethical vacuum 을 줄여가는 협력적 공존에 필요한 규범으로서 새로운 기독교 인공지능윤리를 정립할 수 있게 된다.

4) 도덕적 행위자로서 인공지능의 한계와 그 비판적 대안

현대 기술사회에서 인공지능은 다른 어떤 분야보다도 윤리적 나침반이 절실하게 요구되고 있다. 인공지능이 21세기 새로운 범용기술로 부상하면서 우리의 인식과 상관없이 상호작용하고 생활방식을 재편하고 있기 때문이다. 드디어 작년 11월 영국에서 개최된 인공지능 관련 첫 국제 회담인 제1회 AI 안전정상회의에서 채택된 '블레츨리 선언The Bletchley Decla-ration'의 핵심은 AI 기술의 잠재력과 안전성의 확보를 어떻게 할 것인가와 이 모든 결정의 주체는 인간이 되어야 한다는 것이다.[113] 사실 개발자는 좋은 의도로 기술을 개발하지만, 기술은 항상 완전할 수 없고 특별히 윤리적 문제는 대개 기술이 의도하지 않은 결과다. 따라서 더 중요한 질문은 항상 누구를 위한 기술개발인가? 이다. 가령 기술이 소수의 거대 기업에 의해 형성되는 경우, 권력과 자본의 힘에 관한 질문이 제기된다. AI의 미래 모습은 누가 만드는가? 이 질문은 AI의 사회적, 정치적 중요성을 지적한다. 그러므로 우리는 AI 기술의 개발과 그 미래의 방향을 결정함에 있어서 국가, 기업, 시민, 등 복합적 관계에서 인간의 책임을 강조해야 한다.

또한 인간과 인공지능의 협력적 공존을 적극적으로 해석하는 것은 무엇을 의미하는가? 기독교윤리학적 관점에서 인간과 인공지능의 관계성을 적극적으로 해석한다는 의미는 인공지능의 도덕적 행위성에 대한 평가로 연결된다. 오랜 기간 도덕적 지위의 문제는 도덕 행위자의 차원에서 논의되었으며, 전통적인 의미의 도덕 행위자는 인격person적인 존재로 국한되었다. 도덕적 가치를 지녀서 존중의 대상이 되거나 도덕적 의무나 권리를 갖는 존재를 도덕적 지위를 지닌 도덕적 존재라고 말할 수 있다.[114] 따라서 인격체로서의 행위자가 되기 위해서는 이성, 의식, 자유의지와 같이 책임의 귀속에 필요해 보이는 특징을 갖추고 있어야 한다고 간주 되었다.

예수 그리스도를 인간의 궁극적 원형으로 바라보는 기독교는 하나님 사랑과 이웃 사랑이라는 복음의 핵심적 가치로 인해 본성적으로 하나님과 세계와 이웃을 향하여 열려 있는 존재로 인간을 이해한다. 더 나아가 하나님 앞에서 도덕적이고 가치를 지향하는 인간은 고립되어 있지 않고 주변 환경과의 관계 속에서 도덕적 자아가 형성된다. 판넨베르크 Wolfhart Pannenberg 는 인간은 본성적으로 하나님과 자기 자신이 속한 세상을 향해 열려 있는 존재로서 하나님을 통해 자신을 새롭게 발견하고 '되어가는 존재'라고 말한다.[115] 더 나아가 삼위일체 하나님의 개체성과 일체성을 통해 집단성을 닮은 하나님의 형상으로서의 인간의 본질은 인간의 개체성을 넘어 타 존재를 향하도록 개방되어 있다. 이렇게 현대신학은 삼위일체신학, 성육신신학, 그리고 생태신학 등을 전개하면서 기본적으로 관계적 존재로서의 인간을 이해하고 개인적이고 분리적이고 이성적 인간론을 해체하여 자아와 타자 관계뿐 아니라 인간과 자연, 그리고 인간과 비인간의 관계로 확장해 왔다. 이 확장의 범주는 때로 동식물적 타자와 환경적 타자, 그리고 기술적 타자와의 이분법적 구분을 치밀하게 분석하고 그 경계를 흐트러뜨리며 기술 시대에 이르러 인간과 비인간의 관계를 존재론적으로 재구성하고 있다.[116]

특별히 기술적으로 복잡하게 연결된 디지털 지구 Digital Earth 에서 우리는 우리 자신의 경험과 생각 속에서 이미 많은 것과 연결되어 있기에 결론적으로 모든 사람은 환경과 기술에 존재 자체로 의존적이다.[117] 즉 인간은 진공 속에 살아가는 것이 아니라 세계의 모든 것과 영적·정신적·물질적 그리고 환경적·기술적으로 관계를 맺으며 살아가기 때문에 엄격한 분리적 경계를 넘어 연결되어 있는 자신을 개방하는 자세가 요청된다. 하나님의 초월은 밖에서 분리되어 초월하는 것이 아니라 성육신함으로 안에 침투하시고 육체적으로 참여하시는 그 사랑의 관계 속에서 물질화된 초월이다. 결국 기독교 인공지능윤리의 또 다른 방향은 AI의 '도덕적 행위자'로서의 탈인간적 조건을 찾되 그 조건은 또한 신학적으로 충분히 납득

가능한 것이어야 한다.[118] 예를 들면 인공지능 대신 사용하는 자율지능 시스템autonomous intelligent system 혹은 '자율 시스템'은 "복잡한 환경에서 복잡한 임무를 수행하기 위해 스스로 인식하고, 계획하고, 학습하고, 진단하고, 제어하고, 중재하고, 협업하는 등 다양한 지능적 기능들"로 정의된다. 그래서 '자율 시스템'이라는 표현을 쓰면 인간, 동물, 로봇을 포함한 여러 대상을 연속선상에서 파악할 수 있다.

이러한 '시스템' 개념을 모든 생명체와 무생물에 적용하게 되면 어떤 한 개체가 '지능이 있는지 없는지'와 같은 흑백 논쟁에서 벗어나 인지기능에 대한 논의에 집중할 수 있게 하고 인간, 동물, 식물, 무생물을 기능 차원에서 이야기할 수 있는 이점이 있다.[119] 또한 이러한 시스템으로서의 공통 속성이 있다고 해서 차이가 없는 것은 아니지만 이 시스템은 인간과 자율 시스템으로서 인공지능이 공유하는 공통 속성이다. 로봇도 정해진 일을 반복 수행하는 산업로봇에서 재난과 같은 예측 불허의 상황에 투입되어 유연하게 대처하며 임무를 수행하는 '지능형' 로봇으로 발전하고 있다. 결국 로봇이나 기계가 지능을 가진다는 것은 인간 수준의 물리적·지적 영역에서 적응력을 가지고 있다는 것이다.[120]

윤리학적으로 인류 역사를 돌이켜보면 이는 어떤 의미에서 도덕적 행위자의 외연 확장에 대한 도전과 승리의 역사, 혹은 타자에 대한 배제와 포섭의 역사였다고 말할 수 있다.[121] 최근 윤리학의 중요한 변화 중의 하나는 행위자 중심에서 피동자 중심의 윤리학으로의 전환이다. 즉, 윤리를 행위 주체가 아니라, 행위로 인하여 영향을 받게 되는 도덕적 이해관계interest를 가진 피동자의 관점에서 접근할 필요가 있다는 것이다. 예를 들면 실천윤리학자인 피터 싱어Peter Singer의 동물해방론처럼 동물의 권리와 관련된 철학이 그 대표 사례이다.[122] 더 나아가 심각한 기후위기에 대한 반성적 성찰은 도덕적 피동자의 범위를 모든 동식물뿐 아니라 산과 바다

와 같은 자연 세계를 포함하도록 확장하려는 생태적 환경윤리학과 연결되어 있다.[123]

이미 우리는 기후 붕괴의 시대를 살아가면서 성서적으로 인간과 비인간 그리고 다른 생명들과의 관계를 재구성하는 생태 신학을 발전시켰고 앞서 언급한 대로 인간과 동일하지 않지만, 동물을 그리고 자연을 도덕적 돌봄의 대상으로 혹은 법적인 보호의 대상으로 고려하고 있다. 앞서 언급한 법인 개념도 법적으로 더욱 강력하게 보호되어야 할 자연물에 대해서도 법인 개념을 확장하려는 시도들이 나타나고 있다. 인공지능의 시대에 우리는 자연환경만큼 아니 그 이상의 영향을 주고받는 관계로서의 기술환경 속에서 인간과 인공지능의 밀접한 관계를 윤리적으로 성찰해야 하는 시대를 살아가고 있다. 향후 인간과 공존하는 인공지능을, 도구를 넘어 협력자나 파트너로 더 나아가 대리인으로 바라보게 되면 자율성과 자유의지에 대한 인간적 해석도 새롭게 평가되어야 할 것이다.

이렇게 피동자중심 윤리의 현대적 의의는 자연 세계에서 인간의 검증되지 않은 특권적 위치 즉 인간 예외주의를 문제 삼고 윤리학의 인간중심주의적 전통에 도전한다는 점에 있다. 달리 말하자면, 도덕적으로 유의미하고 중요한 존재를 단지 다른 '인간'들로만 국한하는 것이 아니라, 지금까지 도덕적 공동체에서 배제되어 있던 모든 종류의 존재로 확장할 가능성을 열어놓는다는 것이다.[124] 우리는 이웃에 대한 성서적 개념을 인간만의 관계로 축소하고 인간중심의 구원론으로 그 교리적 경계를 고정하게 된다면 인간 구원의 서사에서 배제되는 모든 다른 생명체뿐 아니라 비관계적이고 탈 세계적인 인간이 존재할 수 없는 불가능한 세계 현실을 직면하게 될 것이다. 따라서 인공지능의 도덕적 행위자로서의 가능성은 적어도 피동자 중심의 윤리적 담론 안에서 논의될 수 있을 것이다.

그러나 변화하는 인공지능기술의 발전 과정에서 인간과 인공지능과의 공존과 공진화를 지향하더라도 그 중심에는 항상 인간의 삶이 있어야 한다. 그 어떤 인공지능이라도 인간을 대체할 수 없기 때문이다. 공존의 과정에서 인간이 그 어느 때보다도 윤리적 감수성을 갖춰야 인간으로서의 가치를 유지하면서 AI의 혜택을 향유하는 삶을 살 수 있는 것이다.[125] 또한 인간과 AI의 협력적 관계성에 기초한 공존은 그리스도인이 사회 정의에 민감하고 인간의 존엄과 지구의 지속성과 같은 가치를 지향하는 협력적 존재로서의 다양한 타자들에 대한 적극적 관계맺음으로 나타나게 됨을 의미한다.

핵심은 인간성이 배제된 기술은 원천적으로 윤리적 문제를 일으킨다. 도덕적 인간이 도덕적 AI를 만든다는 의미이다. 그러므로 인공지능의 도덕적 행위자로서의 가능성은 적어도 피동 자중심의 윤리적 논의 안에서 첫째, 인간과 인간이 만든 물질세계와의 관련성 안에서 발전되어야 하고 둘째, 그럼에도 인간과 구별된 자율성과 도덕적 결정에 대한 인공지능의 윤리적 특수성과 고유한 문제를 해결하기 위한 윤리적 원리와 규범적 가치를 개발하고 인간과 인공지능의 관계성에서 발생하는 문제를 검토할 수 있는 이론과 정책이 마련되어야 한다. 이미 많은 국가와 단체에서 인공 지능의 윤리적 기준과 원칙을 발표해 왔으며 기본적으로 언급되는 대표적 가치인 안정성, 투명성, 공정성, 공동선 그리고 설명 가능성 등은 기독교윤리적 관점에서도 동의 되는 것들이다. 다만 이러한 논의의 과정에서 전제되어야 할 신학적 성찰이 우선되는 것은 기독교 인공지능윤리의 방향과 전제들을 검토함으로 공동선을 지향하는 가치와 규범을 사회에 제시하면서 공론장에 개입하고 기독교적 공헌을 하기 위함이다. 현대 신학의 인간론에서 강조하는 존재론적 개방성, 확장성, 그리고 관계성은 인공지능이 인간성을 적극적으로 구성하고 있는 현실을 파악하는데 유의미한 관점을 제시한다. 이러한 인간과 비인간의 관계적 존재론은 우리에게 AI를 그저 수용하거나 AI의 미래를 예측하는 것에서 인간의 책임을 언급하는 데 그치지 않고 기술개발 과정의 공개를 통하여 기술 방향이 근본적으로 윤리적 가치를 구현해 나아가도록 제도와 정책 그리고 윤리적 가이드라인을 통한 시민의 참여 등을 모색하도록 할 것이다. 그러므로 비록 기초적인 신학적 숙고의 시작일지라도 향후 여전히 너무 미비한 AI에 대한 기독 윤리적 담론이 활성화하고, 정책적 대안으로 연결하며 더 나아가 인공지능에 대한 윤리교육과 선교적 활용과 같은 중대하고 시급한 과제를 수행하도록 이끌 것이다.

5) 기독교 인공지능 윤리의 핵심적인 가치와 기본 방향

글을 마무리하면서 기독교 인공지능윤리의 기초적인 단계이지만 몇 가지 가치와 방향을 제시하고자 한다. 첫째, 기독교 인공지능윤리는 인간과 인공지능의 공존과 협력의 가치를 지향하면서 인간의 책임성을 회피하거나 윤리적 지체나 공백으로 연결되는 것을 방지하기 위하여 궁극적 인간의 책임성을 강조한다. 즉 인간과 인공지능과의 관계를 해명하는 것의 복잡성과 기술의 첨단성이 기술을 개발하는 개발자와 이를 사용하는 사용자에게 윤리적 책임에서 벗어날 수 있는 정당화의 사유가 되어서는 안 된다는 것이다.[126] 이러한 인간의 궁극적 책임성의 가치를 실현하기 위한 인간의 책임의 강화는 순차적이라기보다 초기부터 개발자, 프로그래머, 사용자 모두 인공지능 윤리의 필요성을 인식하도록 새로운 기독교윤리담론의 활성화가 중요하다. 하나의 대안으로 제기된 '임베디드 에틱스 embedded ethics' 교육[127]은 앨리슨 시먼스 하버드대 교수가 처음 내놓은 개념으로, 코딩과 같은 기술 관련 교육 과정에 처음부터 윤리 문제를 반영해서 두 문제를 함께 고민하도록 해야 한다는 취지를 담고 있다. 기독교 임베디드윤리 역시 AI 기술이 미치는 영향이 광범위한 만큼 이를 만들고 사용하는 그리스도인들이 더욱 소명의식을 가지고 인간의 책임을 증진시키는 공존의 가치를 지향해야 한다.

둘째, 기독교 인공지능윤리는 인공지능과 인간의 상호성과 협력적 관계성에 대한 적극적 해석을 기반으로 도구적 관계를 넘어 인공지능의 활동을 적극적으로 평가하고 분석하기 위해 인간과 비인간과의 존재론적 관계성에 기초한 윤리와 타자 개념의 확장성을 지향한다. 또한 인공지능의 도덕적 행위자로서의 가능성은 아직 도덕성에 대한 본질적 논의가 더 필요하지만 적어도 피동자 중심의 윤리적 담론 안에서 탐구할 수 있다. 이러한 과정에서 기독교 인공지능윤리의 중요한 가치는 인간의 유한성과 인간다움에 대한 지속적이고 치열한 성찰과 정서, 공감, 보살핌, 그리고 사회성등 사회적 연대와 공동체성 그리고 책임을 강화하는 신앙교육으로서 인성교육을 강조해야 한다. 또한 기독교 인공지능 윤리는 인간의 존엄성의 증진뿐 아니라 환경가치를 지향해야 한다. 예를 들면 '지니'와 같은 만능 보조자가 지적, 정신적 영역을 충분히 채워준다면 인간관계를 유지할 필요성이 줄어들고 '인간미'는 점점 사라질 것으로 예측이 가능하다.[128] AI 시대에 인간은 아직도 IQ 테스트로 학생의 잠재력을 평가하는 도구로 쓰이지만, 요즘 타인과 잘 어울릴 줄 아는 능력[EQ] 및 자연과 사회성지수[SQ]와 밀접한 관계가 있는 공존지수[NQ, Network Quotient]가 중요하게 평가된다.[129] 이러한 대체불가능한 인간성은 '모라벡의 역설[Mo£avec's Pafadax]'에서 통찰력을 얻을 수 있다.

인간에게는 쉬운 상식을 기계는 쉽게 학습하지 못한다. 상식은 인간들이 공유하는 최소 윤리이다. 상식은 명시적 규범이 아니라 사회적으로 학습되며 계속 유동하기에 기계가 상식을 쉽게 배우지 못하는 것이다.[130]

즉 인간만이 인간을 넘어 동물이나 자연이나 기술환경의 가치를 침해하지 않을 수 있다. 그러한 관계성 안에서 윤리적 AI 개발은 불완전한 신체를 가지고 있는 그래서 하나님과의 관계 안에서 인간적인 것의 진정성이 부각 되고 재정의 되는 윤리적 성찰이 중요하다. 죄인인 인간은 욕망의 노예가 될 수 있지만 하나님의 형상으로서 그리스도를 닮아가는 인간은 인류 구원의 공동선을 이루어갈 수 있는 본성을 동시에 부여받았다. 라인홀드 니버가 1941년에 출판한 『인간의 본성과 운명』이라는 저서에서, 성서적 인간 이해의 특성을 '피조물, 죄인, 하나님의 형상'으로 개념화한 부분은 여전히 유효하다. 인간은 하나님의 형상임과 동시에 피조물이자 죄인임을 깊이 인식하게 되면 불완전하기에 끊임없이 반성하고 성찰하는 윤리적 인간이 되어가는 것이다. 그러므로 기독교 인공지능윤리는 인간의 기본권과 모든 생명권을 저해하지 않고 평등한 사회변화와 지구의 지속가능한 발전을 향해[131] 사람을 이기는 인공지능이 아니라 인간을 이롭게 하고 인간과 함께 하는 기술이 되기 위하여 양극단의 입장을 지양하고 끊임없이 성찰하고 수정해 나가게 된다.

마지막으로 우리는 인간과 동일한 인공지능의 도덕적 행위자로서의 가능성은 여전히 많은 문제가 있음을 살펴보았다. 특별히 기독교 인공지능윤리의 방향을 설정함에 있어서 인간과 인공지능과의 관계성에 나타나는 신격화와 인격화의 문제를 간파하는 그리스도인의 도덕성이 중요하다. 인간의 유한성이 배제된 인격화와 신격화는 잘못된 도덕적 판단의 근거가 된다. 우리가 AI를 초월적이거나 구원적인 존재로 취급하면 신격화의 시작이 되고 그때 인간은 유한하고 의존적인 존재라는 현실적인 이해를 잃게 된다.[132] 우리가 어떤 대상을 '신격화' 한다는 것은 절대적인 신뢰를 갖는다는 것이고 고도화되는 AI 기술을 통해 사람들의 신뢰는 점점 더 쌓여갈 것이기에 청소년들은 훨씬 더 이런 AI에 빠져들 수 있다.[133] 로봇공학자들이 로봇의 외양을 사람처럼 만들고 최대한 의인화하는 이유는 신뢰를 쌓는 데 유리하기 때문인데 이제는 ChatGPT와 같은 생성형 AI는 인간 같은 외양 없이도 인간의 신뢰를 얻어가고 있다.

이제 인공지능이 '초인간의 지식'을 소유하게 되면 신뢰의 수준이 '신급'으로까지 격상될 수도 있으며 제2의 인지혁명으로 인해 정신노동과 의사 결정이 자동화되면서 인간 사고력이 약화 되는 새로운 문제도 '신격화'의 촉진제가 될 수 있다.[134] 이에 기독교 인공지능윤리는 어떠한 AI 기술개체도 인간을 대체할 수 없음을 분명히 하면서 AI의 신격화와 인격화를 경계해야 한다. 인공지능 시대에 대체 불가한 기독교적 인간성은 통섭적 사고와 인간다움의 강화에 달려 있다.[135] 따라서 그리스도인들은 인간성의 원형이며 관계의 모범인 예수 그리스도를 닮아가는 인격과 겸손한 자세로 하나님께 공동체적 영성과 지혜를 구해야 한다. 특별히 AI 윤리와 같은 전 지구적 이슈는 일상에서 간과하기 쉽지만, 한 번 임계점을 넘어가면 되돌리기 어려운 비가역적인 특성이 있기에 인공지능을 잘못 사용했을 때의 수많은 경고와 인간의 한계를 잊지 않아야 한다. 인공지능을 거부할 수도 없고, 거부하기에는 이미 초연결 시대에 접어든 지금, 바람직한 인류의 미래를 만들어 가는 사회의 실제적 문제임을 인식하며, 윤리적 인간과 도덕적 인공지능의 공존은 미래의 가능성이 아니라 현재 진행되는 현상이기에 기초적 시도이지만 기독교 인공지능윤리의 긴급성과 담론적 책임을 성찰하는 기회가 되었기를 바란다.

1부 미주

1   여전히 논쟁 중이지만 성찬의 형식과 세례 방식에 대한 다양한 대안들이 실천되고 있고 신자의 교제 와 새로운 교회론에 대한 신학적 견해들이 무성하다.

2   [AI 프리즘] "스위스 교회, AI 기반 JESUS 설치… 영적 실험 시도" AI라이프경제, 2024년 11월 27일 (http://www.aifnlife.co.kr) 스위스 루체른의 베드로 예배당은 AI로 구동되는 예수님 아바타를 설치해 신도들과 관광객들에게 영적 대화를 제공하며 기술과 종교의 융합을 탐구하고 있다. 장식되지 않은 이 작은 교회는 오랫동안 스위스 루체른에서 가장 오래된 교회로 꼽혀 왔으나 100개의 언어로 대화할 수 있는 인공 지능 기반 예수님을 설치한 후 새로운 교회의 대명사가 됐다.

3   플로팅 크리스천(Floating Christian)이란 팬데믹 이후 온라인 네트워크를 '여기저기 떠도는 크리스천' 을 의미한다.

4   만물신학은(theology of all things) 필자의 개념으로 골로새서 1장에 나타난 그리스도와 만물에 대한 해석을 기초로 창조론과 구원론의 적극적 결합을 통해 인간중심주의적 개인구원론의 반생태적 결과 들을 반성하고 피조세계와 만물이 하나님 창조와 구원의 서사에 중요한 매개자임을 긍정하고자 하는 신학이다.

5   기술 개체는 기술을 매개하여 대상화된 개별 기술 대상(object)을 의미한다. 본 글에서는 기술 대상과 기술 개체를 혼환하며 맥락에 따라 사용할 것이다.

6   이기상, "현대 기술의 본질: 도발과 닦달," Martin Heidegger, *Vorträge und Aufsätze*, 이기상 외 역, 『강 연과 논문』(서울: 이학사, 2008), 394.

7   김진택, 『테크네 상상력』(서울: 바른북스, 2021), 252.

8   현대를 흔히 과학기술의 시대라고 부른다. 이들이 가져다준 물질과 도구로 인간의 삶이 풍요롭게 되 었다. 과학과 기술의 역사적 관계를 살펴보면 고대 시대는 과학의 우위 그리고 중세 시대는 기술의 우위 이후 르네상스 과학혁명의 시대에는 과학과 기술의 협업이 시작되었고, 산업혁명 시대에는 기 술과 과학의 더욱 밀접하게 결합함으로 근대 공학을 탄생시킨다. 이후 20세기 정보기술의 발전으로 최근 기술과 과학이 결합 된 영역으로 기술과학(Technoscience)은 과학의 중요성에 강조를 두는 과학 기술과 다르게 기술의 독자적 영역을 강조하기 위한 단어이다.

9   그 대표적인 입장이 하이데거의 인식이라고 말할 수 있다.

10 '기술 철학'이란 용어는 1877년 에른스트 캅(Ernst Kapp, 1808-1896)에 의해 처음 사용된 것으로 알려 져 있다.

11 이기상, "현대 기술의 본질: 도발과 닦달," 『강연과 논문』, 434.

12 박찬국, "하이데거와 니힐리즘의 극복," 『강연과 논문』, 486.

13 Martin Heidegger, *Vorträge und Aufsätze*, 김상환 역, 『강연과 논문』(서울: 나남출판, 1997), 44.

14 안미현, "하이데거의 기술 철학에 대한 비판적 고찰 - STS와 ANT의 관점에서," 『독일언어문학』 Vol. 0 No. 89 [2020], 76.

15 위의 글, 83.

16 포이에시스는 아리스토텔레스가 학문을 이론학, 실천학, 제작학으로 분류할 때 사용한 용어. 넓게는 대상의 법칙을 알고 그것에 따라 인간에게 필요한 것을 만드는 기술 일반을 의미하나 좁게는 대상을 있는 그대로 모방하는 것이 아니라 작가가 참되다고 느낀 세계를 표출하는 활동을 의미한다. https:// wordrow.kr/의미/포이에시스

17 김진택, 『테크네 상상력』, 20.

18 1970년대 미국에서 기술철학회가 창립되면서 기술철학은 본격적인 철학의 분과로 독립했다. 또한 1980년에는 유럽대륙에서 과학기술연구STS, 기술사회학, 구성주의 혹은 신물질주의, 행위자네트워크이론-ANT 등 다양한 이론들이 등장하면서 기술과학을 둘러싼 담론은 더 활발하게 이루어지기 시작한다.

19 시몽동 전문가인 김재희는 오늘날 기술을 다음과 같이 설명한다. "기술은 더 이상 인간의 통제 아래 야생의 자연을 다루는 단순 도구의 수준에 머무르지 않는다. 인간 신체의 안과 밖에서 인간과 접속되어 있는 기술적 기계들은 인간 자신의 물리생물학적 조건들을 변형시키면서 인간 삶의 근본적인 존재 조건으로 급부상하고" 있다. 김재희, "우리는 어떻게 포스트휴먼 주체가 될 수 있는가?," 『철학연구』 제106집 (2014), 216.

20 질베르 시몽동(Gilbert Simondon, 1924~1989)은 파리 고등사범학교에서 조르주 캉길렘, 마르샬 게루, 모리스 메를로-퐁티, 장 이폴리트에게서 수학했다. 1958년 박사학위를 취득하고, 프와티에 문과대학 교수(1955~1963)를 거쳐 소르본-파리 4대학 교수로서 교육과 학술활동에 전념하며 '일반심리학과 기술공학 실험실'을 직접 설립하여 이끌어 나갔다(1963~1983). 주요 저서로는 그의 박사학위 논문인 『형태와 정보 개념에 비추어 본 개체화』(주논문)와 『기술적 대상들의 존재 양식에 대하여』(부논문)가 있다. 그의 사후인 1990년대부터 그에 대한 관심이 급증하여 2000년대에는 『기술에서의 발명』, 『상상력과 발명』, 『커뮤니케이션과 정보』, 『지각에 대한 강의』, 『동물과 인간에 대한 두 강좌』 등 그의 강의와 강연 원고들을 묶은 저서들이 쏟아져 나오고 있다. 개체화를 주제로 삼은 발생적 존재론, 인식론, 자연철학, 그리고 이에 근거한 독창적인 기술철학은 질 들뢰즈의 철학에 큰 영향을 끼쳤을 뿐만 아니라, 브라이언 마수미, 파올로 비르노, 안토니오 네그리, 마이클 하트와 같은 현대 정치철학자들과 베르나르 스티글러, 브뤼노 라투르와 같은 현대 기술철학자들에게도 중요한 참조점을 제공하고 있다.

21 질베르 시몽동의 기본 관점은 오랫동안 서구 사상에 뿌리내린 지배적 패러다임 정신과 물질의 철학적 이원론을 비판하며 반(反)실체론적이고 반(反)질료형상론적 사유를 지향한다. 현재 프랑스와 영미권 등의 국외에서는 시몽동 기술철학의 주요 개념들이 철학과 기술과학을 넘어 이미 미디어연구, 문화연구, 현대사회이론 등으로 그 영역을 점차 확장시켜가면서 주요한 참조가 되고 있다.

22 질베르 시몽동(Gilbert Simondon)의 개체화는 형성의 한 과정으로서 결정체처럼 생명이 없는 자연에서도 일어날 수 있고, 또한 명백히 식물이나 동물이 형태를 가지게 될 때 개체화가 발생하며, 뿐만 아니라 심리적 인간이나 사회 구조의 발달에서도 일어날 수 있는 것으로 보았다. 시몽동의 예시인 염화나트륨 결정체, 즉 소금을 보면 포화 용액에서 형태를 취한다. 이 일이 일어나기 전에 양이온과 음이온 사이의 비호환성과 함께 많은 긴장으로 불안정한 순간이 있다. 그런 다음, 예를 들어 가열할 경우, 용액은 결정화가 시작되는 임계치에 도달한다. 용액이 완전히 결정화될 때까지 결정이 발생하고 확산되는 데에서, 정보가 배포되는 데에서 우리는 재구조화(restructuration)를 보게 된다. 시몽동은 이러한 긴장, 임계치, 그리고 재구조화 모델이 살아있는 존재나 심리적·사회적 과정에도 적용될 수 있다고 주장한다.

23 사람들은 인간이 독립적으로 기계를 발명한다고 생각한다. 그러나 개체화는 누군가가 일방적으로 만들어내는 과정이 아니다. 아직 개체화되지 않은 상태를 전(前)개체적인 실재(realite preindividuelle)라고 하는데, 그것은 잠재적(potential) 에너지로 가득해서 아직 현실화되진 않았지만, 뭔가로 바뀔 가능성으로 가득한 곳이다. 시몽동은 그곳에 내적 문제가 있을 때, 개체는 그 문제를 해결하기 위한 해(解)로서 돌연변이처럼 발생한다고 말한다. 예컨대 라디오 램프에서 4극관은 3극관의 작동을 방해했던 발진 문제를 해결하기 위해 '스크린 그리드'를 넣으면서 발생한다. 또 5극관은 2차 전자방출문제를 억제하기 위해 4극관에 '억제그리드'를 넣으며 출현한다.

24 김재희, 『시몽동의 기술철학: 포스트휴먼 사회를 위한 청사진』 (파주: 아카넷, 2017), 206.

25 Gilbert Simondon, *Du Mode d'existence des Objets Techniques*, 김재희 역, 『기술적 대상들의 존재양식에 대하여』 (서울: 그린비, 2011), 23.

26 김재희, 『시몽동의 기술철학: 포스트휴먼 사회를 위한 청사진』, 167.

27 위의 책, 236.

28 김진택, 『테크네 상상력』, 218.

29 이때 매체는 단순한 매개물로 고정되지 않고 개체의 존재양식과 구조를 바꾼다.

30 김진택, 『테크네 상상력』, 235.

31 안미현, "하이데거의 기술철학에 대한 비판적 고찰 - STS와 ANT의 관점에서," 85-6.

32 김재희, 『시몽동의 기술철학: 포스트휴먼 사회를 위한 청사진』, 11.

33 위의 책, 11.

34 황수영, 『시몽동, 개체화 이론의 이해』(서울, 그린비, 2017), 28.

35 김재희, 『시몽동의 기술철학: 포스트휴먼 사회를 위한 청사진』, 14.

36 위의 책, 235.

37 안미현, "하이데거의 기술철학에 대한 비판적 고찰 - STS와 ANT의 관점에서," 86

38 Gibert Simondon, *L'Individuation A La Lumiere Des Notions De Forme Et D'Information*, 김재희 역, 『형태와 정보 개념에 비추어 본 개체화』(서울: 그린비, 2011), 214.

39 벽돌이 만들어지는 기술 과정에서 우리는 흙이라는 물질을 생각할 수 있어야 하고 천문학이라는 과학은 망원경과 같은 기술 대상의 발전과 분리되어 생각할 수 없다. 수많은 기술대상들을 제외한 체, 마치 인간의 정신작용이 기술 활동과 물질환경과 상관이 없는 독자적인 것으로 잘못 사유하는 경향을 보인다.

40 김재희, 『시몽동의 기술철학: 포스트휴먼 사회를 위한 청사진』, 64.

41 시몽동은 기술적 개체화의 전개체적 퍼텐셜이 바로 자연이라고 설명한다. 황수영, "시몽동의 기술철학에서 규범성의 문제: 생명적 규범성과 사회적 규범성 사이에서," 『근대철학』 제18집 (2021. 10), 86.

42 시몽동은 기술적 개체는 자연과 기술적 대상 사이의 매개항으로 연합환경이 존재하며 이러한 연합환경은 기술적이며 자연적인 것으로 설명한다. 김재희, 『시몽동의 기술철학: 포스트휴먼 사회를 위한 청사진』, 114.

43 이미 인공지능(AI)기술은 지능뿐 아니라 문학과 예술에서 두각을 나타내고 있다. 미국의 인공지능(AI) 개발자 스티븐 테일러 교수는 '다부스(DABUS)'라는 이름의 AI를 발명자로 표시한 발명품(제품)에 대해 국제특허를 출원했다. 그러나 한국 특허청은 지난해 9월 '자연인이 아닌 AI를 발명자로 한 특허출원은 허용되지 않는다'는 이유로 AI가 발명했다고 주장하는 특허출원에 대해 지난 9월 28일 '무효처분'을 내렸다. 한국의 특허법과 관련 판례는 자연인만을 발명자로 인정하고 있기 때문이다. 발명은 본디 인간의 창조적 역량으로 기계와 다른 본질적 특성으로 이해하고 있었기 때문이다. 이렇게 로봇과 AI 첨단기술의 발전은 기술의 고전적 인간 이해의 경계를 해체시키고 인간과 기술의 관계성에 대해 새로운 관점을 요구하고 있다.

44 Peter T. O'Brien, *Word Biblical Commentary V.44 Colossians, Philemon*, 정일오 역, 『골로새서, 빌레몬서-WBC 성경 주석 44』(서울: 솔로몬), 124.

45 만물은 영어 성경에서 all things로 번역된다.

46 그는 보이지 아니하는 하나님의 형상이시요 모든 피조물보다 먼저 나신 이시니 만물이 그에게서 창조되되 하늘과 땅에서 보이는 것들과 보이지 않는 것들과 혹은 왕권들이나 주권들이나 통치자들이나 권세들이나 만물이 다 그로 말미암고 그를 위하여 창조되었고 또한 그가 만물보다 먼저 계시고 만물이 그 안에 함께 섰느니라(골 1:15-17).

47 팬데믹 이후 물질의 발견은 철학적 담론의 중심을 이룬다. 신물질주의(new Materialism)란 21세기 사상은 인간의 의식이라는 한계 안에서 사고를 한정 짓는 '현상학의 시대'가 저물고, 물질세계에 관한 탐구로부터 사유의 토대를 마련하는 '신물질론의 시대'로 사고의 대전환이 이뤄지고 있다

48 Karen Barad, *Meeting the Universe Halfway* (Durham: Duke University Press, 2007).

49 욥기 36장 24-37:24; 38:1-41:34; 8:1-22, 시편 89:5-13; 97:1-6; 104: 1-32; 145:5-16에 나타난다.

50 아상블라주는 들뢰즈와 가타리의 개념으로 최근 관계적, 물질적 전환이라는 거대한 흐름 속에서 현대 인문학적 사유를 이끌어가는 대표적 개념이다. 아상블라주 관점에서의 사유는 세계를 흐름, 연결, 생성(becomings)에 의해 특징 지워지고, 작동 논리가 선형적이기보다는 더 복잡하고, 변증법적이기보다는 더 순환적이고, 전체주의적(totalizing)이기보다는 더 창발적임을 강조한다.

51 앞으로의 기술 시대에 인간과 기계의 관계를 새롭게 바라보기 위해 인간을 '인간-비인간의 연결'로 이어지는 인간과 기술의 조화라고 보는 라투르의 견해도 이와 맥을 같이한다고 볼 수 있다.

52 또한 그가 만물보다 먼저 계시고 만물이 그 안에 함께 섰느니라(골 1:17).

53 Jürgen Moltmann, *Ethik der Hoffnung*, 곽혜원 역, 『희망의 윤리』(서울: 대한기독교서회, 2012), 253.

54 이러한 탈세계적 구원론은 여전히 한국교회에 큰 영향을 미치고 있으며 그로 인해 여전히 팬데믹 이후 한국교회가 기후 위기의 문제를 인식하는 새로운 기회가 되었으나 여전히 신앙의 문제로 고백하지 못하는 이유이기도 하다.

55 2022년 10월 국민 메신저로 자리 잡은 카카오톡이 데이터센터 화재 때문에 불통 사태가 일어나 거의 모든 서비스가 멈추면서 국민 생활에 큰 피해를 가져왔다.

56 골로새서 1장 16절 "하늘과 땅에서 … 만물이 다 그로 말미암고 그를 위하여 창조되었고"와 골로새서 1장 20절 "만물 곧 땅에 있는 것들이나 하늘에 있는 것들이 그로 말미암아 자기와 화목하게 되기를 기뻐하심이라"에서 두드러진다.

57 시편 119편 89-91절은 인간을 넘어 만물이 주의 종이 됨을 증거하고 있다. 여호와여 주의 말씀은 영원히 하늘에 굳게 섰사오며 주의 성실하심은 대대에 이르나이다 주께서 땅을 세우셨으므로 땅이 항상 있사오니 천지가 주의 규례들대로 오늘까지 있음은 만물이 주의 종이 된 까닭이니이다.

58 Simondon, 『기술적 대상들의 존재양식에 대하여』, 71-3.

59 황수영, "시몽동의 기술철학에서 규범성의 문제: 생명적 규범성과 사회적 규범성 사이에서," 86.

60 Moltmann, 『희망의 윤리』, 247.

61 Josef Pieper, *Wahrheit der Dinge : eine Untersuchung zur Anthropologie des Hochmittelalters*, 김진태 역, 『사물들의 진리성』(서울: 가톨릭대학교 출판부, 2005), 93.

62 맹성현, 『AGI 시대와 인간의 미래』(성남: 헤이북스. 2024), AGI(범용인공지능)은 2028년에 출시될 것으로 예측하고 있다. AGI는 모든 영역에서 사람과 같거나 그 이상의 지능을 구현하는 AI를 의미한다.

63 위의 책, 333.

64 위의 책, 214. 컨설팅 기업 올리버와이만의 예측 결과를 인용하면 향후 10년 "미국과 유럽의 직업 중 3분의 2는 AI자동화에 어느 정도 노출돼 있고, 현재 지식 노동자 일자리의 5분의 1정도는 생성형 AI가 수행할 수 있다"며 "AI기술은 세계 총 생산량의 70%를 증가시킬 수 있으나 기존 직업 시스템을 붕괴시켜 3억 명의 전일제 일자리가 사라질 것"으로 전망했다.

65 Mark Coeckelbergh, *AI Ethics*, 신상규, 석기용 역, 『AI 윤리에 대한 모든 것』(아카넷, 2020), 14.

66 인용되는 참고자료들의 원문을 고려하여 인공지능과 AI를 상호 호환하며 사용할 것이다.

67 熊谷 浩二, 高橋 康浩, 『技術者の倫理 : 循環型社會に向けた技術者の責務と責任』, 남윤의 역, 『기술 윤리』(서울: 인터비젼, 2008), 196-97.

68 맹성현, 『AGI 시대와 인간의 미래』, 220. 방사선학과 병리학 분야 등에 AI가 적극적으로 도입되고 있고 수술로봇 기술도 발전하고 있어 향후 마취과, 가정의학과, 외과 의사들의 수요가 줄어들 것으로 예상되고 있다. 미국 〈하버드 법대〉 매거진 2023년 4월호에 게재된 한 논문에 의하면, 법륜리학에 대한 15개의 어려운 객관식 문제가 주어졌을 때 빙챗(Bing Chat)은 12개를 정확히 맞추었고 틀린 것도 정교한 방식으로 틀려 B+ 학점을 받는 법대생과 유사한 실력을 보였다. 오픈AI사에서 3월에 출시한

GPT-4가 미국 변호사자격시험에서 상위 10%의 성적을 보여 세상을 놀라게 했다는 것은 잘 알려진 사실이다.

69 Coeckelbergh, 『AI 윤리에 대한 모든 것』, 15.

70 인공지능(AI)은 인류가 직면한 다양한 문제를 극복하는데 큰도움을 줄 수 있지만, AI의 급속한 발전은 윤리와 인권, 안보 등의 측면에서 예상치 못한 문제를 야기할 수도 있다. 유네스코는 유엔 체계 안에서 유일하게 윤리적, 지적 성찰을 담당하는 기구로서, 지난 11월 제41차 유네스코 총회에서 180여 쪽에 해당하는 "AI 윤리 권고"를 채택했다. 그리고 유네스코한국위원회는 AI 윤리에 대한 일반 대중 및 청소년들의 이해를 돕기 위해, '유네스코 AI 윤리 권고 해설서'를 발간했다. https://unesco.or.kr

71 한국연구윤리정보센터(CRE)는 '인공지능(AI) 윤리 가이드라인'의 중요성과 국가별 대응 현황을 자세히 제공하고 있다. ebook_01_kr.pdf (moe.edu.tw)

72 Coeckelbergh, 『AI 윤리에 대한 모든 것』, 15.

73 Noreen Herzfeld, *The Artifice of Intelligence: Divine and Human Relationship in a Robotic Age* (Minneapolis: Fortress Press, 2023), 132.

74 신상규, "인공지능의 도덕적 지위와 관계론적 접근," 『대한철학회논문집』(2019.2), 251. 인간에 대한 오해 (The Mismeasure of man)라는 스티븐 제이 굴드의 저서에서 인간은 만물의 척도라는 잘못된 평가에 대해 촘촘히 비판하고 있다.

75 Coeckelbergh, 『AI 윤리에 대한 모든 것』, 14.

76 위의 책, 13. 인공지능은 수백만 번의 과거 바둑 대국을 기반으로 한 기계학습과 자신을 상대로 한 연습 경기를 통해 이세돌에게 승리했다.

77 장동선, 『AI는 세상을 어떻게 바꾸는가』(김영사, 2022), 30.

78 Veronica Smink, "인공지능 3단계: 인류 멸종으로 이어질까?," 『BBC 뉴스 코리아』, 2023.06.06. https://www.bbc.com/korean/news-65817704

79 조형주, "'로봇공학계 전설' 로드니 브룩스 "생성형 AI, 지나치게 과대평가됐다," 『AI POST Korea』, 2024.07.01. https://www.aipostkorea.com/news/articleView.html?idxno=2649

80 Coeckelbergh, 『AI 윤리에 대한 모든 것』, 25.

81 위의 책, 28.

82 Herzfeld, *The Artifice of Intelligence*, 5.

83 Coeckelbergh, 『AI 윤리에 대한 모든 것』, 28.

84 이중원 외, 『인공지능의 윤리학』(서울: 한울 아카데미, 2019), 199.

85 Herzfeld, *The Artifice of Intelligence*, 141.

86 위의 책, 2. Karl Barth, "Church Dogmatics," vol. 3, *The Doctrine of Creation Part 2*, ed. Geoffrey Bromiley, Thomas Torrance, trans. J. W. Edwards, O. Bussey, Harold Knight (Edinburgh: T&T Clark, 1958), 272 재인용

87 Reinhold Niebuhr, *Nature and Destiny of Man*, 2 vol. (New York: Scrib- ner's, 1941-1942), 295.

88 인공지능윤리는 인간중심의 인공지능윤리(AI 윤리), 그것을 보조하는 인공지능보조윤리(AI-보조윤리), 그리고 인공지능의 주체성과 자율성 그리고 능동성을 전제하는 윤리적 인공지능(윤리적 AI)등으로 구분할 수 있다. 본 논문에서는 인공지능의 도덕성 논의와 윤리 AI의 가능성에 초점을 맞추고자 한다.

89 Coeckelbergh, 『AI 윤리에 대한 모든 것』, 19.

90   Herzfeld, *The Artifice of Intelligence*, 1.

91   위의 책, 31

92   고인석, "인공지능이 자율성을 가진 존재일 수 있는가?," 『철학연구』 제133집 (2017. 11), 163-187.

93   마정목, "미 국방부 무기체계 자율성 훈령 개정에 따른 자율무기체계 정책 분석과 이해," 『국방연구』
      vol. 66, no. 2. (국방대학교 국가안전보장문제연구소, 2023), 127. 미국은 2013년 국방부 훈령 3000.09를
      통해 무기체계의 자율성(AWS: Autonomous Weapon Systems)에 대한 정책을 공개한 최초의 나라이며
      현재 AWS를 선도해 나아가고 있다. 한국은 현재 국방혁신 4.0을 바탕으로 국방 무인체계 발전을 통
      한 AI 과학기술강군을 육성한다는 비전을 추진하고 있으며 자율성을 구현하기 위한 기술, 시험평가
      방안, 획득체계 정비 등을 정책 개발을 병행하고 있다.

94   Herzfeld, *The Artifice of Intelligence*, 37-39.

95   맹성현, 『AGI 시대와 인간의 미래』, 182.

96   위의 책, 18-9. 콤파스 알고리즘의 거짓 양성(재범할 것으로 예측되었지만 재범하지 않은 사람)이 불균
      형적으로 흑인이 많다는 연구 결과로 인해 매우 큰 논란이 벌어지고 있다. (Fry, 2018:18) 그리고 AI 기
      반 얼굴 인식 기술은 종종 감시용으로 사용되며, 사람들의 프라이버시를 침해할 수 있으며 또한 소셜
      미디어에서 활동하는 알고리즘은 허위 정보를 퍼트릴 수 있다.

97   Coeckelbergh, 『AI 윤리에 대한 모든 것』, 21.

98   박휴용, "탈인본주의적 AI 윤리란 무엇인가?: '윤리적 AI'를 중심으로," 『컴퓨터교육학회논문지』 제25
      권, 제6호 (2022), 75-88

99   이중원 외, 『인공지능의 윤리학』, 201

100   김효은, 『인공지능과 윤리』(서울: 커뮤니케이션북스, 2007), 108

101   맹성현, 『AGI 시대와 인간의 미래』, 178-85, 인간 지능과 AI 시너지 184쪽 사람들은 AI의 능력이 아
      무리 놀라운 수준이어도 창작 분야는 인간이 지켜낼 마지막 보루로 남아 있을 것으로 생각해왔다. 하
      지만 생성형 AI가 나오면서 예술이나 문학과 같이 인간의 창의성을 요구하는 분야도 이제는 인간만
      의 고유 영역이 아니라는 인식이 퍼지고 있다. 2023년 9월에는 AI 편곡 기술을 미래 환경 데이터와
      접목시켜 비발디의 〈사계〉 중 '여름' 협주곡을 변형한 시도가 있었다. 이 시도는 과학과 예술 간 융합
      이라는 의미를 넘어, 자연환경 파괴 문제를 효과적으로 알리겠다는 목적하에 인간과 AI 간의 협업을
      한 사례로 주목받았다.

102   위의 책, 193.

103   Herzfeld, *The Artifice of Intelligence*, 37-39.

104   이중원 외 8인, 『인공지능의 윤리학』, 200. AI의 안전성만 보장된다면, AI는 SF영화에서 볼 수 있듯이
      '사회 구성원'으로서의 지위를 얻어갈 것이다.

105   신상규, "인공지능의 도덕적 지위와 관계론적 접근," 243. 신상규는 이 논문에서 인공지능의 도덕적
      지위에 관해 설명하기 위해서 실재론의 입장은 AI 로봇이 해당 속성을 실제로 가지고 있느냐 여부에
      따라 결정되는 실재론적 입장의 한계와 문제점을 지적하면서, 마크 쿠헬버그(Mark Coeckelbergh)가
      주장하는 관계론적 접근으로의 전환을 제안하고 있다.

106   이중원 외 8인, 『인공지능의 윤리학』, 212.

107   위의 책, 213

108   위의 책, 214

109   이상욱, "인공지능의 도덕적 행위자로서의 가능성," 『철학연구』 제125집 (2019년 여름), 260. 아시모프
      (Isaac Asimov)와 실버버그(Robert Silverberg)의 소설 『양자인간(The Positronic Man)』(1992)을 보면 앤
      드류에게 끊임없이 인간과 '닮을' 것을 요구하면서 동시에 인간의 완전한 지위(도덕적 행위자로서의 지
      위를 포함하여)를 부여하지 않으려는 인간 사회의 모순적 특징이 풍자되어 있다.

110 이상욱, "인공지능의 도덕적 행위자로서의 가능성," 259. 이상욱 교수는 이 두 방법을 쉬운 문제와 어려운 문제로 나누어서 유사하게 설명하고 있다.

111 전찬영, 방정배, 박균열, "인공지능의 윤리적 자율성 검토와 공익적 시사점," 『디지털콘텐츠학회논문지』 제25권, 제4호 (2024), 909-918

112 Herzfeld, *The Artifice of Intelligence*, 57. 이라크 전쟁에서 마흐디 민병대는 한 어린이를 전방 관찰자로 활용했다. 미군은 정당한 전쟁의 관습에 따라 총을 쏠 수 있음에도 불구하고 그 아이를 쏘지 않았다. 인공지능이 비슷한 판단을 내릴 수 있을 만큼 충분한 뉘앙스로 프로그래밍될 수 있을까?

113 이 국제회담이 갖는 함의는 AI 기술이 국제적으로 공동대응을 해야 할 만큼 위협적이라는 공감대가 형성된 것이다.

114 이중원 외 8인, 『인공지능의 윤리학』, 263.

115 W. Pannenberg, *Systematische Theologie II*, 신준호, 안희철 역, 『조직신학 II』(서울: 새물결플러스, 2018), 406

116 인간과 비인간의 존재론적 관계성에 대한 기술신학의 성찰은 필자의 졸고인 기술신학정립을 참고하라. 김은혜, "첨단 기술 시대의 신학적 과제: 인간과 기술의 상호협력적 관계에 대한 신학적 상상력과 기술신학 정립," 『기독교사회윤리』 제56집 (2023), 215-249.

117 Catherine E. Keller, *Intercarnations: Exercises in Theological Possibility* (New York: Fordham University Press, 2017), 201.

118 위의 책, 202.

119 김효은, 『인공지능과 윤리』, 2007.

120 맹성현, 『AGI 시대와 인간의 미래』, 237.

121 이중원 외, 『인공지능의 윤리학』, 264.

122 위의 책, 263.

123 에콰도르는 헌법에 '자연의 권리'(the rights of Nature)를 명문화한 첫 번째 나라다. 에콰도르 헌법에 자연의 권리 조항이 들어간 것은 2008년 개헌을 통해서다. 2014년 12월 아르헨티나에서는 오랑우탄에게 비인간 법인격(non human person)을 인정하고 동물원의 불법포획을 불법구금으로 보고 풀어주라는 판결이 나오기도 했다. 2017년 3월 뉴질랜드 국회는 원주민 마오리족의 150년에 걸친 요구를 받아들여 황가누이강(the Whanganui River)에 법인격을 부여하는 법안을 통과시켰다.

124 이중원 외, 『인공지능의 윤리학』, 265.

125 맹성현 교수는 인공 지능 시대에 갖춰야 할 필수적인 능력을 창의성, 융복합 능력, 그리고 AI 문해력 세 가지 범주로 제시하고 있다.

126 전찬영, 방정배, 박균열, "인공지능의 윤리적 자율성 검토와 공익적 시사점," 909-918,

127 임베디드 에틱스는 미국 하버드 대학교에서 2017년 무렵 시작된 다학제적 교육 프로그램으로, 컴퓨터 공학 커리큘럼에 윤리를 끼워 넣음(embedded)으로써 둘의 융합을 시도하는 것이다. 현재 하버드와 스탠포드 뿐만 아니라 미국 유수의 대학들이 이 방향성에 동참 중이다. 이 컨퍼런스에 참여한 서울대 천현득 교수발표에 따르면 한국 대학 중에서 임베디드 에틱스를 적용한 곳은 현재까진 없는 것으로 보인다.

128 맹성현, 『AGI 시대와 인간의 미래』, 238.

129 위의 책, 229.

130 김지연, "인공지능(AI)의 윤리적 지위: 인간과 비인간 사이에서 어울리기," 『사회와 이론』 통권 제46집 (2023. 11), 89-131.

131 박휴용, "탈인본주의적 AI 윤리란 무엇인가?:'윤리적 AI'를 중심으로," 75.

132 Herzfeld, *The Artifice of Intelligence*, xii.

133 맹성현, 『AGI 시대와 인간의 미래』, 207.

134 특히 어렸을 적부터 AI에 노출된 미래 세대에게 발생될 가능성이 높다. 예컨대, 학생이 ChatGPT로부터 답을 받아 확인하는 과정 정도를 거쳐 숙제를 마무리할 수 있다면 많은 내용을 읽어보고 종합하는 과정을 통해서만 얻을 수 있는 비판하고 요약하는 사고력을 키우기 어렵다. 교육 과정과 일상에서 인지적 노력이 생략되면 생물학적으로도 뇌의 발달에 부정적인 영향을 준다. Johann Hari, Stolen Focus: Why You Can't Pay Attention, 김하현 역, 『도둑맞은 집중력』(서울: 어크로스, 2023).

135 맹성현, 『AGI 시대와 인간의 미래』, 305.

첨단기술 시대의 신학과
기독교윤리

2부

기술과 기독교 인간론

1. 포스트휴먼 시대의 기독교 윤리의 새로운 패러다임
2. 포스트바디 시대에 대한 성찰과 기독교 윤리적 과제

1 | 포스트휴먼 시대의 기독교 윤리의 새로운 패러다임

1) 포스트휴먼의 정의와 기독교 인간이해

소위 신인류로 불리는 포스트휴먼은 기계 또는 기술과 융합된 인간의 변환을 가리킨다. 포스트휴먼의 시대는 정보기술, 유전공학, 로봇공학, 신경과학, 바이이오공학 등의 신학문분야의 발달로 신물질과 기술이 유기체인 인간의 몸속에 인위적으로 결합함으로 인간과 비인간, 인간과 기술/기계의 경계가 모호해진다.[1] 포스트휴먼은 누구인가? 인간의 생물학적 몸은 도태되고, 첨단기술에 의해 신체나 정신의 능력을 변형시킨 완전히 성능이 증강된 인간 이후의 존재자가 출현한다는 것이다. 이 시점에 오면 진화의 방향은 기술에 의해 조정될 것이다.

동시에 지구적인 자본주의와 기술이 매개된 비인간적 포스트휴먼의 양상들과 무인 인공지능 전투기와 로봇[2]들을 이용한 잔혹한 최첨단 전투기술의 테크노 군사화는 전쟁과 죽음을 훨씬 복잡한 방식으로 변형시킨다. 이러한 지구적 불안은 유럽의 반反이민정책, 미국의 백인우선주의, 국수주의와 같은 정치 이데올로기로 표출되고 있다. 또한 인류의 기술과학 발전이 오히려 인간의 삶과 생명 존엄성을 위협하며 그 가치를 배제하고 박탈하는 방향으로 나아가는 현상이 전 지구적으로 발생하고 있다. '포스트휴먼'의 출현으로 인해 발생하는 문제점과 가능성에 대해 성찰하는 포스트휴먼 담론들은 이러한 기술적 기반과 이론을 검토하고 포스트휴먼의 조건이 함의하는 생태적, 경제적, 윤리적 쟁점들을 부지런히 검토하고 있다.

다양한 포스트휴먼 담론이 있지만, 첨단기술은 단순히 인간의 지성적·육체적 능력을 보완해 주는 도구에 불과한 것이 아니라, 인간 능력을 향상하고 인간을 근본적으로 변형시킬 잠재력을 갖는다는 점에 많은 국내외 인문학자들이 동의하고 있다.[3] 즉 이러한 연구들은 기술이 인간의 주체적 사유와 행동양식 등을 바꾸어 놓을 뿐 아니라, 인간이해에 대한 전통적 개념들의 경계에 문제를 제기한다. 따라서 인간을 넘어서 포스트휴머니즘post-human의 다양한 이슈들의 성찰은 한결같이 '인간적 감수성'을 중요하게 고려하는 윤리문제로 귀결된다.

이렇게 포스트휴먼의 미래는 오랫동안 모든 사물의 척도였던 인간Man이 심각하게 탈중심화될 가능성을 예측하며, 인간의 확장과 인간의 종말 사이에서 초월적 신앙을 가지고 이 세계를 살아가야 하는 그리스도인들에게 심각한 윤리적 도전이다. 더 나아가 인류로 인한 지구온난화와 생태계 침범을 특징으로 하는 인류세Anthropocene Epoch[4]는 인간, 기계, 자연의 복합적인 관계 안에서 근본적으로 다른 인간이해에 대한 신학적 작업을 수행함으로 가치와 규범을 갱신해야 하는 시대이다. 신앙과 과학기술의 관계는 역사적으로 하나가 일방적으로 다른 하나를 중지시킨 적은 없다. 포스트휴먼은 이미 옳고 그름의 선택의 문제가 아니다. 포스트휴먼은 인간의 삶의 실재적 현실과 물질적 조건을 형성하고 있기 때문에 어떻게 신학이 포스트휴먼조건을 바르게 인식하고 새로운 시대에 기독교의 대안적 가치를 공적으로 도출해냄으로 사회적으로 생산적 담론에 참여하고 긍정적 세계변화에 기여하느냐가 중요하다. 포스트휴머니즘에는 기술우

호적인 입장, 디스토피아적인 입장 그리고 비판적인 입장 등 다양한 관점이 있지만, 이 글은 '인간중심적인 휴머니즘'의 한계를 전면적으로 비판하고 세계에 대한 책임적 주체로서 인간을 재구성하는 비판적 포스트휴머니즘의 입장을 취하고 있다.

이 관점은 포스트휴먼 곤경 predicament 으로 나타나는 생태 경제적·정치 문화적 문제들을 분석하기 위하여 근대 인간중심의 가치체계와 사회윤리구조를 문제 삼고 동시에 탈인간^종중심주의의 관점에서 새로운 환경적, 세계적, 내면적 새로운 과제를 부여하기 때문이다. 신학적 실천은 보편적인 것 또는 토대를 발견하는 작업이 아니라 세계 변화에 열려있는 구성 신학적 constructive theology 활동이다. 그러므로 신학자의 임무는 현재 우리가 살아가고 있는 이 특수한 시대적 맥락에 대한 신학적 해석과 그 상황이 만들어내는 윤리적 물음에 대한 신학적 숙고를 통하여 선을 증진하고 시대의 악과 고통을 극복하고자 하는 실천적 의지와 맞닿아 있어야 한다. 더 나아가 신학적 이론^{기독교윤리학}은 그리스도인들이 사유에 머물러 변화하는 세계에서 고립되기보다, 포스트휴먼시대에 기독교적 가치를 실현할 적극적 행위주체 agential subject 로 세워져 갈 수 있도록 돕는 책임적 학문이다.

이글은 포스트휴먼의 맥락에서 도덕적 사유와 윤리적 행위주체로서 인간이란 무엇인가에 기독교윤리적 관점에서 응답하며 포스트휴먼시대에 다시 부상하는 인간주의 담론들의 지형을 살피고 성육신적 인간주의에 기초한 '되기의 기독교윤리' ethics of becoming 를 구성하고자 한다. 또한, 포스트휴먼 개체들이 살아가야 하는 다양한 변화들을 분석하면서 성육신적 인간주의의 관점에서 '되기의 기독교윤리'의 핵심적 개념이 되는 차이의 주체성과 존재론적 관계성을 다룰 것이다. 특별히 여성신학적 관점에서 행위적 주체형성을 강조하며 몸, 욕망, 물질성에 기초한 체현의 과정으로서 긍정의 윤리를 제안한다. 기독교윤리적 관점에서 본 연구의 의미성은 포스트휴먼의 탈인간종중심주의적 담론에 적극적으로 참여하고 책임지고 응답하기 위하여 모든 것이 복잡하게 얽혀있는 지구행성적 관계 속에서 여전히 세계긍정의 변혁을 수행해야 하는 그리스도인들의 책임을 해명하고자 하는 것이다.

2) 포스트휴먼 시대의 기독교 인간주의 Christian Humanism

(1) 근대 인간주의에 대한 비판과 도전으로서의 포스트휴머니즘[5]

근대 이후의 휴머니즘의 핵심은 자유와 책임을 지고 도전을 통해서 인간의 능력을 향상하고 진보하는 인간이다. 과학과 기술의 질적인 발전은 항상 윤리적 문제를 수반했다. 그러나 포스트휴먼담론은 인간과 기계, 정신과 물질, 그리고 자연과 문화의 관계적 환경 안에서 완전히 새로운 인간에 대한 개념을 창조했다는 점에서 오늘날 새로운 인간주의, 포스트휴머니즘, 트랜스 휴머니즘 등 인간주의에 대한 담론이 매우 뜨겁다.[6] 포스트휴머니즘은 특별히 인간기술을 기술적 시도로만 축소해 온 최근 환경에서 단순한 도구로서의 기술을 넘어 인간과 기술의 관계를 존재론적 차원에서 재설정하고 그 의미를 표현하는 하나의 방법으로 기술에 대한 새로운 사유를 시도하고 있다. 한편 트랜스휴머니즘 trans-Humanism[7]은 기술과 인간의 융합으로 인간과 기술의 관계를 재설정해야 한다고 주장하며 과학과 기술적 방법을 통하여 무한히 확장되는 인간성의 증진과 인간정신의 가능성을 휴머니즘의 확장으로 이해한다.[8] 두 입장의 차이는 자아와 세계 사이의 근본적인 이원론과 관계를 맺는 방식에서 다르다. 포스트휴머니즘은 계몽주의 휴머니즘과 그것의 본디 이원론을 대체하는 인간의 구성에 대한 새로운 패러다임을 모색하는 데 관심을 두고 있는 반면에, 트랜스휴머니즘은 휴머니즘의 이원론을 전용하여 슈퍼휴먼의 단계에 이를 때까지 휴머니즘적 특성들을 확대하려 한다는[9] 것이 그 차이이다.

포스트휴먼 사유의 대표 철학자인 브라이도티 Rosi Braidotti 는 포스트휴먼 시대의 "기계는 이제 더 이상 은유가 아니라 힘과 에너지를 포착하고 처리하는 상호관계와 다양한 접속과 배치를 촉진하는 엔진이며 장치"라고 말했다.[10] 그녀는 이렇듯 "기술의 해방적, 일탈적, 잠재력에 대한 신뢰로 개인주의를 강화하고 이윤추구의 확대로 연동하려"는 기술적 시도들에 저항한다.[11] 포스트휴먼의 입장은 신체성과 물질성의 자기구성적 관점을 간과하지 않음으로 체현의 주체성을 지속적으로 강조한다. 마음과 육체, 그리고 정신과 몸이라는 이분법에 기초한 이성 중심의 근대 인간론은 이미 그 지위를 상실했다. 포스트휴먼 관점은 인간과 기술과의 새로운 관계모색 통해 인간을 몸을 가진 확장된 자아라는 포스트휴먼 주체성으로 재구성함으로써 인간중심주의를 극복하고 동시에 기술에 대한 지나친 환상도 거부한다. 즉 포스트휴먼 사유는 기술을 적극적으로 숙고하면서 새로운 인간이해를 자연과 문화 그리고 물질과 인간의 새로운 관계배치 속에서 이미 실제적 세계에서 얽혀 있음을 인식하는 것이다.

포스트휴먼 개념은 현대 과학기술의 발전으로 인해 "인간 신체와 정신의 확장, 디지털 네트워크화에 따른 시공간 개념의 동요 및 신체성 없는 주체의 등장과 다양한 성 정체성의 출현과 같은 탈경계적 현상"과 마주하게 된 시대에 유효하다.[12] 브라이도티의 포스트휴먼은 관계론적 자아 확장을 통하여 이원론적 인간이해를 해체함으로 다수적 타자와 관계 맺기, 소수자 되기, 더 나아가 기술로 매개된 지구행성적 환경과 융합하는 주체로 '지구-되기,' '동물-되기,' '기계-되기'를 제안하며 포스트휴먼의 관계성을 확장하기 때문이다.[13] 이러한 '되기의 윤리'는 탈-인간중심적인 탐색의 다양한 경로이며 인간으로 하여금 인간중심주의의 오만에 저항하고 또한 인간을 초월적 범주로 격상하는 예외주의에도 저항하도록 만든다.

이러한 맥락 속에서 포스트휴먼의 핵심적 비판의 대안으로 탈이원론적, 탈계층적, 탈경계적 방법론들을 모색하면서 포스트휴먼의 시대에 대한 논의가 최근 국내외적으로 활발하다. 특별히 포스트휴먼에 대한 혁신적 개념들은 신물질주의 New Materialism [14]와의 대화를 통하여 이성의 사유를 인간의 본질로 규정하던 것을 넘어 육체의 인식론적 전제, 존재론적 차이, 그리고 사유와 상상의 물질주의적 체현의 얽힘의 과정과 자연과의 물질적 관계를 맺고 있는 전 생물권의 복잡한 상호관계에 대한 인식에 근거한다. 신물질주의 관점은 문화가 물질적으로 구성되는 만큼 생물학은 문화적으로 영향을 받아온 상호관계성 안에서 사이의 경계를 해체하는 것을 의미한다. 또한, 이러한 입장은 인간과 물질, 인간과 기계, 생명과 인공의 공진화의 가능성을 지향하며 정신과 물질 그리고 언어와 물질 사이의 경계를 허락하지 않으며 존재론과 인식론을 결합하는 존재론적 인식론 ontological epistemology을 새롭게 구성한다.

즉 포스트휴먼시대의 인간에 대한 새로운 성찰의 관점은 인간을 생물 문화적/생태 사회적 bio-cultural/eco-social, 중층적, 혼종적 존재로 지구행성에서 살아가는 다양한 생명체들과 물질과의 상호작용 속에서 서로 연결되어 있는 주체로 설명한다. 즉 인간을 자연문화의 연속체로써 기술적으로 매개된 관계적 자아로서 이해하며 포스트휴먼의 새로운 윤리적 체계를 수립하고자 했다. 포스트휴먼 시대에서 진정으로 혁신적인 것은 주체가 인간의 개인화된 자아에 기반을 두지 않고 오히려 인간 행위자와 인간-아닌 행위자들 사이의 횡단적 상호관계, 즉 '배치' assemblage 라고 부를만한 것에 기반 한다는 것이며, 이러한 입장들이 꾸준히 연구되고 있다는 것이다. 대표적으로 신물질주의에 영향을 받은 행위적 실재주의agential real-ism가 그 중심에 있다. 이러한 포스트휴먼 담론 속에서 적극적 영향을 미치는 신물질주의는 물질-실재론matter-realist적 세계관으로 과도한 기술개입과 위협적인 기후변화의 불안으로 절망하거나 기술과학으로 인한 인간향상의 잠재력에 지나친 낙관적 관점을 거부하고 몸을 가진 자아와 유한한 물질성에 대한 존재론적 함의를 중요하게 고려하는 포스트휴먼 담론을 전개하는 로지의 입장과도 유사하다.

따라서 신물질주의적 관점은 모든 것이 서로 얽혀 있는 관계적 존재론과 물질적 실재주의를 전제로 한다. 이를 통해 인간이 복잡한 현실 속에서 다중적이고 횡단적인 복수성을 통해 형성된다는 점을 시사한다. 또한, 행위실재주의는 이 과정에서 실제로 일어나는 사회변화와 행위주체로서의 인간의 중요성을 일깨워준다. 따라서 인간 주체성의 형성과정에서는 담론적, 물질적, 기술적, 정치적 관계들과 같은 다층적 힘들의 횡단적 특성이 미치는 동인적agential 영향을 면밀히 검토해야 한다. 행위적 실재주의[15]의 기반 위에 형성된 윤리의 주체는 인간의 우선성과 예외성[16]을 비판적으로 극복하려는 포스트휴먼의 개념과 공존하게 된다. 특별히 비판적 포스트휴머니즘 관점은 인간의 얽힘의 관계론적 존재론을 통해 박탈당하고 제외된 자들과 정의로운 관계를 구체화함으로써 관계론적 보편성의 토대 위에 건설되는 공동체를 추구한다.

포스트휴먼 시대에 인간에 대한 신학적 담론은 그 어느 때보다도 다양한 인문학적, 과학적인 연구들과 함께 초학제적 대화들을 활발하게 수행해왔다. 다양한 담론적 특성들이 존재하지만, 일반적으로 동의하는 바는 첫째, 기독교 인간론은 플라톤적 혹은 데카르트적인 영향으로 이원론을 비판하며, 이원론이 아니라는 입장이다. 둘째는 기독교 인간론은 과학적이고 이성적 인간에 대한 이론들을 존중하지만, 도킨스적인 환원주의를 거부한다. 마지막으로 최근의 다양한 과학적, 인지적, 기술적 학문의 발전과 적극적으로 대화하면서 인간이해의 복잡성과 다중성을 인식하고 대안적 신학담론을 건설적으로 모색하고 있다.[17] 이러한 전제들을 가지고 포스트휴먼 시대의 기독교 인간이해는 후기 세속주의 사회의 논쟁들 사이에서 기술과 이성의 극대화, 인간증진의 무제한성, 그리고 신적인 인간의 출현[18] 등을 목도하면서 그 어느 때 보다 종교적 혹은 신학적 담론의 책임이 더욱 중대한 시대라는 것을 깊이 인식한다.

기독교적 인간론에 대한 확장된 논의들은 자연과학의 발전과 인문학의 사유, 우주론적인 지식과 함께 최근 정보기술의 놀라운 질적 발전들과 함께 인간성의 근본적 재정의와 사유를 요구한다. 그런데도 기독교 인간론은 단순한 물질과 에너지의 결합matter/energy of entity 이 아닌, 하나님 형상으로서의 인간이라는 신학적 의미를 숙고하면서 성육신 신학에 근거하여 신체성과 인간의 주체성, 그리고 감각과 인지의 새로운 양상을 새롭게 해석하면서 포스트휴먼 담론과 대화하고자 한다.

포스트휴먼 담론은 인간중심주의와 트랜스휴머니즘인간 개조 을 동시에 넘어서는 비판적 포스트휴머니즘post-humanism 의 입장에서 인간 개조나 단순한 인간의 증진은 여전히 인간중심주의의 새로운 모형임을 비판한다. 따라서 포스트휴머니즘은 21세기 과학기술의 발전과 함께 숨 가쁘게 변화하고 있는 우리들 삶 속에서 인간 존재의 급진적 의미와 신체/몸 그리고 물질적 환경 그리고 기술과의 관계를 횡단적으로 이해할 새로운 관점이 된다. 포스트휴먼의 등장은 그러므로 인간뿐만 아니라, 전 지구적 생태환경을 위해서도 심사숙고해야 할 사건이다. 이제 생물 문화적 행위주체로서bio-cultural agent 미래에 대한 확고한 비전을 가지고 세계의 변화를 이끌어 가야 하는 그리스도인들은 누구이고 어떻게 살아가야하는가를 반성하면서 포스트휴먼 시대 인간의 주체적 사유와 행동양식을 재설정하고자 한다.

(2) 포스트휴먼 시대의 기독교 인간주의로서 성육신적 인간주의[19]

포스트휴먼시대에 대안적 사유와 담론의 참여를 위해 기독론적 기술이 중요한 이유는 예수는 모든 인간의 원형이며 그의 행동과 가르침은 인간의 주체성 형성의 신학적 토대가 되기 때문이다. 특별히 성육신에 대한 시대적 의미를 재발견하고 재해석해야 하는 몇 가지 이유가 있는데 첫째는, 생태 신학적 관점에서 이 물질적 세계가 하나님이 거주하는 구체적 장소라는 믿음이다. 즉, 예수가 전한 복음의 핵심인 하나님 나라는 늘 현재형이기 때문에 지구는 하나님 나라가 실현될 새 하늘과 새 땅이라는 확신이다. 둘째, 여성 신학자적 관점에서 물질 matter, 신체 flesh, 몸 body, 욕망 desire 을 긍정하는 새로운 인간주의와, 더 확대하여 인간과 물질, 자연과 문화, 생태와 사회의 상호관련 속에 지구행성과 우주를 긍정하는 신학적 토대로서 성육신 신학의 우주론적 확장에 대한 강조이다. 셋째, 하나님의 육화 과정은 물질, 신체 그리고 세계의 긍정을 넘어 모든 생명물질의 신성화 deifying 의 과정으로 추적하며 성육신 신학적 토대 위에 긍정의 윤리를 구체화하였다. 이 모든 신학적 시도는 포스트휴먼시대의 새로운 기독교 인간주의를 모색하는 과정으로서 믿음의 행위주체를 생성해 나아가는데 의미가 있다.

근대 이후의 신학적 인간론은 계층적 이원론과 영혼중심주의를 비판하면서 특히 생태신학은 인간을 자연으로부터 분리하고 인간 이외의 모든 대상을 통제하고 관찰하는 독립된 자아와 객관적 주체로서 근대적 인간개념을 극복하고자 했다. 더 나아가 포스트모던 신학적 인간론은 잘못된 보편주의가 생산해왔던 예외주의exceptionalism와 인종, 성, 종차별의 근거로 작동했던 근대의 동질적이고 자율적 인간중심, 남성중심, 유럽중심의 개념들의 해체작업을 통하여 관계적, 과정적, 구성적인 인간 자아의 형성의 과정을 다측면적으로 분석하였다.

그러므로 성육신신학에 의거한 새로운 기독교 인간주의a new christian humanism는 포스트휴먼 담론들에 응답하기 위하여 궁극적으로는 반反물질적, 반신체적, 반자연적 사유의 추상성과 인간 중심적 이기성과 폭력성을 극복하고 동시에 포스트모던 신학적 담론 속에 함의된 윤리적 무기력과 부정성negativity의 한계를 극복하고자 했다. 더 나아가 성육신적 인간주의는 행위가 배제된 신학적 사변의 수사적 언어와 기호적 논리를 넘어 그리스도인이 새 하늘과 새 땅을 향해 세계의 변화를 추동시킬 수 있는 긍정의 윤리적 관점과 생활 현장에서 일상의 행위자로서 적극적 주체성을 확립하도록 하는 신학적 토대이다. 성육신적 인간주의는 다시 몸의 중요성을 부각하면서 물질적 자연환경과의 관계 안에서 체현embodiment의 의미를 되살리며 재해석한다. 성육신은 신이신 하나님이 한 신체와 그 신체가 가지고 있는 물질적 관계 안에, 그리고 생태계와 지역과 문화적 시대의 한계 안으로 들어오심으로 모든 것들과 관계 맺으신 사건이다. 그러므로 성육신적 인간주의는 최근 포스트휴먼 담론들과 의미 있는 대화를 하는 물질을 새롭게 해석하는 신물질주의와 얽힘의 관계 안에서도 여전히 인간의 책임을 간과하지 않는 행위적 실재론에 적극적으로 응답하면서, 인간을 몸주체에 기초한 윤리적 행위자로 재정의 하고 동시에 다중적 타자들과의 상호의존 속에서 관계적 존재론의 신학적 토대를 제공한다. 또한, 성육신적 인간주의는 인간이해를 사변성과 이론적 토대를 넘어, 일상의 생활과 삶의 현장에서 물질적 조건을 변화시키는 포스트휴먼의 새로운 가치를 창조하는 책임적 존재로서 인식하는 신학적 토대가 된다.

성육신 사건을 통하여 하나님은 예수 그리스도를 통해 만물 안으로 들어오시고 만물을 충만케 하심으로 하늘에 있는 것이나 땅에 있는 것이 다 그리스도 안에서 통일되는엡 1:10 공동체적 집단성을 구성한다. 이 관계는 인간중심과 사회윤리구조 변화를 중심으로 전개하는 것을 넘어 전 생물공동체와의 관련 속에서 우주적 그리스도론으로 확대되어 간다. 또한, 예수의 살과 피를 받은 성례전적 공동체 역시 존재론적 관계성을 전제해야만 하며 이 관계성은 지속적 생성의 과정을 겪으며 사회적일 뿐 아니라 물질적 변화를 희망으로 이끌어내는 힘으로 존재한다. 이렇게 확대 되어가는 과정에서 성육신적 인간주의는 인간중심의 경계와 자연과의 분리를 넘어서 이성적 사유와 함께 육체적 되기와 욕망을 긍정하는 체현이 되기 과정 process of becoming 으로서 인간을 바라봄으로 포스트휴먼으로서의 응답을 가능하게 한다.[20] 삼위일체이신 하나님과 인간 예수의 성육신적 관점에서 그리스도와 만물의 관계적 존재론을 강조하는 이유는 새로운 개체성의 발견에도 불구하고 개인성의 차이들 연대를 통해서 집단성 collectivity of difference 을 구성할 수 있기 때문이다.

더 나아가 성육신적 인간주의는 특별히 포스트휴먼시대에 부활하고 있는 물질주의적 도전과 신체 인식론 carnal epistemology 과 존재론적 관계성 등을 포괄해 내는 기독교윤리적 토대로서 중요하다. 또한, 성육신 신학은 무엇보다도 포스트휴먼 개체가 인간, 기술, 몸의 중층적 관계 속에서 몸의 생동감과 삶의 의미가 가능해지는 기술의 발전이 되도록 포스트휴먼 담론들과 비판적으로 대화하며 우리를 더 깊은 성찰의 자리로 이끈다. 따라서 이 관점은 포스트휴먼 시대에 새롭게 몸과 신체와 물질적 조건 그리고 비물질적인 것들과의 관계를 재배치해야 함을 강조하며 여전히 기술과 몸의 상호작용 과정에서 신체가 존중되어야 함을 간과하지 않도록 한다. 성육신적 인간주의의 관점에서는 몸을 떠난 기술의 발전이 제아무리 눈부시다 하여도 물질의 활동성과 몸의 생기적 힘으로 살아가는 인간의 책임성을 인식하는 것이 중요하다는 것을 잊지 않도록 돕는다. 비인간주의든 비인도주의든 혹은 트랜스휴머니즘, 포스트휴머니즘 논의를 한다 하더라도 우리는 인간주의적 사유에서 벗어날 수는 없는 존재이다. 그렇기 때문에 성육신적 인간주의는 다시 기술에 의존한 정신중심주의나 탈신체적 기술주의 속에 몸을 배격하거나 소외시키지 않도록 포스트휴먼의 담론에 신학이 적극적으로 참여하여야 하는 시대적 과제를 일깨운다.

성육신적 인간주의가 행위 주체성을 강조하는 이유는, 여전히 하나님의 형상으로서 유일하게 가치를 지향하는 종으로서 지구와 세계에 대한 인간의 무한 책임 때문이다. 또한, 인간의 본질을 규명하고 인간 종만이 소유하는 가치 추구적인 특성, 즉 윤리적 행위자로 의식 ^{rite}과 예술 그리고 언어 및 상상력, 창조성 등 모든 생명 종들 가운데 인간의 특수한 책임성을 고려해야 하는 이유이다. 하나님의 형상인 인간은 영적인 동시에 물리적 실체이고 모든 생명체와 지구환경과 관계를 맺고 있는 생물학적 존재이다. 따라서 성육신을 통한 신적 관계성 ^{deifying}이라는 의미는 모든 생명의 자기 조직적 자유를 포기하는 것이 아니라, 하나님과의 관계 안에서 되어가는 과정임을 밝히는 것임으로 성육신적 인간론은 충분히 최근의 현대적 담론의 복잡성을 인식하는 내적 확장 논리를 가지고 있으며 다양한 입장들을 포괄할 수 있다. 더욱이 성육신은 이론적 확장 그 너머를 지시함으로 더욱 복잡하게 얽혀가는 실재의 과정 해명 불가능성과 신비의 영역으로 우리를 초대한다.

최근 정신에 대한 신경과학과 마음에 대한 뇌 과학적 발전은 초월과 영혼을 거부하기보다는 오히려 영혼의 이해를 확장해준다. 그런데도 포스트휴먼이 범할 수 있는 오류는 정신의 확장과 인간 능력의 증진 및 인간과 자연 그리고 인간과 물질의 혼종과 인간과 기계의 공존의 새로운 인간의 출현이 기술의 발전과 정보와 기계적 장치로 형성되는 또 다른 정신 중심주의 현상으로 전환될 수 있다는 점이다.[21] 테크노 영지주의는 근대의 정신중심주의의 변형으로 인격이 부재하며 몸 없는 진리의 비극으로 사이버스페이스를 통해 재현된다. 터클 역시 '사이버스페이스'는 무생물이지만 상호소통하고 탈육체와·비인격화 현상을 조장하는 테크노 영지주의의 위협을 지적한다.[22] 테크노 정신주의와 테크노 영지주의와의 공존이 가장 어려운 기독교의 진리는 '성육신'이다.

전통적 구원론이 주장하는 지구, 땅, 몸 등 물질적 조건을 벗어나 궁극적 구원에 이른다는 입장은 세계와 관계없는 잘못된 하나님의 이해를 근거로 한 것이라고 로즈마리 류터 Rosemary Ruether 는 비판하였다.[23] 즉 성육신적 임마누엘은 근본적으로 이원론적 신학 전통에 저항한다. 따라서 성육신적 인간주의의 우주적 관계성을 통해 인간뿐 아니라 온 생명살림과 지구 생태계의 물질적 복원을 지향하는 것이다. 더욱이 다음에 논의하고자 하는 성육신적 인간주의에 기초한 되기의 기독교윤리는 긍정과 책임의 윤리로서 경제적, 생태적, 지정학적, 사회문화적 복수성과 다중성으로서의 주체형성의 과정을 추적해 나아감으로 인간과 생명의 존엄을 향상하는 기독교윤리를 건설해 나아간다. 결론적으로 포스트휴먼 시대의 신학적 담론은 로마서, 에베소서, 계시록을 포함해서 골로새서 1장을 통해 계시하시는 말씀, 즉 그리스도 안에서 하나님, 인간, 자연이 연합하는 우주적 그리스도에 대한 확신 속에 모든 만물의 성화 과정 deification 과 인간의 체현 과정과 몸의 부활을 더욱 신중하게 받아들이고,[24] 포스트휴먼 맥락에서 말씀이 생기 있게 육화되도록 재해석 할 수 있어야 한다. 이러한 신학적 과제와 윤리적 사명을 수행할 행위주체로서의 그리스도인의 주체성 형성은 포스트휴먼의 새로운 전망을 위한 '되기의 기독교윤리'의 실천적 토대를 마련하는 것이다. 이제 포스트휴먼 주체성의 형성과 윤리적 행

위자로서의 실천을 위한 '되기의 기독교윤리'의 개념적 토대를 살펴보고
자 한다.

3) 포스트휴먼 시대의 기독교윤리 방법론

(1) 관계적 존재론에 기초한 되기의 기독교윤리

근대 이후를 지나면서 이원론적 분리가 가져온 끝없는 폭력과 파괴
와 비인간화와 반생명적 현상들을 경험하면서 다른 세계에 대한 희망을
품고 참으로 다양한 신학적 담론이 형성되어왔다.[25] 장구한 역사를 이어
온 분리를 극복하기 위해 현대 신학적 담론들은 초월과 내재를 연결하기
위하여 신앙과 이성 그리고 사회성과 종교성과 그리고 세속성과 신성의
재배치를 시도하고 있다. 특별히 근대 이후의 인간에 대한 신학적 담론은
자아와 타자에 대한 새로운 이해, 수많은 차이의 비위계적 관계성, 그리
고 타자들의 정치적 연대를 새롭게 해석함으로 폭력과 갈등을 생산해 온
차별적 근대인간 이해를 근본적으로 해체한다. 이것은 근대적 의미의 타
자와 자아에 대한 근본적 재정위를 기초로 가능한 것이다.

포스트휴먼의 자아는 되기의 과정으로서 유기체와 비유기체, 인간과
비인간, 물질과 비물질 사이의 경계가 흐려지면서 새롭게 만들어지는 세
계를 인식하는 주체이다. 이 자아형성의 과정은 민족, 종교, 계급, 인종 등
에 따른 수많은 타자와 또한 최근 유전공학과 인공지능과 정보기술과 첨
단 기계기술의 발달로 나타나는 다른 타자들로 확대되어 가는 관계적 존
재론에 기초한 주체성으로 세계와 생태계에 긍정적이고 책임 있는 행위
주체가 되어 감을 의미한다. 이렇게 포스트휴먼은 자연-문화의 연속체로

더욱 역동적으로 인간을 이해하고, 포스트휴먼의 주체성은 기술적으로 매개된 확장된 자아의 잠재적 가능성도 전제한다. 성육신적 인간주의는 성육신은 하나님의 존재론적인 자기 비움을 통한 타자로의 확장이라는 관계적 존재론의 토대 위에 세워진 입장이다. 되기의 기독교윤리는 이러한 존재론적 관계성의 지평위에서 펼쳐진다.

더 나아가 포스트휴먼 담론을 적극적으로 해석하는 여성 신학자인 켈러 Catherine Keller 는 2016년에 출간한 『불가능의 구름』 Cloud of the Impossible 에서 '얽힘' entanglement 이라는 은유를 사용하는데 그것은 현대물리학이 강력하게 입증하는 양자의 얽힘의 현상을 통해서 비이성적이고 인과 관계를 알 수 없는 신비한 차원으로 상호 얽힘의 관계를 설명한다.[26] 그녀는 이러한 '얽힘'이라는 은유를 통하여 모든 이론의 폐쇄적 자기 안정성을 위한 예외주의와 자아를 비판한다. 브라이도티는 포스트휴먼의 주체성이 유목적 주체이론과 성차 sexual difference, 그리고 체현의 의미로 추상적인 것이 아니라 새로운 물질주의에 기반을 둔 유물론적 되기 이론의 윤리임을 주장하면서 이론적으로 더욱 정교화시킨다. 되기 주체는 분리적 혹은 지배적 자아가 아니며, 관계적 존재론에 기초하여 육체와 정신뿐 아니라 인식과 존재 그리고 의식과 물질의 이원론을 모두 비판한다.

이렇게 관계적 존재론에 기반을 둔 유물론적 되기 윤리는 젠더 차이뿐만 아니라 자아와 타자 자연과 문화, 인간과 비인간, 그리고 인간과 기계 등 동물적 타자와 환경적 타자, 그리고 기술적 타자와의 이분법적 구분을 치밀하게 분석하고 그 경계를 흐트러트린다. 이러한 과정은 체현에 대한 구체적 해명과 급진적 내재성을 강조하는 육체유물론을 복잡한 현대를 독해하는 해법으로 사용한다. 즉 인간은 진공 속에 살아가는 것이 아니라 모든 것들과 물리적·정신적 그리고 영적으로 관계를 맺으며 살아가기 때문에 제한이나 경계 없이 자신을 개방하는 자세가 요청된다는 것이다. 세상에 연결되지 않은 것은 없으며, 홀로 지내는 사람일지라도 자신의 경험과 생각 속에서 모든 곳과 연결되어있기 때문에 결론적으로 환경에서 모든 사람은 의존적이다.[37] 성육신적 인간이해 역시 하나님의 '인간-되기', '생명-되기', '작은 자-되기'의 구체적이고 생물 역사적 bio-historical 과정을 통하여 자신을 비우고 주변으로 자아를 확대한다. 이 되기의 과정을 통하여 그리스도인들은 몸을 배제하는 초월이 아닌, 타자의 고통과 기쁨에 감응하는 육체적인 감각적 초월을 경험하는 것이다. 하나님의 초월은 밖에서 분리되어 초월하는 것이 아니라 성육신함으로 안에 침투하시고 육체적으로 참여하시며 비우심으로 채워가는 그 사랑의 관계 속에서 초월하시는 육화된 초월이다.

새로운 포스트휴먼 신학적 담론으로서의 되기의 기독교윤리는 포스트휴먼 주체성을 정립하기 위하여 성육신적 인간주의에 뿌리를 내리고 새 하늘과 새 땅을 향한 믿음을 공유하는 그리스도인들의 관계적 존재론에 근거한다. 이러한 관계적 존재론에 기초한 되기의 기독교윤리의 중요한 가치는 차이에 대한 깊은 존중과 타자들에 대한 개방성으로 그리스도인들이 사회적 정의에 민감하고 인간의 존엄성을 향상하며 생명에 대한 경외, 그리고 거짓된 보편주의에 대한 비판적 힘을 증진한다. 마지막으로 이러한 주체적·책임적 인간에게 포스트휴먼의 미래 기술은 그저 수용하거나 예측하는 것에서 끝나는 것이 아니라 기획과 구성의 대상이며, 그리스도인들은 소극적으로 포스트휴먼을 대비하는 것이 아니라 확고한 비전 위에 어떠한 세계와 미래를 열어갈 것인지 공론화시키고 대안적 가치를 제시할 수 있어야 한다. 그러므로 되기의 기독교윤리적 도전은 우리가 꿈꾸는 비전을 세계 속에 현실화시키기 위하여 지금 여기에서의 삶의 변화를 통해 정치적 연대와 윤리적 실천을 촉구한다.

(2) 차이의 주체성에 기초한 되기의 기독교윤리

근대의 정신인 보편성의 토대 위에 불평등을 비판했던 마르크스주의와 자유주의의 영향력은 점점 사라지고 포스트휴먼 시대에는 통약 불가능한 사회적 차이들, 즉 인종적·종족적·성적 차이들을 긍정하는 목소리들이 그 자리를 차지하고 있다. 이미 80년대에 류터는 관계적 자아를 제시하였고 켈러 또한 연결된 자아connective self 개념 등을 통하여 여성신학은 일찌감치 분리되고 고정된 자아ego의 신학적 터전을 허물고 있었다. 여성신학적 관점에서 강조하는 체현된 인식론은 왜곡된 보편주의와 남성적 합리주의에 함몰되지 않고, 차이들의 복잡한 상호관계성 속에서 차이를 긍정적으로 보는 자아의 구성 방식을 강조해왔다. 즉 되어감의 자아와 차이의 긍정성이 바로 되기 윤리의 개념적 토대이다.

소위 포스트 신학담론에[28] 참여하는 많은 여성 신학자들은 차이의 긍정에 기초한 주체는 존재being가 아니라 되어감becoming으로 정의한다. 이렇게 되기의 주체는 생성되어가는 것이고 신체적이고 정서적affective 존재자로 육체적, 물질적, 사회적, 상징적으로 복잡하게 얽히어지는 터전이다. 즉 인간 주체는 삶의 수많은 조건과 복잡하게 얽혀서 다양성diversity과 복수성multiplicity을 아우르며 되어가는 존재이다. 그러나 이러한 차이의 주체성은 부정적·파괴적이거나 혹은 이항 대립적이지 않은 방식으로 자신의 정치 문화적 조건을 수많은 타자와의 차이의 인정과 관계성을 통하여 연대하고 창조적으로 형성된다.

더욱이 되기의 기독교윤리가 육체에 뿌리내리며 정서적 공감을 강조하는 것은 감정적 이해라기보다는 집단적 정치를 가능하게 하는 집단적 정체성identity of collectivity을 구성하기 때문이다. 이 집단적 정체성은 성차와 다양한 문화적·계급적·인종적 차이들이 차별로 전환되지 않도록 동화의 과정과 동질화와 보편화의 과정에서 간과하는 다양한 작은 그룹들의 소리에 귀를 기울이고, 더 예민하게 지배와 억압의 구조를 들여다보도록 자신의 존재론적 인식을 얽힘의 관계 속으로 확장한다.

되기의 기독교윤리는 이렇게 인종 간과 성 간의 차이의 존재론에 근거하여 물질적·신체적 차이가 근본이 됨을 강조한다. 이 신체적 차이들은 다른 모든 차이에 전제된 근본적 차이로 생각한다.[29] 성차 sexual difference에 대한 다양한 입장이 있지만, 공통의 인식은 주체성의 강조, 주/객체의 이분법 해체, 그리고 상호주체성에 기초해서 다름을 인식하면서 의존성과 독립성으로 분리하는 것이 아니라 상호의존성으로 이끌어 오는 힘 등이다. 더 나아가 최근 주체성이론은 신물질주의적 영향으로 육체에 뿌리내린 존재론적 인식론에서 출발한다. 이 주체성은 차이를 기반으로 하는 형성의 과정이며 동일성과 동화의 반복이 아니라 끊임없이 차이의 변화를 가져오는 과정이다. 이러한 차이의 주체성에 대한 이해는 서구 근대성이 제시한 표준적이고 독립적인 개별주체가 분리된 대상들의 환경을 관장한다는 근대적 사상과 정면으로 충돌한다.[30] 따라서 주체성을 형성하는 자아는 근대의 보편적이고 중립적이며 젠더에서 자유로운 존재가 아니다. 이때 주체의 사유란 사변적 행위가 아니라 변혁을 지향하는 육체적 활동이며, 진리에 도달하고자 하는 형이상학적 추구가 아닌 욕망의 표현이 되는 것이다.[31]

더 나아가 차이의 주체성에 이론적 영향을 끼친 행위적 실재론의 관점에서 되기의 기독교윤리는 행위적 주체를 형성시킨다. 행위적 주체성은 행위성의 agency 재개념화와 해명책임 accountabilities 을 강조한다. 특별히 행위적 실재론의 관점은 언어와 실재 사이, 그리고 정신적 행위와 육체적 행위의 분리 불가능성을 지적하고, 의식과 물질 사이의 관계를 현실적으로 재배치하여 제도와 형식적 변화를 이루어 낼 행위주체의 형성을 중요하게 생각한다. 따라서 포스트휴먼의 곤경에 응답하는 행위적 주체성은 새로운 물질주의와 행위적 실재주의에 대한 성찰 속에서 특별히 과학기술학STS 페미니스트들이 주장하듯 페미니스트 정치의 실천적 전환을 촉구하게 된다.[32] 즉 이 입장은 인권이나 법을 중심으로 한 형식적 제도적 변혁을 통해 불평등을 해소하려는 것을 넘어서 행위주체에 의해 실질적으로 작동되는 더 효율적인 사회적 실천으로 변화시키는 것을 궁극적 목적으로 하고 있다.[33] 행위적 실재주의는 최근 기존의 실천이론에 몸을 가진 인간이 자연적 사회적 환경 속에서 살아가는 방식을 다루는 실천적 행위자 모델을 구성함으로 사회적 실천과 삶의 기술의 혁신적 모델을 창출하는 이론으로 평가하고 있다. 이렇게 되기 윤리의 강점은 정치적 행위를 가능하게 하는 행위주체를 차이의 긍정성을 기반으로 하는 집단적 정치를 통해 현실변혁의 역동성 담보하게 되는 것이다. 이러한 의미에서 포스트휴먼시대의 되기의 기독교윤리는 행위자 책임 있는 실천윤리이다.

브라이도티의 물질 실재론적matter-realist 세계관 역시 생기를 잃고 무기력한 인간개념을 극복하기 위해 생기론적 유물론으로 설명하면서 이러한 차이와의 복잡한 과정으로 모든 형태의 분리적 초월성을 비판하고, 근본적 내재성radical immanence을 강조함으로 주체를 정치화한다.[34] 이러한 포스트휴먼 담론에서 강조되는 급진적 내재와 존재론적 관계성의 신학적 토대로서 성육신은 포스트휴먼의 다양한 체현의 형식을 아우르면서도 내재의 급진성과 배제와 박탈을 극복하려는 정의로운 관계성의 재배치를 통하여 초월을 행하게 한다. 만약 기독교의 창조가 일회적 사건이 아니라 지속적인 과정이라고 한다면 하나님의 창조 사역은 초월적 하나님만으로는 이야기할 수 없다. 성육신은 초월과 관계 안에서만 일어나는 모든 것 안에 거하시는 급진적 내재성으로 이루어진다. 성육신의 급진적 내재는 초월의 힘을 통해 실현되고 초월을 향하게 한다. 이러한 성육신적 인간주의는 하나님의 '인간-되기'의 윤리로서, 육화는 하나님의 초월적 사랑의 구체적 표현이다. 이 관계성에 기초한 초월적 사랑이 우리를 행위 주체로 세우는 힘인 것이다. 특별히 모든 것들의 얽혀있음을 인식하는 되기의 윤리는 궁극적으로는 소수자 되기를 통하여 세계의 아픔에 감응하고 고통 받는 자들과 연대하며 부정의에 함께 저항하는 공동체로, 온 세계의 물질적 조건을 바르게 변혁해 나아가는 것이다. 따라서 이렇게 차이의 관계성을 인식하는 주체는 세계에 대한 개방적이고, 끊임없이 자기를 성찰함으로 타자의 공간을 확보하면서, 관계성의 정의를 위해 책임지고 행동한다.

4) 되기의 기독교윤리와 성육신적 인간주의의 핵심 가치

되기의 기독교윤리는 차이의 주체성과 존재론적 관계성에 대한 숙고와 그 관계들을 둘러싸고 있는 환경과의 물질적 상호작용의 과정에서 확립된다. 이 되기의 주체성은 몸, 물질 그리고 세계의 긍정과 물질적 환경과의 상호의존의 관계를 긍정하는 정치적 행위자로서의 주체를 의미한다. 특별히 이렇게 되기의 기독교윤리를 통하여 긍정의 주체성을 정립하는 것은 정치적 전선을 형성하고 윤리적 실천을 수행하기 위해 중요하다고 생각하기 때문이다. 따라서 이 주체성은 윤리적 개념과 사유 안에 머무르지 않고 수많은 관계 가운데 그리스도인으로서 성육신적 인간주의에 기초한 긍정의 주체성의 형상화 작업을 가능하게 하는 것이며, 실추한 그리스도인들이 도덕적 이미지의 변형을 창출할 수 있는 물질적 조건을 만들어 내는 실천적 행위자의 삶을 끌어내는 윤리이다. 되기의 기독교윤리가 강조하는 주체성의 체현은 생활현장에 대한 긍정이며 생활정치의 새로운 방향으로서 정체성 형성의 물질적 환경과 육체적 관계를 적극적으로 평가하도록 돕는다. 주체성의 형성 과정으로서 지난해 촛불혁명은 한국시민들이 체현된 주체로서 어떻게 일상성의 생활정치로 전환되었는지를 잘 보여주는 예라고 할 수 있다.

여성 신학적 관점에서 차이의 주체성 역시 긍정의 윤리를 지향한다. 차이의 주체성 중심은 성적 주체 sexed subject 로 지적인 여성들의 특권화 된 의식이 아니라, 실생활에서 여성들의 실재를 담론적 주체로 세우고 탈육체화된 존재가 아니라 육체적이고 성차화 된 존재로서 여성들의 존재론적 욕망에 대한 적극적 긍정이자 여성 자신을 행위의 주체로 위치시키려 하는 윤리적 의지이자 정치적 결단이다.[35] 포스트휴먼의 주체성을 논할 때 언어 중심의 담론적 주체를 강조하여 온 포스트구조주의에 대한 비판이 중요한 전제가 되는 것은 이러한 행위주체에 대한 결핍 때문이다. 즉 포스트휴먼 담론은 인간의 언어와 물질과 관계 그리고 담론과 존재론의 관계를 강조하면서 포스트구조주의의 지나친 언어중심의 사회비판이론의 논의 과정에서 간과해왔던 물질성에 대해 재고를 촉구한다.

즉, 되기의 기독교윤리는 존재론적 관계성과 차이를 긍정하는 인식론을 담론화하여서 되기의 주체성을 기획하고 정치적 변화를 집단으로 끌어내 사회변혁을 이루어내는 긍정의 윤리적 방식을 지향하고 있다. 따라서 신앙공동체에 속한 그리스도인들은 올바른 신앙적 정체성을 위해서 교회 공동체 내부뿐 아니라 교회 밖 다양한 지역과 사회 속에 내재화된 억압의 구조와 제도 그리고 문화 전반의 관계성을 함께 숙고하며, 따로 또 함께의 과정으로 끊임없이 변화를 위해 행동해야한다. 또한, 이러한 관계적 존재론과 차이에 대한 긍정은 신앙의 정체성을 가진 그리스도인들과 다양한 정체성을 소유한 그룹들이 사회적 이슈에 따라 정치적 연대를 시도함으로 때로는 일시적 집단성을 형성하여 시민 공동체와 지역

공동체와 함께 행동하고 사회를 변화시키는 힘으로 작용한다.

이렇게 주체형성의 이론적 과정을 상이한 관점에서 다층적으로 바라보는 것이 중요하다. 특별히 되기의 기독교윤리의 진정성은 소수자 되기이다. 즉 소수자 되기becoming-minor는 모든 되기의 보편적 지평이며 윤리적 실천의 토대이다. 브라이도티는 유목적 윤리nomadic ethics를 통해 "되기의 윤리란 상처받고 배제되고 박탈당하는 과정에서 겪기 마련인 수동성과 체념을 넘어 연대하는 친화성을 리좀Rhyzome적으로 증식하는 것"[36]으로 정의했다. 이러한 되기의 윤리적 태도는 분리된 자아와 전통적으로 이해되는 동화되기 쉬운 정체성과 같이 함몰된 자아를 거부하고 소수자와 지속해서 연대하고 책임지며 궁극적으로 공동체를 지속할 수 있게 하는 힘과 연결된다. 이렇게 되기의 주체성은 항상 소수자와 관련된 것이며 능동적인 소수자-되기에 의해 발생하고 지속해서 형성된다.[37] 되기의 기독교윤리는 분리되는 초월의 질적 차이보다는 신과 인간의 깊은 얽힘의 관계 안에서 발생하는 인간존재의 자기초월과, 타자를 향해 자아를 개방하는 관계성 안에서 초월을 구체화한다. 모든 인간성 안에 내재하는 신성의 발견이야말로 가장 급진적 초월의 경험이며 그 경험의 표현은 초월의 구체적 언어가 된다.

이러한 존재론적 관계성과 차이의 주체성에 기초한 되기의 기독교윤리는 긍정의 윤리로서 이성적 사유와 사변적 논리성을 극복하는 실천의 작동원리와 주체성의 정치화를 통한 연대의 가능성을 인식함으로 책임윤리를 건설한다. 이러한 책임 윤리는 책임이라고 말하는 윤리가 아니라 모든 환경과 물질화의 과정에 적극적으로 참여하여 관계적 얽힘의 과정에서 기독교의 지향적 가치를 실현함으로 실제적 변화를 가져오는 행위적 주체의 윤리이다. 이렇게 탈 인간®중심주의를 지향하는 포스트휴먼 담론의 과정에서 성육신적 인간주의를 통하여 여전히 인간의 책임성과 행위적 주체성을 논하는 것은 다시 인간중심주의로 회귀하는 것이라는 비판의 가능성에도 불구하고, 성육신적 인간주의적 관점에서의 '책임'은 수많은 다양한 종^{species}들을 섬기는 종^{servant}으로서의 책임을 의미하기 때문이다.

5) 성육신의 신학적 의의와 포스트휴먼 시대의 기독교윤리의 공헌

이원론적 신학 전통에 오랫동안 익숙해진 그리스도인들이 차이의 주체성에 기초한 욕망과 물질성, 그리고 육체성에 대한 긍정으로 낯선 여정을 떠나는 것이 간단하지 않다. 지금껏 욕망, 물질성, 육체성과 같은 개념들은 신앙생활에 부정적 영향을 주는 것이라고 왜곡되어 왔기 때문이다. 포스트휴먼 관점에서 신학적 사유와 실천이 물질화의 과정에서 분리되어 있지 않음을 성찰하면서, 성육신적 인간주의의 관점에서 타락한 자연과 죄로 물든 세상이라는 이원론적인 분리를 넘어 일상성과 창조세계가 하나님의 내재하심으로 얽혀 가는 희망의 과정으로서 인간의 책임을 다시 확인하는 되기의 기독교윤리를 확립할 수 있다.

포스트휴먼 시대의 새로운 주체성에 대한 연구를 진행하면서 결론적으로 다시 강조하는 것은 성육신의 신학적 의미이다. 성육신 신학은 신과 인간의 고립된 담론이 아니라 신성을 소유한 관계적 존재로서의 인간^{divine humanity}되기의 신학적 토대로서, 포스트휴먼으로 살아가는 그리스도인들에게 중대한 깨달음을 준다. 성육신적 인간주의는 포스트휴먼 시대 과학기술의 최우선 목표는 인간에게 몸과 함께 삶의 의미를 제공하는 일을 만들어내는 기술의 개발이어야 함을 강조한다. 따라서 최고 성능의 기술로 인간을 개조하려는 첨단기술의 발전 방향을 몸으로 살아갈 수밖에 없는 인간이 몸과 기술 사이의 상호작용과 상호창조 과정이 신체적 인간임을 최대한 존중되는 방향으로 전환되어야 한다.[38] 즉 인간의 관점에서 마음대로 배치하는 것이 아니라 육체와 자연의 자기 조직적 작동방식을 존중하여야한다. 아무리 기술이 급진적으로 전환되었다 할지라도 여전히 인간의 몸의 활동력을 북돋우며 가치를 지향하며 윤리적 몸으로 살아가는 인간의 책임을 잊지 않아야한다. 따라서 성육신적 인간주의와 함께 몸의 문제를 치열하게 고민하여 온 여성 신학적 사유가 어느 때보다 사회변혁의 중요한 담론으로 자리 잡을 수 있어야 한다.

신학은 하나의 체계나 패러다임에 갇힐 수 없는 동시대성에 대한 끊임없는 대화와 응답의 문화적 과정이다. 그런 의미에서 되기의 기독교윤리는 차이와 관계적 상호성에 대한 인식 위에 포스트휴먼 세계 속에서 행위주체를 재설정함으로 책임과 연대를 지향하고 긍정의 가치를 생산하는 윤리적 관점을 제공한다는 데 그 의의가 있다. 이러한 수많은 관계성에 대한 깊은 인식 속에 형성된 주체적 행위야말로 가장 강력한 의미의 공적 신학을 수행하는 것이다. 궁극적으로 성육신적 인간주의에 기초한 되기의 윤리는 몸의 생명력을 박탈하지 않고 삶의 증진과 모든 생명의 충만함을 지향하는 책임윤리이다.

2 | 포스트바디 시대에 대한 성찰과 기독교 윤리적 과제

1) 포스트휴먼 시대의 인간의 문제와 몸에 대한 신학적 성찰

포스트휴먼은 말 그대로 '인간 이후'라는 의미로 인간에 대한 근원적인 변화를 겪게 되는 시대를 의미한다. 포스트휴먼은 트랜스휴먼 trans-human, 인공지능 artificial intelligence, 인공생명 artificial life, 사이보그 cyborg, 냉동인간 cryonics, 사이버 자아 cyber-self 등 다양한 용어와 개념으로 설명되고 있는데, 이들의 공통점은 인간의 한계와 조건을 넘어서려는 인간의 욕망을 나타내고 있다.[39] 즉 정보통신기술, 인지과학, 나노기술, 바이오공학의 발달로 인간과 기술또는 기계이 융합됨으로 그 사이의 경계가 사라지는 것을 일컫는 용어다. 또한 포스트휴먼 시대는 제 2의 기계 시대로, 제 1의 기계시대인 산업혁명을 통해 증기기관과 그 후속 기술들로 근력이 대폭 강화된 것처럼, 컴퓨터를 비롯한 디지털 기술로 우리의 정신적 능력, 즉 뇌를 써서 환경을 이해하고 변모시키는 능력이 대폭 강화되는 시대를 말하기도 한다.[40] 이러한 시대에 강력한 AI는 다양한 분야에서 출현할 것이고 머지않아 인류문명의 하부구조에 깊게 뿌리내려 결국 인간의 몸과 뇌에도 결합됨으로 인간의 가치를 반영하게 될 것으로 예측한다.[41] 이러한 기술문명의 변화는 제 1의 기계시대와는 다르게 좀 더 본질적이고 근본적인 인간의 변화를 내포하고 있다.

　이렇게 포스트휴먼은 인간의 신체와 기계, 칩, 인공보철, 의학적 기술, 그리고 디지털기술이 만나면서 단순하게는 의족, 보청기와 같은 신체의 외부적 증강을 넘어 신체내부에 각종 의료적 신물질들이 결합되는 인간을 포함한다. 몇 해 전 은퇴한 철학자 정대현 교수는 "로봇은 인간사회의 성원이다"라는 글을 발표했다.[42] 현재에도 높은 수치로 대체되고 있는 로봇의 자동화로 지능형로봇의 일상화의 범위가 더욱 커질 것으로 예측하고 있다. 단순한 인간의 발명품인 로봇과 함께 갈아가는 세계는 이제는 우리의 현실이 되었고 더 나아가 기계는 인간의 몸 내부와 연결됨으로 포스트바디 post-body 시대는 속도감을 가지고 기계인간의 세계를 열어가고 있다. 포스트바디란 정보기술시스템의 형성, 첨단기술과학의 발달로 기술이 인간의 몸속에 삽입되거나 밀착됨으로써 인간-기계-동물의 경계가 해체되고 융합 될 수 있는 '경향성'을 지칭한다.[43] 더 나아가 포스트바디는 더 이상 몸이 인간이 선택할 수 없는 운명이 아니라 인간이 자신의 몸을 변형하고 강화 시킬 수 있는 몸의 디자인이 가능한 기술시대를 의미한다.[44] 또한 포스트바디는 정보기술의 발전으로 인간의 몸을 정보체情報體로 환원시키는 현실에 대한 성찰이다. 이렇게 정보에서 신체를 탈각시킨다면 인간과 컴퓨터를 동일시하는 것은 머지 않는 현실이며 이렇게 육화된 실제성보다 탈 육화된 정보에 기초를 두고 인간과 기계를 분리할 수 없는 관계로 인간조재방식을 가능하게 할 수 있게 된다. 즉 이때 중요하게 작동되는 사유는 인간의 정체성의 핵심이 여전히 육체가 아닌 정신이며 의식이 되는 지점을 주목할 필요가 있다.[45] 현대신학과 철학이 정신과 몸 그리고 신체와 영혼의 계층적, 이원론적, 그리고 분리주의적 인간이해를 끈질기게 비판하며 보다 통합적으로 재구성해 온 인간에 대한 이론적 진보는 포스트바디 시대에 다시 정신중심주의로 회귀하는 현상으로 나타나고 있다는 것이다.

필자는 4차 산업혁명의 시대와 포스휴먼담론들에 대한 신학적 연구를 통하여 결과적으로 많은 논지의 핵심이 인간의 책임과 윤리적 문제로 귀결되고[46] 그중에서도 몸에 대한 깊은 성찰의 길과 만나고 있음을 발견하였다. 기독교윤리적 관점에서 기계기술이 인간의 정신을 앞지르듯 제아무리 급진적으로 인류의 삶을 전환한다고 할지라도 여전히 인간의 생물학적 몸의 활동력을 북돋우며 윤리적 몸으로 살아가는 인간의 책임을 잊지 않아야 한다는 것이다.[47] 특별히 포스트바디의 몸에 대한 신학적 연구를 위하여 포스트휴먼에 대한 개념적 성찰과 포스트바디 시대에 인간의 몸에서 일어나는 핵심적 변화들에 대한 기독교윤리적 분석과 응답을 시도할 것이다. 즉 포스트바디 세대를 맞이하여 몸과 기술이 결합되는 과정에서 몸을 성형수술부터 정신의 업로드까지 기계기술이 신체를 결정하는 핵심 요소로 간주되고 있는 몸에 대한 새로운 도전들 앞에서 기독교윤리적 관점에서 신앙적 행동과 기독교적 가치를 추구하는 몸적 embodied 존재로서 살아가야하는 그리스도인의 책임을 강조하고자 한다. 특별히 포스트휴먼 담론들 중에 몸과 신체의 문제를 중점적으로 바라보고자하는 포스트바디의 시대에 성육신 신학에 기초하여 몸 body 과 신체 flesh 의 의미를 윤리적으로 성찰하는 것은 기술문명시대에 시급한 신학적 과제이며 그리스도인의 책임이다.

2) 포스트휴먼의 등장과 포스트바디 시대의 몸 이해

(1) 포스트휴먼의 몸과 기독교 인간이해에 대한 새로운 도전

역사적으로 인류는 도구를 통해 인간의 능력을 향상 또는 증강 시켜왔다. 이제까지 인간이 개발한 도구는 대부분 인간의 신체와 분리된 외부적인 것이었지만 과학기술의 발달로 안경과 같이 착용이 가능해지며wear-able, 마치 인공심장처럼 몸에 장착implantable이 가능해진다. 즉 다양한 포스트휴먼연구의 영역에서 기계와 인간의 결합, 즉 사이보그화로 새로운 인류의 출현을 예고하고 있다. 사실 인간에 대한 근본적 이해와 신학적 인간이해 역시 항상 그 시대의 정신 뿐 아니라 몸의 개념과 관계되어 왔다. 다만 오랫동안 지배적인 사유가 일방적으로 몸에 대한 인식론적 배제와 존재론적 분리를 지지하여온 서구철학과 서구신학의 왜곡이 문제이다. 그러나 포스트바디 시대의 몸에 대한 현상은 이제 과학기술의 발전과 함께 다양한 방식으로 변형되고 동시에 문화적 재현이자 실천의 장소로서 끊임없이 재구성되고 있는 새로운 기술과 기계 시대의 현상들을 윤리적으로 주목할 필요가 있다.[48] 몸은 단순한 물질적 대상이 아니라 하나님의 초월의 재현의 자리이며 동시에 하나님 계시의 실현체로서 그 분의 뜻을 실천하는 살아있는 생명 그 자체로서 성육신적 의미가 중요하기 때문이다.

다양한 포스트 이론들[49]은 근대사회가 가졌던 집단적, 도구적 이성에 대한 비판을 광범위하게 수행함으로 근대 인간론을 지배하였던 이원론적이고 정신중심적인 사유의 토대를 해체하는 방향으로 진행되어왔다. 이러한 근대 이원론적인 인간이해는 광범위한 철학적 인문학적 반성을 통하여 몸이 그저 정신을 둘러싸고 있는 껍데기가 아니라 몸이 인간 자아의 근원적 토대일 뿐 아니라 인간의 주체성을 형성하는 중요한 개념으로 재 기술되었다.[50] 그러나 이러한 기계적, 이원론적, 분리적 인간이해에 대한 반성이 사회문화적으로 새로운 가치체계로 성숙하게 전환되기도 전에 최근 과학기술의 발전과 정보통신기술의 발전으로 부상하고 있는 포스트휴먼의 등장으로 마치 정신중심주의로 회귀하고 이성 중심주의로의 부활을 알리는 현상들이 나타나고 있다. 왜냐하면 포스트휴먼 담론에서 인간의 신체는 종종 탈육화된 정보에 기초한 세계와 분리될 수 없는 관계로 구성되며 이러한 인간이해의 전제에는 인간의 정체성은 여전히 의식이며 그 핵심은 육체가 아닌 정신으로 정의되고 있기 때문이다.

앞서 언급한대로 포스트휴먼 시대의 인간의 몸에 대한 이해 역시 그 시대를 지배하는 인간의 관념 또는 몸과 의식이 복합적으로 구조화되어 형성되어갈 뿐 아니라 그 시대의 물질적 그리고 기술적 요인과도 긴밀한 관계를 맺고 있음을 인식하는 것이 무엇보다도 중요하다. 일찌감치 니체 Friedrich Nietzsche 는 근대의 이원론적 인간에 대한 지배적 패러다임으로 몸에서 분리되어 사유하는 것이 자아라고 생각하는 데카르트의 사유를 적극적으로 반대하며 오히려 자아는 질료, 사물, 실체, 개인, 목적, 그리고 숫자와 같은 것들의 사유의 구성물로 보는 '살아있는 자아'를 강조하였다.[51] 즉 포스트휴먼 시대의 몸에 대한 성찰을 통하여 다시 부상하고 있는 근대의 이원론적 정신중심주의 인간이해에 대한 좀 더 철저한 분석을 위한 몸에 대한 기독교적 가치와 신체에 대한 신학적 의미를 다시 설정하는 것은 중요하다.

근대의 인간이해는 정신과 물질의 분리라는 데카르트 패러다임으로 물질세계가 정확히 수학적 법칙이 지배하는 것처럼 이해하는 기계론적 자연관이 그 근간을 이루었다. 따라서 정신과 몸을 엄밀히 구분한 데카르트적 사상에 기초하여 인간의 몸도 철저히 기계적 체계로 이해하였다. 이러한 사유구조는 몸을 철저히 기계체계로 이해하는 개념적 구조를 세우면서 몸을 각 부분의 배열과 기능에 의해 완전히 이해될 수 있는 기계 체계로 생각할 수 있게 되었다. 예컨대, 생의학적 기계모델에서 건강한 사람은 완전한 기계적 조건하에 있는 제조된 시계, 병든 사람은 부분품이 적절히 기능하지 못하는 시계에 비유되었다. 데카르트는 몸과 마음을 각각 독립적으로 존재하는 실체이원론을 주장하였으며 이러한 사유는 인간을 순수한 마음의 존재로 규정하였다.[52]

그러나 이러한 근대의 정신중심의 이원론과의 차이는 포스트휴먼시대의 인간 정신은 데카르트의 이성적 의식으로서의 정신이 아니며 그 정신은 신체와 컴퓨터의 시뮬레이션 메커니즘과 생물학적 유기체 즉, 로봇으로서의 목적과 인간으로서의 목적 사이에 본질적 차이나 절대적 경계가 없는 완전히 새로운 주체를 가리킨다.[53] 슬라브이 지젝Slavoj Žižek은 우리 시대가 "테크노-디지털 묵시주의"에 의해 소위 "테크노-영지"tech-gnosis로 발전하고 있다면서, 우리 시대에 출현하는 '기술과학문명이 보여주는 기술영지주의'를 경고하였다.[54] 포스트휴먼에 대한 신학적 성찰을 부지런히 수행하고 있는 박일준 역시 포스트휴먼을 영지주의의 실현으로 보는 지젝에 동의하고 이러한 테크노 영지주의적 현상은 인간을 '정신'과 '영'의 순수성으로 다시 환원하며 더 나아가 정신과 영을 '정보'와 동일시한다고 주장한다.[55] 따라서 기독교윤리적 관점에서 포스트휴먼 개념을 통하여 모더니즘이 안고 있는 이성중심주의와 탈신체화의 사유의 토대를 더욱 철저히 해체하고 정신과 이성의 극대화를 통한 기술문명의 심화와 인간성에 대한 근본적 재 개념화를 시도하는 포스트바디 시대에 신학적 몸과 신체의 의미를 연구하여 보다 바람직한 기술발전의 방향을 제시하는 것은 이 시대의 신학의 중요한 공적인 임무이다.

(2) 포스트바디 시대 변화하는 몸과 신체의 의미

포스트바디 post-body 시대란 포스트휴먼 시대에 인간의 생물학적인 몸을 정보체로 환원시키고 있는 시대를 의미하고 포스트바디는 기술을 매개로 점차 인공적인 것과 자연적인 것이 융합되는 신체가 인간의 새로운 존재 조건이 되어 가고 있는 현실을 의미한다. 즉 포스트바디 시대는 신체와 기술이 결합되어서 이성의 시대를 넘어 정보기술혁명에 의한 기술 헤게모니 시대로 대체하는 기술이 가장 핵심적인 변화의 추동력이 되는 것을 말한다. 우주의 일부인 유기체에서 기계로 환원되었던 몸은 이제 정보를 흡수, 저장할 수 있으며 오늘날의 신체는 디지털화, 분자화 되고 있다. 또한 기술은 신체의 훈육과 관리를 넘어 생명 과정 자체에 개입해 통제 및 변형을 가하고 있다. 더 나아가 포스트바디는 더 이상 인간의 몸들이 "고정적·자연적·통합적인 유기체로 이해되기보다는 분해되고, 혼합되고, 조립되고, 변형되고, 새롭게 생산될 수 있는 현상"들을 주목한다.[56]

포스트바디의 시대에 몸의 새로운 버전이 만들어지면서 정보 기반의 첨단기술들은 기계를 이식할 수 있게 했고, 선천적인 생물학적 조건과 자연을 개조할 수 있게 되었다. 페이스메이커, 인공대퇴부, 인공각막, 심장박동기, 인공달팽이관 등을 삽입하는 것은 이제 평범한 일이 되었다. 자기 자신과 후손의 유전자를 수정, 변형, 조작하기 위해 특정 유전자를 삽입, 재조합, 삭제하는 것은 물론, 돼지 심장 이식의 가능성이 열렸다. 또한 뇌 스캔과 두뇌-카메라 접속, 브레인 스캐닝을 통한 모니터 꿈 재현, 중앙신경계가 가상현실과 직접 상호작용하는 것에 대한 가능성도 생각할 수 있게 되었다.[57]

이렇게 기술 헤게모니 시대는 생물학적인 몸을 넘어 각종 인공물과 융합된 몸을 가능하게 하고 또는 몸속에 나노로봇을 넣어 병원체를 파괴하고, 잘못 형성된 단백질이나 프로토피브릴 같은 찌꺼기를 제거하고, DNA를 수선하고, 노화를 되돌릴 수 있으며, 인체와 뇌의 모든 부분을 재설계하여 좀 더 뛰어나게, 좀 더 강하게 만들 수 있을 것이라는 기대를 갖게 했다.[58] 포스트바디는 이렇게 기술과 융합되어 끊임없이 수정, 개조, 변형, 설정, 증강, 창조되는 새로운 모델 즉, 생물학적 한계를 극복하거나 넘어서기 위해 첨단 기계, 기술과 융합된 몸을 가리킨다. 이처럼 오늘날 포스트바디를 구성하는 다양한 고도 기술이 있지만 정보기술의 미래를 낙관하는 연구자들은 대체로 뇌와 유전자를 겨냥하고 있음을 알 수 있다. 이들은 몸을 인간의 본질, 성향, 행동, 미래 등을 알 수 있는 정보를 담고 있는 '공간'으로 인식하고 개인의 내밀한 정보를 얻을 수 있다고 생각한다는 점에서 동일한 입장이다.[59] 이러한 이론들에서 우리가 놓치지 않아야하는 것은 근대 인간이해의 기본적인 패러다임인 심신이원론에 입각한 몸에 대한 기계론적 관점은 포스트바디 시대의 정보기술 패러다임에서도 지속적으로 드러나고 있는 현실에 대한 통찰이다. 유전자를 조작하거나 기계-몸의 인터페이스 기술과 생체인식기술 등 몸을 정보로 읽혀질 수 있다고 생각하는 관점은 얼핏 기계론적 관점과 전혀 다른 것으로 비쳐질 수 있으나, 이러한 관점은 근대 기계론적 인간이해를 기초로 고장난 기계를 수리하고 부품을 교체하며 새롭게 제작할 수 있다는 논리의 심화라는 점에서 그 연속성과 차이를 더욱 철저하게 비판적으로 바라보아야한다.

이렇게 다시 회귀되는 데카르트의 심신이원론은 포스트바디 시대에 새로운 방식으로 몸과 정신에 대한 이원론적인 사유를 유지하고 변형시키며 테크노 영지주의의 새로운 형식을 취하고 있다. 이제 몸은 기계와 결합되고 더 나아가 정보체로서 정보기술의 실험적 대상이 되고 있다. 기술시대에 대한 연구에 앞장서고 있는 커즈와일 Ray Kurzweil은 2020년대 말에는 인간 지능을 완벽히 모방하는 데 필요한 하드웨어와 소프트웨어가 모두 갖춰지면서 컴퓨터가 튜링 테스트를 통과할 것이고, 더 이상 컴퓨터 지능과 생물학적 인간의 지능을 구별할 수 없게 될 것이라고 진단한다.[60] 포스트바디 시대의 정보기술 패러다임의 신체이해는 생명현상을 이렇게 최적화, 효율화, 정밀화, 그리고 수학화하여 몸을 합리화한다는 사고가 내재되어 있다는 점에서 근대 기계적이고 이원론적 인간이해의 극복이 아니라 오히려 심화시키고 있다. 이러한 현실에서 인공지능, 인공장기, 유전자 치료, 생체인식 기술 등의 개발과 인간 유전자까지 브랜드화 하려는 현상은 첨단기술을 통해서 신약 개발과 치료, 신체 보강 등 인간의 다층적 욕망을 겨냥함으로써 막대한 수익을 낼 수 있다는 새로운 가능성을 발견함으로 더욱 가속화 될 것이다. 우리의 몸을 둘러싼 최근의 변화들은 인간의 살아있는 몸과 생명에 관한 기술들이 과연 인간성의 통합적 성숙과 생명경외의 문화를 형성할 것인지에 대한 진지한 윤리적 질문으로 연결되며 이는 기술문명시대를 살아가는 그리스도인들에게 기술문명과 인간의 관계에 대한 근본적 질문으로 이어진다.

(3) 포스트바디 시대의 성서의 몸^{body} 이해와 성육신의 신체^{flesh}의 의미

기독교인간관이 전제하고 있는 '하나님의 형상에 따라 창조된 인간'은 영혼을 소유한 본질적으로 고유하고 존엄한 생명체이다. 이러한 하나님 형상으로서의 존엄과 고유성이 포스트바디 시대를 맞이하여 '살아있는' 행위주체로서 기독교적 인간성과 그리스도인의 윤리적 책임을 근본적으로 재기술 되어야 하는 새로운 현실을 요구받고 있다. 즉 포스트바디 시대에 기독교 책임 윤리적 관점에서 인간과 기술/기계와의 관계와 성육신 신학이 함의하는 몸과 신체에 대한 성찰은 그리스도인의 책임을 검토하는 중요한 신학적 토대이다.

아인슈타인 Albert Einstein 이 과학이 없는 종교가 맹인이라면 종교가 없는 과학은 절름발이라고 한 것처럼 기술과 종교 관계 역시 소통이 불가능한 두 요소가 아니라 하나님께서 성육신 하신 동일한 세계에서 인간이 예수 그리스도의 삶을 본 받아 존엄하게 살아가기 위하여 함께 고려 되어야하는 공통의 토대이다. 과학은 물질적인 것을 설명하고 종교는 영적인 것을 설명하는 분리된 세계에서 더 이상 성육신의 가치를 전할 수 없다. 따라서 인간과 기술 그리고 인간과 물질 사이 두 영역이 서로에 분리되거나 배제되기 보다는 인간성의 증진을 위해 서로 상이성과 유사성을 기반으로 상호적인 대화를 통하여 공명의 가능성을 추구하는 것이 중요하다.

포스트휴먼의 사회문화 속에서 신학적 창조론에 입각하여 하나님의 형상대로 창조된 영적이고 존엄한 생명체로서의 인간의 몸은 이제 포스트바디 시대 기술의 혁명적 발전으로 이제 우리의 몸도 고정된 몸의 이미지를 벗고 몸도 끊임없이 해체되고 조합되고 재구성될 수 있는 정보체로 환원되어 변경 가능한 과정적, 불확정적 몸으로 간주되기 시작했다. 여기에는 마이크로 전자, 소프트웨어, 유전공학, 나노기술에 이르는 일련의 기술혁명이 자리하고 있다. 따라서 포스트휴먼 시대의 몸에 대한 신학적 성찰은 도덕적 행위자로서 인간 주체성의 새로운 차원들과 다른 생명 혹은 기계와 물질과의 관계 속에서 특별히 포스트바디 시대를 특징짓는 몸에 대한 다양한 현상들을 신학적으로 성찰하고 응답해야한다. 또한 성육신적 관점에서 인간의 몸과 육체의 의미를 신학적으로 숙고함으로 포스트바디 시대의 사회윤리적 위기를 극복하는 하나의 방법을 제시할 수 있고 생각한다. 특별히 신이 인간의 몸을 입으시고 이 땅에 오신 성육신적인 신앙의 토대위에 세워진 기독교 신학적 전통은 고도 기술시대의 몸이 함축하고 있는 의미를 신학적으로 규명하고 기독교윤리적 관점에서 다양하게 제기되는 윤리적 문제를 살펴보는 것은 의미 있는 과제이며 공적인 영역에 기독교적 특수성을 기반으로 능동적으로 참여 할 수 있는 중요한 신학적 근거가 된다.[61]

레이 커즈와일은 그의 책, 『특이점이 온다』에서 NBIC 기술^{Nano, Bio, Informatio-n, Cognitive technology}을 통해 인간의 수명을 폭발적으로 늘릴 수 있다고 말하며 구약에 나오는 인류의 조상 아담처럼 천년을 사는 것이 불가능하지 않다고 한다.[62] 미래에는 인간의 기억과 지능을 디지털화해서 컴퓨터에 업로드^{upload}하여 영원히 살 수 있다고 한다. 이런 시대가 오면 인간은 신의 경지에 이르게 된다는 것이다.[63] 이처럼 포스트바디의 사이보그성은 인간과 비인간을 코드화 된 텍스트로 재개념화 하고, "우리들은 사이보그이며, 사이보그는 우리의 존재론이다"라고 한 헤러웨이^{Donna Jeanne Haraway}의 선언[64]은 이미 언급된 지 오래되었다. 그녀는 인간은 더 이상 '나의 몸' 나 자신의 시대에 살지 않고 '유전자' 나 자신의 시대에 살고 있다고 말한다.[65] 실제로 오늘날 기술과학의 매트릭스에서 새로운 버전의 몸이 만들어지고 있는 현상은 오늘날 우리가 흔히 목격하고 있는 사실이며 미래로 열려 있는 포스트바디의 실체일 수도 있다. 이러한 정보기반 기술들과 정보기술 시스템이 우리의 존재 기반인 몸 내부를 변경시키고 있다. 몸에서 일어나는 이러한 변화들은 우리가 역사의 변곡점을 지나고 있다는 것을 보다 직접적으로 실감할 수 있는 증거들이고, 커즈와일이 특이점이 임박했다고 주장하는 근거이기도 하다.

그러나 성육신 신학적 관점에서 인간의 몸은 단순한 정신의 외피도 아니고 영혼보다 열등한 분리된 몸도 아니며 더군다나 고도기술 사회가 지향하는 코드화 된 데이터로 축소될 수 없는 '살아있는 몸'인 것이다. 물론 페미니즘에서 사용되고 있는 '사이보그'는 단순한 환원론적인 축소라기보다는 존재론적인 확장을 통해 뿌리 깊은 성적 이원론을 해체하기 위한 급진적 상징으로 사용되고 있음을 인식하지만 필자는 '살아있는' 또는 '생기 있는' 몸의 중요성을 강조하여 기술에 의존하는 인간의 몸에 대한 환원주의적 축소나 테크노 영지주의적 왜곡을 저항하는 신학학적 성찰과 기독교적 대안담론이 필요하다고 생각한다. 즉 기독교 신학의 가장 중요한 담론인 성육신의 사건은 포스트바디 시대에도 여전히 자기 비움과 자기희생의 가치를 인공지능과 기술이 지향해야 할 참된 인간의 본질임을 주장할 수 있게 한다.[66] 이러한 맥락에서 성육신적인 신학은 몸이 함축하고 있는 '살아있음'과 그 생명의 실체는 예수 그리스도와 모든 다른 생명과 환경적 물질과의 복잡한 관계성에 놓여 있음을 숙고함으로 생명의 가치와 인간존엄을 향상시키고 기술의 윤리적 방향을 선택할 수 있는 인간의 책임을 강조해야한다.

3) 포스트바디 시대의 성서의 몸 body과 신체성 flesh의 의미

포스트바디 시대는 인류에게 무조건적 축복도 아니고 무조건적 저주도 아니다. 그런 의미에서 과학기술 자체를 거부하는 것은 불가능하지만 무비판적인 발전의 논리도 문제다. 몸이 정보체로 환원되는 포스트바디 시대에 성육신적 관점에서 몸의 '살아있음'은 중요한 의미를 갖는다. 이러한 관점은 예수 그리스도 안에서 새로운 생명을 얻게 되는 그리스도인들은 몸의 증강이나 업그레이드뿐 아니라 몸과 더불어 어떻게 충만하게 살아가야하는 가의 삶의 의미를 물어야하기 때문이다. 즉 몸 그 자체가 목적이 아니며 '인간은 왜 살아가는가?'와 살아있는 그 자체를 넘어 '살아감'의 가치가 중요하다. 성육신의 영성은 하나님 앞에 자신을 강화하거나 확장하는데 있지 않고 내려놓고 온전히 개방하는데 있다.[67] 즉 포스트바디 시대에 인간이 무쇠처럼 힘이 세지고 신과 같은 능력을 가질지라도 몸의 증강과 뇌의 지능이 오히려 신앙의 가치를 실현하며 살아갈 수 없는 불행을 예견한다면 기독교윤리적 관점에서 과학기술의 방향을 선택할 수 있어야한다.

생태여성신학자인 샐리 맥페이그 Sallie McFague 는 기독교는 매우 '탁월한 성육신의 종교'이자 '몸의 종교'라고 주장한다. 기독교의 주요 교리들이 기독론뿐 아니라 성만찬과 교회론 그리고 몸으로의 부활을 믿는 교리에 이르기까지 성육신 incarnation 과 육화 embodiment 의 중요성을 놓치지 않는다.[68] 포스트바디 시대에 그리스도인들은 성육신 신학적 관점에서 기술에 대한 급진적 거부나 무관심이 아니라 기술문명이 예견하는 미래와 엄청난 몸의 변화를 가능하게 하는 기술현실에 대한 소통과 이해를 기반으로 기독교적 관점에서 윤리적 규범을 제시하고 공적인 담론에 참여하여야한다. 이러한 노력은 성육신 신학적 토대위에 지난 역사동안 한국교회가 보여 주었던 탈신체적 영혼중심주의를 철저히 반성하는데서 시작된다.

왜냐하면 포스트바디 시대의 담론에 적극적으로 기여 하기에는 기독교 전통신학이 오랫동안 몸을 지배적 담론에서 제외시키고 영혼중심으로 몸을 마치 거추장스러운 껍데기인 양 홀대하였다. 또한 몸에 대한 신학적 사유는 헬라 철학과 결합하면서 정신과 영혼과 개념적 분리와 몸과 정신에 대한 계층적 관점으로 지독한 가부장제적 신학 전통을 강화하고 영혼과 물질의 철저한 분리를 유지하는데 기여하였다.[69] 특별히 성서해석을 통해 전통신학 속에 표현된 왜곡된 육체의 개념은 썩어 없어질 부질없는 것으로 몸에 대해 부정적 사상을 뿌리내리게 하는 근거가 되었다. 이러한 몸에 대한 신학적 이해는 여전히 포스트휴먼 시대에도 한국교회의 성차별적 문화를 정당화시키고 있다.

한국교회 문화에서 신약성서에서 자주 언급되는 몸 body 과 육체 flesh 는 때론 썩어 없어질 부질없는 것으로 몸에 대해 부정적 사상을 뿌리내리게 하는 근거가 되었다. 실제로 신약시대에도 몸을 부정하는 영지주의에 강력하게 영향을 받은 성서에 기록된 몸에 대한 왜곡된 이해를 기반으로 몸은 거룩함에서 벗어나는 것으로 오염되고 불경한 것으로 상징화되었다. 이러한 몸에 대한 이해는 동시에 전통 신학적 담론을 통해서 탈신체화의 신학을 정당화시켰고 인간이 수많은 종들과는 다른 고귀한 '이성적 영혼'의 소유자로 긴 기독교의 역사를 통하여 인간 중심주의적 신학적 인간론의 기초를 이루어왔다.

그러나 과연 몸에 대한 올바른 성서의 이해는 이렇게 부정적인지 살펴보아야 한다. 먼저 구약성서에서 본래적으로 인간은 영혼과 육체로서 통합적인 존재임을 말하고 있다. 구약성서에는 육 혹은 몸에 해당하는 히브리어가 없다. 왜냐하면 히브리인들은 몸과 영혼을 분리하지 않았고, 형상과 질료를 구분하지 않았으며 죽음 후에 영혼이 계속 살아 있다는 플라톤적인 생각이 없기 때문이다.[70] 또한 신약에서 몸을 성령의 전이라고 말한 바울의 강조점은 몸은 신체적 구성요소가 아니라 전체 인간 또는 전인격을 가리키며 때로는 개별적 몸 보다 공동체적 몸의 연대성을 강조한다.[71]

특별히 몸이 '성령이 거하시는 전'이라는 몸에 대한 기독교적 이해에 가장 영향을 크게 미친 바울은 사실 그 시대를 고려하면 대단히 급진적 선포로서 인간의 인격 전체를 소마롬, body로 지칭하고 있기 때문이다. 따라서 몸을 산제사로 드리는 것은 자신의 몸뿐 아니라 영혼과 성품과 전존재를 하나님께 굴복시키는 것을 의미한다. 특히 바울이 공동체의 현실을 설명하기 위해 고린도전서에서 보여주는 몸과 지체의 비유는 그가 창안한 것이 아니라 그 당시 사회에서 널리 사용된 비유이다.[72] 이렇게 그 당시 로마의 권력자들이나 철학자들이 이 비유를 가지고 자신들의 지배

체제를 합리화하는데 사용했지만 바울은 똑같은 비유를 가지고 정반대되는 해석을 한다. 바울의 시대에 몸에 대한 부정적 사유는 영지주의에 지대한 영향을 받았지만 성육신에 뿌리내린 기독교의 정통성은 영지주의와의 치열한 논쟁 속에서 몸으로부터 도피하고 몸을 배제하는 영지주의를 거부하고, '몸의 긍정'과 '몸이 다시 사는' 전인적인 구원을 선포하였다.[73]

마르시온 Marcion 에 의해서 전개된 기독교 영지주의는 하나님과 세계를 구분하고 정신과 물질 그리고 선과 악을 이원론적인 개념으로 분리시켰다. 특별히 영지주의자들은 성육신을 강력하게 거부하여 가현적 기독론의 입장에서 그리스도교의 체계를 세우고 예수 그리스도의 고난을 받은 육체 역시 '환영'으로만 인식하게 된다.[74] 바울의 몸은 이렇게 그 시대를 지배하고 있으며 몸에 대한 잘못된 이해를 하게하는 영지주의에 대한 적극적 저항으로 볼 수 있다. 따라서 바울의 몸, 즉 소마는 인간존재의 덜 중요한 요소가 아니라, 본질적이고 고유한 인격적 존재양식이라는 것이다. 즉 혼 또는 영은 참되고 본질적인 생명이지만, 외적이며 물질적인 몸의 생명은 마치 인간의 참된 생명을 실현하는데 방해거리나 되는 것처럼 생각하는 경향을 직접적으로 비판한다. 더 나아가 몸이 '하나님의 영이 머무는 성전'이라는 의미는 교회는 고정된 건물이 아니라 신앙을 소유한 그리스도인들이 움직이는 성전이라는 의미이다.[75] 즉 그리스도의 몸과 육신은 소유의 문제가 아니라 존재의 문제로 바울은 그리스도인들은 임의로 처분할 수 있는 어떤 몸을 소유하고 있는 것이 아니라 몸이신 그리스도와 관계 속에만 생명을 얻는 몸으로 존재하고 있다는 것이다.

더욱이 몸에 대한 성육신적인 함의는 혈과 육을 지닌 몸을 가리키는 것으로 예수님이 온전한 인간이 되셨음을 의미한다. 특별히 여기에서의 '육신'은 바울이 즐겨 사용하는 타락한 본성을 가리키기 위함이 아니라 죽을 수밖에 없는 운명을 가진 인간을 가리킨다. 즉 인간의 연약하고 덧없는 본성을 적나라하게 표현한 것으로 해석할 수 있다. 몸 body, '소마'라는 헬라어는 사람의 외형에 대한 추상적인 표현이다. 반면에 성육신의 핵심인 요한복음 1장 14절[76]의 '육신'은 헬라어 '사르크스' σάρξ로서 몸, '소마' σῶμα와는 다른 의미를 함의하고 있으며 신체 혹은 살 flesh을 표현하고 있다. 이 살 flesh의 의미는 슬프고 기쁘고 목마르고 배고프고 즉 인간의 한계와 약함과 감정의 표현되는 '살아있는 신체'를 의미한다. 이러한 성육신의 몸의 핵심적 의미는 포스트바디 시대의 몸의 현상에서 보여주는 그 어떠한 수학적 정확성과 정보기술로 인한 탈신체적 시도들을 비판적으로 바라볼 수 있는 진정한 '살'의 체현된 존재이다. 이 '살' σάρξ의 존재로서 인간은 모든 감정을 표현하는 신체일 뿐 아니라 한계와 약함을 포함하고 있는 불완전성과 한계의 인간으로 진정한 인간성을 의미한다. 즉 이러한 성육신적 신학의 관점에서 인간됨은 고도기술의 완성을 향한 에러 error 부재의 완벽한 인간이 아니라 인간의 한계와 실패를 성숙한 영성과 인격적 온전함을 향해 살아가는 특별히 하나님과 인간의 영적관계 속에서 책임을 느끼는 존재인 바라보게 한다.

프랑스의 현상학자인 미셸 앙리 Michel Henry는 특별히 신체의 의미를 두 단어로 살 chair과 신체 corps를 나누어 설명한다. 특별히 성육신에서 신체는 살 flesh의 의미로 "살은 우리들이 스스로 자신을 느끼고, 고통을 견디고, 자기를 감내하고, 자기를 짊어지며, 항상 다시 태어나는 인상들을 따라서 자기를 향유하는 것으로 설명하며 인간만이 가지고 있는 독특한 조건인 '육화된 존재들'로" 성육신의 의미를 강조하였다.[77] 즉 태초로부터 말씀으로 계셨던 하나님이 추상적인 몸이라기보다 '살아있는' 그리고 '생기 있는' 고통과 기쁨을 느끼고 교감하는 "육신이 되어" 이 땅에 오셨기 때문에 가능한 존재로서의 몸인 것이다. 앙리는 이러한 성육신의 독특한 진리로 인해 요한의 '말씀이 살이 되었다'라는 놀라운 기독교의 진술의 의미를 알 수 없었던 그리스의 로고스 개념과 근원적으로 양립불가능하고 그리스인들이 신체의 부활을 믿는 것도 어려운 이유라고 말한다.[78] 이렇게 성육신의 진리는 상상 속의 실제를 구상하는데 그치지 않으며 육체적이고 현재적인 진리의 특성을 핵심으로 수반하고 있다.[79]

따라서 이러한 성서의 몸과 성육신의 신체는 근대의 이원론적 인간이해뿐 아니라 포스트휴먼 시대에 다시 회귀하는 테크노 영지주의적인 인간이해의 탈신체적 정보로서의 몸과 '살아있음'과 '살' σάρξ이 분리된 기계적 신체를 다시 생기 있는 몸과의 관계 속에서 이해할 수 있게 한다. 사실 근대의 몸에 관한 기계론적 패러다임은 각각의 기계 부품이 전체 기계 작동에 어떤 기능을 수행하는지 알아내야 하고, 질병 치료는 '고장난 기계의 결함'을 수리하는 것이라는 생각을 정당화시켰다. 이렇게 몸 기관들을 관찰하고, 끄집어내고, 잘라내고, 붙이고, 들여다보면서 데카르트 모델인 기계론적 신체관을 실천해 온 생의학의 역사는 몸이 지속적으로 과학적 탐구의 대상이 되어 왔다.[80] 반면 포스트바디의 시대에 기술과학의 가장 두드러진 능력은 자연적인 몸을 해체시키고, 변형시키고, 조작하고, 창조하는 능력이다. 자연적인 몸/인공적인 몸, 동물/인간, 기계/인간의 경계가 해체되고 융합되는 경향성은 첨단기술과학의 개입 때문이다.[81] 즉 이러한 새롭게 구성되어가는 몸을 더욱 복잡하게 새로운 기술을 문화 속으로 받아들일 때에는 각별한 주의를 기울여야하고 윤리적 성찰을 통한 인간의 책임의 문제를 숙고해야한다.

그러므로 신약의 몸의 개념과 성육신적 신체이해는 기술문명의 발달과정에서 신학적 담론의 중요한 공헌의 관점과 윤리적 방향을 제시하고 탈신체화의 포스트바디 현상들을 더욱 철저히 반성하도록 이끈다. 또한 기술 중심의 사회에서 테크노 영지주의의 위험성과 탈신체적 사유로 다시 돌아가는 포스트바디의 문제점을 감시함으로 여전히 가치를 지향하고 행동하는 살아있는 주체로 그리고 윤리적 몸으로 인간을 바라 볼 수 있게 한다. 즉 그리스도인들에게 포스트바디 시대가 지향하는 이상적인 몸, 힘을 가진 몸, 그리고 정보체로서의 몸 그 자체가 목적이 될 수 없으며 '살아감'의 의미를 성찰하게 하는 성육신적 신체와 몸에 대한 진정한 의미가 인간의 윤리적 삶을 가능 하는 중요한 신학적 개념인 것이다.

4) 포스트바디 시대의 성육신^{incarnation}과 신체성^{flesh}의 의미

성육신 신학에서 육신은 혈과 육을 지닌 몸을 가리키는 것으로 예수님이 온전한 인간이 되셨음을 의미한다. 앞에서 언급한대로 '소마'^{몸, body}는 사람의 외형에 대한 추상적인 표현인 반면에 요한복음 1장 14절에 표현된 '사르크스'는 육신, 혹은 살^{flesh}로 살아있는 감각적 인간을 의미한다. 따라서 포스트바디 시대의 몸과 신체도 동시에 하나님의 현존의 자리이고 '살아있음'의 살적^{embodied} 인간의 가치를 발견하는 곳이어야 한다. 그것은 태초로부터 말씀으로 계셨던 하나님이 "육신이 되어" 이 땅에 오신 성육의 핵심은 세상 속에서 하나님의 현존을 의미하기 때문이다.

성육신 신학을 통해 강조되는 생명의 '살아 있음'은 인간에게 하나님의 현존을 느낄 수 있는 '온전한 감각'을 주신 것이다. 신약성서에서 생명을 뜻하는 '조에'는 그리스어로 동물과 인간, 그리고 식물 등 유기체의 신체적 생동성을 뜻하며 생명체의 '살아있음'으로 이해 되어야한다.[82] 성육신적 관점에서 그리스도인은 '영적인' 것을 물질적인 것과 분리시키는 것을 거부하고 '영적인' 것이 오늘 우리가 대면하고 있는 '온전한 실재'이며 이것은 물질성을 제거하는 것이 아닌 새 창조로의 변화이다. 따라서 성육신 신학은 그리스도인들에게 하나님의 초월성과 타자성이 이 물질세계와 인간성에게로 연결되고 확대되는 신학적 토대이다. 이러한 성육신적 인간성 incarnational humanism 을 통해 그리스도인들의 책임은 하나님의 형상으로서의 포스트휴먼의 개념을 확장시키며 포스트바디 시대의 신체와 몸의 진정한 의미를 발견하며 살아있는 신체적 역동성이 하나님의 현존의 방식임을 인식하는 것이다. 그 현존의 방식은 구체적으로 예수가 자신의 몸을 희생함으로 생명을 살리는 '살림'의 문법을 실현하는 삶을 의미한다.[83] 즉 성육신은 고도기술의 시대에도, 포스트바디의 시대에도 그리스도인들이 살아있는 몸의 변화를 능동적으로 성찰하며 기술발전을 통해 만들어지는 로봇, AI, 그리고 기계인간이라 할지라도 영적 존재로서 인간과의 관계 안에서 그 가치가 규명되어야 하며 그러한 과정에서 기술이 살림문화의 창조로 나아가도록 해야 한다.

성육신은 인간의 전 영역의 삶에 궁극적으로 개입하시는 하나님의 행위이다. 따라서 성육신은 기계기술과 정보기술 역시 그리스도의 현실에 궁극적 기반이 된다는 사실을 통해 그리스도인들과 관계없다고 주장할 수 없게 된다. 또한 성육신적 신체성은 '살아있는 몸'을 통해 그리스도인에게 책임적 존재로서 신앙적 가치를 실천하는 행위의 주체가 되도록 돕는다. 이러한 의미에서 복음의 가치는 일상의 삶의 세계 안에서 이루어져야 하며 이 사명은 살아있는 신체를 전제할 때에만 그 구체성과 현실성을 갖게 된다.[84] 캐서린 헤일즈 Katherine Hayles 는 수천년동안 퇴적된 진화사의 최종 결론으로 신체를 주목하고 이러한 신체에 대한 역사가 곧 생각과 행위의 모든 차원에서 인간의 행동에 영향을 미친다고 주장한다.[85] 따라서 포스트바디의 위기는 기계와 인간 사이의 경계들에 대한 새로운 해석들과 함께 그리스도인에게 살아있는 신체에 대한 신학적 통찰을 통하여 인간성의 고유함이 추상적 개념이 아니라 행동하는 구체적 신체를 의미함을 강조하게 한다. 그러므로 그리스도인들은 세속의 모든 과학기술의 성취 앞에 특수한 진리를 선포함으로 그 어떤 몸의 변형과 신체에 대한 기술개입의 현실에서도 '살아있는 신체의 중요성'과 그 신체가 가치를 지향하는 행동하는 도덕적 주체임을 인식할 수 있어야 한다. 이러한 살아있는 신체성에 대한 강조야말로 윤리적 존재로서의 인간의 책임을 말할 수 있는 것이다.

왜냐하면 기술화되고 정보화되고 있는 몸의 미래 역시 불확실하기 때문이다. 기독교는 살아있는 신체의 거룩함과 존엄함을 지키는 방향으로 기술이 개입되도록 감시해야 한다. 자기 자신과 후손을 수정, 변형, 조작하기 위해 유전자를 삽입, 재조합, 삭제할 것인지를 결정하는 기술적 처방이 내려지고 실리콘으로 신경망을 만들고, 뇌를 리버스 엔지니어링 reverse engineering 하는 등의 기술적 노력들로 질병과 죽음, 인간의 유약함을 극복하고 강하고 자유롭게 영원히 살 수 있도록 하겠다는 기술 판타지에도 불구하고, 그러한 기술과정이 어떠한 결과로 귀결될 것인가에 대해서는 역시 불확정적이며 불확실하다는 사실만이 확실하다. 그리스도인들도 고통을 원하지 않지만 고통을 제거하기보다는 오히려 그 고통을 통해서 삶의 깊은 의미와 스스로를 성찰하며 하나님께 더 가까이 나아가는 영적인 성장을 이룰 수 있다고 믿는다.[86] 이러한 믿음으로 미래의 불확정성에 대해 윤리적으로 질문하는 인간은 곧 희망하는 인간이 될 수 있다.[87]

그러므로 성서의 진정한 몸과 성육신 신학의 신체성의 의미는 기술문명시대를 맞이하는 그리스도인들에게 인간의 몸을 최종 개척지로 여기는 첨단기술들로 야기될 수 있는 불확정성의 위험에 대하여 인류의 미래를 위해 여전히 책임적 인간의 중요한 원리를 제공할 수 있다. 기술과 신체의 결합과 기술에 의한 신체의 변형의 그 어떠한 경우에라도 살아있는 몸의 존엄함과 그 몸이 하나님의 초월성 자리임을 인식하고 기술문명이 생명을 가진 신체적 존재로부터 분리되거나 탈신체적 기술개입으로 이러한 살아있음의 가치를 축소시키지 않아야 한다. 이러한 의미에서 신학은 더욱 적극적으로 기술문명의 도래에 대한 담론적 참여를 통해 책임적으로 응답해 나아가야한다. 왜냐하면 물질적 세계와 기술 문명은 자아 밖에 놓인 환경이 아니라 예수 그리스도의 성육신을 통해 그 거룩성과 초월성의 재현의 장조로서 인간의 살아있는 몸과 날마다 생활세계에서 느끼는 생기 있는 신체와 떨어질 수 없는 곳이다. 이러한 몸에 대한 성육신적 이해를 통하여 그리스도인은 더욱 책임적이고 윤리적인 주체를 형성해 나아갈 수 있게 된다. 즉 신체가 대상화되고 물질화되고 정신과 정보체계로 변형되거나 환원되는 몸에 대한 기술지배의 시대에 신체의 '살아있음'의 기독교 윤리적 의미를 되새김으로 그 어떠한 시대보다도 위태롭고 불확실한 포스트바디의 시대 그리스도인의 책임을 다시 한 번 강조하며 성서의 몸과 성육신의 신체에 대한 의미는 이러한 기술 헤게모니 시대에 윤리적 몸주체로서 그리고 생기 있는 신체의 주체로서 그리스도인의 책임을 형성하는 구체적 전제가 된다.

5) 포스트바디 시대의 기독교 윤리적 과제 : '살아있는 윤리적 몸'으로서의 책임

기술은 가능성과 잠재력을 낳지만, 궁극적으로 우리가 도달할 미래는 우리가 어떤 선택을 하느냐에 따라 달라질 것이다. 기술을 통해 인류는 유례없는 풍요와 능력을 얻을 수 있고 동시에 인류가 경험하지 못한 엄청난 재앙을 일으킬 수도 있다. 즉 인간은 끊임없이 도구를 개발하고 인간의 능력을 향상하기 위한 노력을 하면 현재 진행되고 있는 변화의 물결은 단순히 사회문화적이고 물질적인 면에 한정된 것이 아니다. 그 변화는 인간에게 좀 더 본질적이고 근본적인 변화를 내포하고 있다. 포스트바디 시대의 기술은 인간의 신체와 몸에 대한 인식과 긴밀하게 연동되어 있다. 따라서 몸과 신체에서 일어나는 기술의 개입과 영향에 대하여 신학은 그 방향을 제시하고 바른 선택을 할 수 있도록 공적으로 기여해야 한다. 캐서린 헤일즈에 따르면 이러한 기술사회의 신체화의 문제는 아직 확고히 자리 잡지 않았기 때문에 다이너마이트와 같은 힘이 없어도 그것을 바꿀 수 있다고 말한다.[88] 따라서 신학은 무엇보다도 기술시대에 몸과 신체에 대하여 말한다는 것은 "몸이 더욱 광범위한 문화적 결정에 따라 재현되는 정형화된 방식과 몸이 기호 및 문화적 의미의 담지체[89]"가 되는 방식을 모두 포함하고 있다는 것을 인식하는 것이 중요하다. 따라서 신학적 성찰 역시도 포스트바디 시대의 변형 가능한 정보체로서의 몸의 개념과 그 재현의 방식에 대해 윤리적 의미를 묻고 응답해야한다. 특별히 '거룩한 성전', 전 인격체로서의 몸, 그리고 주체형성의 존재론적인 핵심으로써 몸 개념과 살아있는 신체의 중요성을 강조하는 성육신 신학의 의의는 포스트바디 시대의 탈신체화의 기술의 방향을 바르게 제시하는 중요한 신학의 토대가 된다.

또한 성육신 신학의 토대위에 포스트바디 시대의 인간과 기술의 결합과 인간의 몸과 신체에 대한 기술의 적극적인 개입, 변형, 그리고 조작을 통해 끊임없이 제기되는 기술사회의 불확실성과 생명의 가치를 디지털로 코드화 할 수 있는 정보로 환원시키는 환원주의의 위험에 대해 경고할 필요가 있다. 인간은 모든 생명종 중에 유일하게 윤리적으로 사유하고 도덕적으로 행동하는 가치를 지향하는 생명이다. 이러한 의미에서 다시 인간중심주의로의 회귀를 의미하는 것이 아니라 '하나님의 형상'으로서의 인간이 함의 하고 있는 살아있는 윤리적 몸인 존재로서의 인간의 독특한 책임을 더욱 강조해야한다는 것이다.

마지막으로 기술과학의 발전으로 인간, 기술, 그리고 물질적인 환경이 상호 공존하고 AI, 로봇, 사이보그 등 유사 인간이 등장한다고 하더라도 성육신의 신체성의 의미는 더욱 진정한 인간성을 실현하는 길을 모색하게 한다. 즉 성육신은 포스트바디에서 나타나는 테크노 영지주의와 정신중심의 사유로의 회귀를 비판하며 몸으로 오신 예수 그리스도의 인간다움의 진정한 의미를 추구함으로 '살아있는 신체로서의 윤리적 몸'의 중요성을 다시 강조하며 인간과 기술의 만남의 방식을 성찰하게 한다. 이러한 몸과 신체에 대한 기독교윤리적 반성과 성찰을 통하여 성서의 몸과 성육신적 신체의 의미는 기술이 인간의 지성과 정신을 앞지르듯 급진적으로 인류의 삶을 전환한다고 할지라도 여전히 인간의 생물학적 몸의 활동력을 북돋우며 윤리적 몸으로 살아가는 도덕적 주체로서의 인간의 책임을 잊지 않아야 한다.

2부 미주

1 기계, 칩, 인공보철, 로봇, 의학적 기술, 디지털기술이 신체와 결합(의족, 보청기, 인공장기)하고 성형 수술부터 정신의 업로드(Mind Uploading)까지 정신을 정보화한 컴퓨터 운영체계와 기계기술을 신체를 결정하는 어떤 것으로 간주하는 것이 포스트휴먼의 존재양식으로 가능하다.

2 2011년 10월 리비아의 카다피(Muammar Gaddafi)가 자신의 고향에서 살해되기 전 그의 호위차를 폭격한 것은 라스베이거스 외곽의 기지에서 인공위성으로 조정되고 시실리의 미 공군기지에서 날라 온 미국의 무인 항공기 프레데터 드론이다. 박희준, "전장의 사신 드론, 벌새로봇에서 글로벌 호크까지," 「아시아경제」(2011. 10).

3 2007년부터 "탈경계인문학의 구축과 확산"이라는 연구를 통해 인문한국(HK) 지원 사업을 수행하고 있는 이화인문과학원은 인문한국 지원 사업 2단계에 진입하면서 새롭게 설정된 '포스트휴머니즘과 인간'이라는 연구의 잠정적 결론도 이와 동일하다.

4 국제지질과학연맹(International Union of Geological Sciences, IUGS) 산하 제4기층서소위원회(Sub-commission on Quaternary Stratigraphy)에서는 새로운 지질시대, 즉 인류세(Anthropocene)를 공식적인 지질시대 단위로 인정하는 것에 대한 토론이 활발히 벌어지고 있다. 김지성, 남욱현, 임현수, "인류세의 시점과 의미," *Journal of the Geological Society of Korea* 52/2 (April 2016), 163-171.

5 로지 브라이도티는 포스트휴머니즘과 탈인간중심주의로서 포스트휴먼을 구분한다. 포스트휴머니즘은 철학, 역사, 문화연구 고전 인문학 전반을 동원한다면 포스트휴먼 논의는 과학과 기술공학 뉴미니어 디지털문화와 환경운동 지구과학 유전공학, 신경과학, 로봇공학, 진화론, 비판적 법이론, 영장류, 동물학, 동물권과 과학소설까지를 환원하는 초학제적 담론으로 더욱 융복합적으로 복잡해진다. Rosi Rosi Braidotti, The Posthuman, 이경란 역, 『포스트휴먼』(파주: 아카넷, 2015), 78-79.

6 포스트휴먼과 관련하여 새롭게 나타나는 다양한 인간주의의 정의를 잘 정리해 놓은 페르나도의 입장을 참고하라. Francesca Ferrando, "Posthumanism, Transhumanism, Antihumanism, Metahumanism, and New Materialisms: Differences and Relations," *Existenz* 8/2 (fall 2013), 26-32.

7 트랜스휴머니즘은 과학과 기술을 이용해 사람의 정신적, 육체적 성질과 능력을 개선하려는 지적, 문화적 운동으로 장애, 고통, 질병, 노화, 죽음과 같은 인간의 조건들을 바람직하지 않고 불필요한 것으로 트랜스휴머니스트들은 생명과학과 신생기술이 그런 조건들을 해결해줄 것이라고 기대한다. Nick Bostrom, "A History of Transhumanist Thought," *Journal of Evolution and Technology* 14/1 (April 2005), 1-30.

8 서구의 인문학계는 이미 새로운 시대에 대한 모색이 한창이다. 프랑스의 과학철학자 도미니크 르쿠르는 "기술이 더는 '도구'가 아니라 인간의 본질적 차원이라는 점을 인식하는 선에서 인간과 기술의 개념을 재창조해야 한다"고 강조했다. 닉 보스트롬은 "트랜스휴머니즘은 기술과학이라는 새로운 방법을 통해 인간의 가능성을 무한대로 계발한다는 점에서 휴머니즘의 확장이다"라고 말했다. 금동근, "인문학 뉴트렌드(3): '포스트휴먼' 인문학," 「동아일보」, 2008. 3. 19.

9 이화인문과학원, 『인간과 포스트휴머니즘』(서울: 이화여자대학교출판부, 2013), 6.

10 Braidotti, 『포스트휴먼』, 120-21.

11 위의 책, 79.

12 이화인문과학원, 『인간과 포스트휴머니즘』, 7.

13 로지의 다양한 '되기'는 '사이보그-되기' '동물-되기' '여성되기'를 철학적 실천으로 제안한 들뢰즈와 가타리의 철학을 준거로 하고 있다. 김수연 외, 『포스트휴먼 시대, 생명, 신학, 교회를 돌아보다』(서울: 동연, 2017), 172.

14 신물질주의(New materialism)는 물질을 지속해서 물질화의 한 과정으로 조화시키는 과학으로 비판이
    론이다. 즉 후기구조주의자들과 포스트모던 감수성으로서 의 양자물리학과 같은 의미이다. 따라서
    물질은 단지 외부적 힘에 의해 만들어지기를 기다리는 정체되고 수동적인, 고정된 무엇으로 보는 관
    점이 아니다. 오히려 신물질주의는 이러한 역동적이고 변화하고 선천적으로 얽혀있는 수행적 과정이
    므로 물질화를 넘어서는 그 어떠한 우선성도 가질 수 없고 물질화의 과정을 그것의 절차적 기간으로
    도 축소시킬 수도 없다는 입장이다. http://www.oxfordbibliographies.com/view/.... (2018.05.25. 접
    속).

15 캐런 바라드(Karen Barad)의해 만들어진 행위적 실재주의는(agential realism) 과학적 활동들 안에서
    지식이 창조되고 과학적 관찰의 대상들이 검토되는 과정을 재 개념화하는 입장이다. 행위적 실재주
    의는 단순한 인식론적 이론이 아니라 존재론적인 이론임을 강조하면서 어떻게 실재가 현실적으로 형
    성되는지의 과정을 묘사하고자 하는 존재론적 인식론 혹은 물질주의적 지식에 대한 과학적 실천 이
    해에 대한 여성주의적 개입으로 새로운 관점을 제시한다.

16 물론 다른 어떠한 것들의 우선성(priority)이나 예외성(exception)들도 가능하지 않다.

17 Christopher L. Fisher, Human Significance in Theology and the Natural Sciences (Eugene: Pickwick
    Publications, 2010), 16-17.

18 '호모사피엔스'로 한국에 돌풍을 일으킨 이스라엘대학 역사학자 유발 하라리(Yuval Harari)는 사피엔
    스를 통하여 인류가 어디에서 왔는지를 추적하였다면 '호모데우스'는 인류를 신으로 업그레이드하는
    미래를 예측하고 있다. Yuval Noah Harari, Homo Deus: A Brief History of Tomorrow, 김명주 역, 『호
    모데우스』(파주: 김영사, 2017), 39.

19 필자의 논문인 "기독교 인간주의에 대한 성찰: 새로운 문화현상에 대한 신학적 응답"에 성육신적 인
    간주의에 대한 설명을 참고하라. 김은혜, "기독교 인간주의에 대한 성찰: 새로운 문화현상에 대한 신
    학적 응답," 『선교와 신학』 33 (2014.2), 212.

20 김수연 외, 『포스트휴먼 시대, 생명, 신학, 교회를 돌아보다』, 74.

21 박일준, "나 역시 남자가 아니다: 포스트휴먼 시대의 성(性)과 젠더에 대한 성찰," 한국연구재단 후원
    한-미 인문학 특별협력 국제 학술대회자료집 (2017. 10), 52-57.

22 배국원, "사이버스페이스의 기독교적 의미," 『종교연구』 23 (2001. 6), 43.

23 Rosemary Ruether, Gaia & God: An Ecofeminist Theology of Earth Healing (San Francisco: Harper,
    1994), 128.

24 Thomas Sieger Derr et al., Environmental Ethics and Christian Humanism04 (Abingdon Press, 1997),
    128-129.

25 근대 후기의 신학적 담론은 후기식민주의, 후기구조주의, 후기 자유주의 그리고 포스트모더니즘 관
    점 등 다양하다(Postcolonial, Postliberal, Poststructual, postmodern, postmetaphisic).

26 얽힘의 개념은 양자역학에서 빌려온 용어로서, 공간과 시간의 모든 간격을 넘어 전자가 동시적으로
    얽혀있다(simultaneous entanglement)는 개념을 가리킨다.

27 Catherine E. Keller, Intercarnations: Exercises in Theological Possibility (New York: Fordham University
    Press, 2017), 201.

28 포스트자유주의 포스트모던, 포스트구조주의, 포스트식민주의 등.

29 성차(sexual difference)를 강조하는 이론가들은 뤼스 이리가레(Luce Irigaray), 엘리자베스 그로츠(Eliz-
    abeth Grosz), 주디스 버틀러(Judith Butler), 도나 해러웨이(Donna J. Haraway), 로지 브라이도티(Rosi
    Braidotti) 등이 있다.

30 Catherine E. Keller, "Entangled Hopes: Transfeminist Theological Im/possibility," 한국연구재단 후
    원 한-미 인문학 특별협력 국제 학술대회자료집 (2017. 10), 27.

31 이소희, "로지 브라이도티의 유목적 페미니스트 주체형성론에 관한 연구: 전지구화와 초국가주의의

관점에서," 「영미문학 페미니즘」 13/1 (2005), 122.

32 조주현, "실천이론에서 본 바라드의 행위적 실재론: 과학적 실천이론과 페미니스트 과학기술학(STS)의 접점," 한국기술과학회 학술대회자료집 (2017. 5), 117. 바라드의 행위적 실재주의(Agential Realism)는 과학적 실천 역시 문화를 통해 작동하는 계급, 인종, 젠더에 따른 불평등한 권력의 효과에서 자유로울 수 없음을 인식하며 과학적 실천의 독창성을 가지고 기존의 정체성 정치에 중심을 둔 페미니스트 정치를 변화시키려는 독창성으로 페미니스트의 실천적 전략의 전환에 결정적 기여를 하였다는 평가로 제4물결을 말하고 있다.

33 위의 책, 114-115.

34 Rosi Braidotti, "The Critical Posthumanities, Or, Is Medianatures to Naturecultures as Zoe Is to Bios?," *Cultural Politics* 12/3 (November 2016), 380-390.

35 Rosi Braidotti, *Nomadic Subjects: Embodiment and Sexual Difference in Contemporary Feminist Theory* (New York: Columbia University Press, 2011), 174.

36 이소희, "로지 브라이도티의 유목적 페미니스트 주체형성론에 관한 연구: 전지구화와 초국가주의의 관점에서," 119.

37 위의 책, 118.

38 이종관, "포스트휴먼을 향한 인간의 미래," *Future Horizon 26* (Autumn 2015), 4-9.

39 포스트휴먼 논의는 기계기술과 인간의 결합 대한 철학, 역사, 문화연구 인문학 전반을 동원하는 최근 과학과 기술공학 뉴미니어 디지털문화와 환경운동 지구과학 유전공학, 신경과학, 로봇공학, 비판적 법이론 동물권과 과학소설까지를 포괄하는 초학제적 담론으로 더욱 융복합적으로 복잡해지고 있다.

40 Erik Brynjolfsson and Andrew McAfee, *The Second Machine Age: Work, Progress, and Prosperity in a Time of Brilliant Technologies*, 이한음 역, 『제2의 기계시대, 인간과 기계의 공생이 시작된다』(서울: 청림출판, 2017), 12-13.

41 Ray Kurzweil, *The Singularity Is Near: When Humans Transcend Biology*, 김영남, 장시형 역, 『특이점이 온다』(파주: 김영사, 2018), 586.

42 정대현, "특이점 인문학: 특이점 로봇은 인간사회의 성원이다." 『한국철학회』 제131집 (2017.5), 189.

43 마정미, 『포스트휴먼과 탈근대적 주체』(서울: 커뮤니케이션북스, 2014), 194.

44 몸문화연구소 편, 『포스트바디: 레고인간이 온다』(서울: 필로소픽 2019), 8-9.

45 위의 책, 5.

46 이러한 경향성은 AI에 대한 신학적 연구 속에서도 나타나고 있다. 기독교윤리학자들 뿐 아니라 예배학자인 나인선은 최근 "인공지능과 예배의 초월적 경험으로 자기희생의 윤리적 가능성"이라는 논문을 발표하여 인간과 인공지능 그리고 인공지능과 세계의 구체적 관계적 윤리에 관한 질문으로 구체화 되어야 한다고 주장하였다. 나인선, "인공지능과 예배의 초월적 경험으로 자기희생의 윤리적 가능성," 『신학과 실천』 67 (2019), 53.

47 포스트 휴먼과 포스트 휴머니즘에 대한 기초적인 개념은 저자의 아래 논문을 참고하라. 김은혜, "포스트휴먼 시대의 되기의 기독교윤리," 『신학과 사회』 32 (2018. 5): 211-243.

48 마정미, 『포스트휴먼과 탈근대적 주체』, 5.

49 Postliberalism, Postmodernism, Postcolonialism, Postfeminism 그리고 Posthumanism 등이 있다.

50 몸에 대한 비판적 철학적 성찰의 대표적인 학자는 메를로 퐁티(Merleau Ponty), 미쉘 푸코(Michel Foucault), 들뢰즈, 엘리자베스 그로츠(Elizabeth Grosz) 주디스 버틀러(Judith P. Butler) 등이 있다.

51 김정현, 『니체의 몸 철학』(서울: 문학과 현실사, 2000), 81-82.

52 노양진, 『몸이 철학을 말하다』(파주: 서광사, 2013), 61.

53 마정미, 『포스트휴먼과 탈근대적 주체』, 7.

54 Milbank, John, Slavoj Žižek, and Creston Davis, Paul's New Moment: *Continential Philosophy and the Future of Christian Theology* (Grand Rapids, Michigan: Brazos Press, 2010), 192. 재인용.

55 박일준, 『인공지능의 시대, 인간을 묻다』(서울: 동연. 2018), 84.

56 몸문화연구소, 『포스트바디: 레고인간이 온다』, 43.

57 Kurzweil, 『특이점이 온다』, 151-161.

58 위의 책, 309-316.

59 Andy Clark, *Natural-Born Cyborgs: Minds, Technologies, and the Future of Human Intelligence*, 신상규 역, 『내추럴-본 사이보그: 마음, 기술 그리고 인간 지능의 미래』(파주: 아카넷, 2015), 146., 146.

60 레이 커즈와일, 『특이점이 온다』, 47.

61 한국포스트휴먼학회가 2015년 발족되어 학술발표와 여러 분야의 연구가들이 활발히 활동하고 있으며 본인은 유일한 신학자 회원으로 참여하고 있다.

62 그는 구글(google)의 기술이사로 있다. 실제로 구약 창세기에 의하면 아담은 930세까지 산 것으로 기록되어 있다.

63 Brynjolfsson and McAfee, 『제2의 기계 시대, 인간과 기계의 공생이 시작된다』, 320-321.

64 Dona J. Haraway, Simians, *Cyborgs anad Woman: The Reinvention of nature* (New York: Routledge, 1991), 149.

65 Donna J. Haraway, *How Like a Leaf*, 민경숙 역, 『한 장의 잎사귀처럼』(서울: 갈무리, 2005), 239., 239.

66 나인선, "인공지능과 예배의 초월적 경험으로 자기희생의 윤리적 가능성"『신학과 실천』57.

67 윤승태, "4차 산업혁명시대의 교회의 역할과 방향,"『신학과 실천』58 (2018), 615.

68 Sallie McFague, *The body of God: Emperor's Palace for Krishna in Eighty-Century Kanchipuram* (New York: Oxford University press, 2008), 14.

69 김은혜, 『포스트모던 시대의 기독교 윤리문화』(서울: 대한기독교서회, 2015), 199.

70 김재성, "제국의 지배이데올로기와 바울의 그리스도의 몸으로서의 공동체적 해석,"『신학사상』108 (2000), 104.

71 레마종합자료씨리즈, 『요한복음』(광명: 임마누엘출판사, 1988), 62-63.

72 김재성, "제국의 지배이데올로기와 바울의 그리스도의 몸으로서의 공동체적 해석,"『바울 새로 보기』(서울: 한국신학연구소, 2000),219.

73 장윤재, 『포스트휴먼 신학: 아담아 네가 어디 있느냐?』(서울: 신앙과 지성사, 2017), 22.

74 Wolfgang Sommer and Detlef Klahr, *Kirchengeschichtliches Repetitorium*, 홍지훈, 김문기, 백용기 역, 『교회사 무엇을 공부할 것인가?』(서울: 한국신학연구소, 2008), 36.

75 김재성, "제국의 지배이데올로기와 바울의 그리스도의 몸으로서의 공동체적 해석," 221-222.

76 "말씀이 육신이 되어 우리 가운데 거하시매 우리가 그의 영광을 보니 아버지 독생자의 영광이요 은혜와 진리기 충만하더라."

77 Michel Henry, *Incarnation: A Philosophy of Flesh*, 박영옥 역, 『육화, 살의 철학』(서울: 자음과 모음, 2012), 13.

78 위의 책, 18-20.

79 김선일, "과학혁명시대의 복음의 소통 가능성: 유발 하라리의 종교 전망에 대한 대응,"『신학과 실천』

    62 (2018), 496.

80 위의 책, 198-199.

81 Braidotti, 『포스트휴먼』, 19

82 김은혜, 『생명신학과 기독교문화』 (서울 쿰란출판사), 23.

83 이찬석, "미래목회를 위한 기독교의 새로운 공식에 관한 연구: 〈정의→생명→평화〉를 중심으로," 『신학과 실천』 66 (2019), 597.

84 김혜정, "한국선교의 재고를 위한 고찰: 선교의 상황화와 성육신적 동일화 선교," 『선교와 신학』 48 (2019. 6), 162.

85 N. Katherine Hayles, *How We Became Posthuman: Virtual Bodies in Cybernetics, Literature, and Informatics*, 허진 역, 『우리는 어떻게 포스트휴먼이 되었는가』 (파주: 플래닛, 2013), 499.

86 장보철, "인공지능에 대한 목회 신학적 고찰." 『신학과 실천』 59 (2018), 256.

87 심상태, 『인간: 신학적 인간학 입문』 (서울: 서광사), 296.

88 위의 책, 510.

89 Anne Marie Balsamo, *Technologies of the Gendered Body: Reading Cyborg Women*, 김경례 역, 『젠더화된 몸의 기술: 사이보그 여성읽기』 (홍천: 아르케, 2012), 45.

3부

기술과 목회

1 | 디지털 문화에 대한 이해와 관계적 목회의 가능성

1) 비대면, 오래된 새길

COVID-19가 가져온 비대면 문화는 새로운 현상이 아니지만, COVID-19 이후의 목회는 이전과 같을 수 없게 되었다. COVID-19로 인한 사회변화와 새로운 생활방식은 이제 우리의 일상이 되었다. 3년 이상 지속된 비대면 활동으로 인해 기존의 대면접촉과 교류가 크게 제한되었다. 그러나 엄밀한 의미에서 언택/비대면 문화는 초연결사회를 만들어가는 디지털 관계방식의 변화로 인터넷 모바일 기기와 센서 기술 등의 발전으로 사람과 사물 등 모든 것이 네트워크로 연결된 사회의 한 현상이다. 즉 정보기술의 발전으로 만들어진 디지털 네트워크는 팬데믹으로 인해 만들어진 기술이 아니며, 예전부터 폭넓게 활용되고 있었고, 그에 따른 장점들뿐만 아니라 부정적 측면들도 상당 부분 논의 되어 왔다. 특히 비대면 활동은 단순한 사회적 거리를 두기라기보다 이미 시작된 고도 기술 사회가 지향하는 인간 욕망의 산물이다.

팬데믹 동안 COVID-19 위기에 대한 두 가지 반응이 존재하였다. 하나는 인간은 변화하는 세계에 적응하고 다시 여느 때처럼 돌아갈 것이라는 기대이다. 지나친 검역과 봉쇄보다는 지구촌은 4차 산업혁명 시대를 맞이하고 있어서 호들갑 떨 필요가 없다는 판단이다. 두 번째는 인류가 '대위기' The Great Emergency의 시대를 맞이하였으며 COVID-19 팬데믹으로 인한 사상자와 경제위기뿐 아니라 세계 정치·경제는 이른바 새로운 암흑시대 New Global Dark Ages로 접었다는 경고도 만만치 않았다.[1] 분명한 것은 미래는 더 적극적으로 디지털 문화로 전환될 것이며 인류가 살아남을 수 없을지도 모른다는 불안이 문명의 근간부터 달라진 '코로나 사피엔스'라는 삶을 만들어 갈 것이라는 현실이다.[2]

이러한 세계변화 한 가운데서 한국교회에 엄청난 충격을 가져온 COVID-19의 영향은 우리가 미처 인식하지 못하는 동안 목회현장과 신자의 신앙의식을 변화시키고 있다. 이제 한국교회는 COVID-19 이후 변화하는 환경에 저항하거나 적응하기보다 여전히 하나님의 섭리 안에 있는 세계 속에서 교회공동체를 돌아보고 성찰하며 변화에 대한 적극적 해석을 통하여 신자의 신앙생활의 전환에 관심을 가져야 한다. COVID-19 이후 급변하는 환경에 적응하며 변화를 겪는 신자들의 삶의 방식과 신앙의식의 순환적 상관관계를 분석하여 목회현장을 성찰하고 미래교회 공동체의 모습을 새롭게 모색해야 한다. 이 글은 포스트코로나 시대에 한국교회의 목회 생태계의 변화를 예측하면서 비대면 시대에 관계적 목회의 가능성과 디지털 문화의 도전에 대한 신학적 성찰을 통한 COVID-19 이후 시대 바람직한 교회공동체와 새로운 관계적 목회 방식에 대한 연구이다.

2) 컨택트의 다른 방식으로서의 언컨택트[3]와 디지털 기술문화의 발전

COVID-19가 우리에게 가져다준 새로운 문화는 언택트[Untact, 비대면]이다. 언택트는 접촉을 뜻하는 콘택트[contact]에 부정을 뜻하는 언[un]을 붙인 언어로, 사회적 거리 두기가 강조되면서 광범위하게 예전의 삶과 신앙생활의 방식을 변화시키고 있다. 모든 변화의 강력한 축이 된 언택트는 이제 '선택'이 아닌 '필수'가 되어 모든 생활문화를 이끌어가고 있다. 그러나 사실 언컨택트는 이미 『트렌드 코리아 2018』[4]에서 비대면과 무인 거래의 '언택트[Untact] 마케팅'을 유통의 트렌드로 제시하면서 사용되었던 개념이다. 우리는 4차 산업혁명의 시대 그리고 고도기술사회에서 언택트 기술[Technology of Untact]을 사용하고 있으며 COVID-19 훨씬 이전부터 기술과 긴밀한 관계를 가지고 디지털 네트워크로 연결된 세상에서 생활해 왔다.

접촉이 어려워지는 시대지만 실시간 접속과 대화가 가능하고 공간적으로도 어디서나 인터넷이 연결[connected]되어 있는 곳이라면 컨택할 수 있다. 스마트폰과 컴퓨터 연결이 없는 세상을 상상할 수 있는가? 고도기술의 시대, 인간의 몸은 이미 인터페이스[보청기, 의족, 신체 내외부의 기계장치 등[5]]적 신체로서 의학기술과 기계장치와 신물질의 신체개입을 통한 연장된 몸으로 살아가는 존재이다. 사실 이러한 관계망에서의 분리와 고립은 죽음뿐이다. 최재봉은 2019년 출간한 『포노사피엔스』[6]를 통해서 언컨택트는 '불안하지만 편리한' 시대에 기술사회의 현대인들이 소유한 욕망이자, 미래를 관통하는 가장 중요한 메가트렌드로 분석했다. 대면접촉을 선호하지 않는 혼밥과 자동화 문화가 이미 우리에게 익숙해지고 있었던 것처럼 COVID-19가 만들어낸 문화는 사실 존재해 왔다. 이제 COVID-19는 술잔을 돌리는 회식 문화를 종식시킬 것이고 전 직원이 재택근무하는 오피스 프리 회사가 늘어날 것이며, 온라인 라이브로 전통시장을 쇼핑하고 비대면 BTS 콘서트를 즐기는 비대면소비의 시대를 더욱 적극적으로 확장시켰다. 또한 인공지능과 로봇과 정서적인 관계를 맺거나 사랑을 나눌 수 있는 사회가 되었다.[7]

전 세계 인구의 절반이 스마트폰을 쓰고 있고 한국의 스마트폰 가입자는 5천만 명을 넘었다. 95%가 쓴다고 해도 과언이 아니다.[8] 디지털 문화 시대에 인간은 생활의 매 순간 찾고 보고 대화하고 듣고 만들고 구경하고 즐기고 중계하고 구매하면서 만드는 연결은 끝이 없다. 이 디지털 매체가 만들어가는 연결의 기록은 네트워크를 통하여 매 순간 역동적으로 변화하는 유기체로 만들어 간다. 이것이 인간이 형성해가는 디지털 미디어 세상이다. 이렇게 정보기술사회는 COVID-19 이후 인공지능과 로봇공학과 사물인터넷 그리고 3D 프린팅을 활용한 언택트 혹은 비대면 생산방식에 더욱 박차를 가할 것이고, 아울러 온라인 거래와 화상회의·원격의료·온라인 강의 등을 바탕으로 초연결hyper-connected 사회가 빠르게 진행될 것이라 예측은 어렵지 않다.[9] 하나님의 메시지가 담긴 성경과 복음은 변하지 않으나 그것을 전달하고 해석하는 미디어는 기술의 발전과 함께 변화되어왔다.[10]

이러한 변화를 이끄는 근본적인 변화는 디지털 기술발전과 연동되어 있다. 현대문화를 흔히 디지털 문화digital culture로 불리지만, 디지털 문화가 무엇인지를 규정하는 것은 간단한 문제가 아니다. 디지털 기술이 어떤 방식으로 문화에 영향을 미쳤고 그 결과가 무엇인지를 규정하는 것에 따라서 디지털 문화에 대한 견해는 크게 세 가지로 나뉜다.[11] 우리가 흔히 디지털 문화로 접하는 것은 "디지털 테크놀로지가 창출해낸 사이버 스페이스cyberspace에서 벌어지는 문화 현상"으로 규정한다. 온라인 쇼핑몰, SNS, Youtube 방송, 온라인 게임 등이 이에 속한다. 이는 디지털 기술로 생겨난 디지털 미디어의 등장으로 형성되고 계속 변화되어가는 문화인데, 유/무선 온라인 공간, 오프라인 공간 등 모든 사이버 공간에서 이루어지는 여러 문화 현상을 가리킨다. 이러한 디지털 문화는 몇 가지 특징이 있다.

첫째, 디지털 문화는 미디어와의 상호작용의 방식과 관련해서 '인터페이스'와 '스크린'의 문화이다. 컴퓨터, 스마트폰 등이 가지는 그래픽 사용자 인터페이스 GUI, Graphical User Interface와 정보를 매개하는 스크린은 문화를 새롭게 형성하고 있으며, 이러한 인터페이스와 스크린 문화는 현대문화의 상호작용 방식의 영향으로 변화되기도 하고, 반대로 이것들이 현대문화를 새롭게 형성하기도 한다.[12] 둘째, 디지털 문화는 인식체계, 세계관 등과 관련해서 '알고리즘', '데이터베이스', '하드디스크', '지식'의 문화이다. 알고리즘 문화는 모든 기기장치를 미디어 처리장치로 변화시키며, 데이터베이스 문화는 모든 정보를 인터넷을 통해 접속 가능하게 함으로써 인간의 세계관을 변화시킨다.[13] 개인의 지성보다는 '집단 지성'이 중요하게 되었고, 전 지구적 인터넷망으로 인해 지식은 순식간에 전 세계로 퍼져나갈 수 있게 되었다.

셋째, 디지털 문화는 인간 사이의 상호작용의 측면에서 '소셜', '모바일'의 문화이다. 소셜 문화를 잘 보여주는 것은 페이스북 Facebook과 같은 SNS인데, 여기서는 고독과 친교가 동시에 나타난다. SNS를 통해 서로는 인간/비인간과의 친교를 갖지만, 정작 서로를 직접 바라보지는 않는 고독이 나타나는 것이다. 모바일 문화는 스마트폰의 발전/대중화와 그 궤를 같이 하는데, 스마트폰은 무선인터넷이 지원되는 환경이라면 언제든지 어디서든지 인터페이스로 기능하며 인간의 감각을 확장시키고 시공간에 대한 인식을 변화시킨다.[14] 넷째, 디지털 문화는 사회적 차원에서 '참여', '글로벌' 문화이다. 헨리 젠킨스 Henry Jenkins는 참여 문화를 "일반 시민이 디지털 테크놀로지의 발전에 힘입어 미디어 콘텐츠의 저장, 해석, 전

유, 변형, 재유통 과정에 참여하는 문화"로 정의한다. 일반 사용자가 미디어 콘텐츠를 생산하며 소비하는 "생산소비자"prosumer가 된 것이다. 글로벌 문화는 디지털 문화의 필연적인 특징으로서, 디지털 문화는 한 국가 차원에서 전개되지 않고 전 세계 차원에서 전개된다.[15]

이처럼 디지털 문화는 미디어와의 상호작용 방식, 인간의 인식체계와 세계관, 인간 사이의 상호작용, 사회적 차원 등의 급진적 변화를 가져왔다. 이러한 변화는 우리의 실제적인 삶과 문화에 깊이 영향을 미치고 있으며, 디지털 기술이 문화에 영향을 주고 문화가 디지털 기술에 영향을 주는 서로 간의 상호작용은 여전히 진행 중이다. 이러한 변화로 윤리적 문제들도 많이 나타났는데, 네티즌들의 악성 댓글과 집단적 인신공격이 평범한 한 사람을 자살로 몰아가기도 하며,[16] 동시에 수많은 가짜뉴스가 생산되어 급속도로 퍼져나감으로써 많은 이들에게 왜곡된 정보가 전달되는 비윤리적 측면이 있다.

또한 디지털 기술의 발전으로 인해 산업 부문에서 제기된 이슈는 바로 "4차 산업혁명"[17]이다. '산업혁명'이라는 말은 새로운 기술이 산업의 생태계를 변화시키고, 그것이 우리의 삶을 획기적으로 변화시켰을 때 사용하는 말이다. 자율주행 자동차는 마치 '제4차 산업혁명'의 아이콘처럼 되어 있지만 '제4차 산업혁명'이라는 말이 함축하는 것들 중 첫 번째는 융합이 더 심화되는 것, 두 번째는 연결이 더 광범위하게 되는 것, 세 번째는 지능과학, 이렇게 3가지 단어가 키워드다. 1차, 2차, 3차에 걸친 산업혁명은 모두가 인간들의 삶의 도구적인 변화였지, 인간의 본질에 대해 변화를 미치는 단계는 아니었다. 그러나 합성생물학 같은 것이 나오고, DNA조작도 자유자재로 가능한 단계가 되면, 그건 정말 다른 상황이 될 수 있다. 4차가 되면서 스마트해졌다는 것은 기계들에게 처음 일정한 정도의 정보들을 주고 나면, 기기들 나름대로의 내적인, 혹은 어떤 독자적인 방식으로 우리가 원하거나 혹은 우리가 원하지 않는 것까지도 산출해 낼 수 있다는 것이다. 여기서 우리가 원하지 않는 것까지도 산출할 수 있다는 것이 굉장히 중요한 윤리적 부분이 되는 것이다.[18] 즉 '제4차 산업혁명이 혁명적이다'고 이야기하는 것은 이 기기들에 몇 가지 기본적인 입력만 해 주고 나면 자기들끼리 자율적으로 연결이 되기도 하고, 자율적으로 떨어지기도 하면서, 우리가 어떤 식으로도 쉽게 예측할 수 없는 방식으로 진행될 수 있기 때문이다. 우리가 전통적으로 물리학적 세계와 생물학적 세계는 분리된 것으로 여겨왔었는데, '제4차 산업혁명'의 이러한 과정들이 융합이라고 하는 것 속에서 이 두 개의 구분에 대한 전통적인 학문적 패러다임을 끊임없이 균열시키고 있기에 거기서 우리는 '제4차 산업혁명'이라는 이름을 붙일 수 있다.[19]

따라서 기존 개념의 틀을 균열시키는 것은 우리가 어떻게 살아야 하는가에 대한 규범적인 문제를 제기하는 것이며, 결국 이것은 우리 사회가 어떻게 풀어나가야 하는가에 대한 진지한 고민을 해야 하는 것이다. 따라서 단지 비즈니스를 하는 사람들만의 과제가 아니라, 우리 사회의 규범과 미래에 어떻게 살아야 되느냐에 관심을 가질 수밖에 없는 우리 모두가 지혜를 모아야 하는 시대인 것이다. 디지털 기술의 발전은 인간과 사물을 포함한 모든 것들이 연결되며, 기존에는 구별되었던 현실과 사이버가 융합되고 인공지능이 발전하고 현실 세계는 가상현실, 증강현실과 다시 연결된다. 인공지능과 로봇의 등장으로 무엇보다도 인간의 일자리가 커다란 영향을 받는다. 이런 4차 산업혁명이 가져오는 사회는 고도기술사회 그리고 지능정보사회다.

따라서 4차 산업 혁명의 현실과 결과들은 산업만이 아니라 제도, 우리의 삶, 미래에 미치는 영향 등을 통틀어 인류의 문제이기에 함축된 의미들을 성찰해야 한다. 특별히 인공지능Artificial Intelligence, AI이 인간을 추월하는 다양한 현실들을 목도하면서 새로운 윤리적 규범에 대한 논의가 계속되고 있다.[20] 이렇게 디지털문화는 이렇게 4차 산업혁명의 다양한 기술들과 융합하면서 명확한 개념과 뚜렷한 취향을 선호하는 젊은 세대들의 선호도에 맞추어 이미 '언컨택트'의 시대를 열었고 그 문화는 불편한 소통보다 '편리한 단절'을 꿈꾸는 현대인의 욕망을 숨김없이 드러내고 있다. '언택트의 라이프스타일'의 거대한 진화는 이미 시작되었으며 이러한 디지털문화기술의 시대에 COVID-19 타격은 인류 역사를 통해 아무도 경험하지 못했던 미증유의 팬데믹 상황으로 대단히 급진적 문명의 전환을 가능하게 하는 하나의 사건이 될 것이며 새로운 문명을 만들어내는 시작점이 될 것이다.

이러한 디지털문화와 고도기술사회의 발전과정 속에서 COVID-19로 인해 한국교회 목회자의 성찰적 지점은 기술에 대한 교회의 무관심과 이해 부족이다. 실제로 혁신적인 신기술이 등장할 때마다 교회 내부에 퍼지는 불필요한 두려움이 시대적 사명을 수행하는 데 장애가 되었다. 기술발전이 단순히 기술의 문제가 아니라 정치경제 신자의 생활영역까지 영향을 미치는 복합적인 문제이기 때문에 충분한 지식을 전제하지 않는 선택적 이원론으로 교회공동체를 지키려고 하는 생각을 극복해야 한다. 디지털기술과 4차 산업혁명의 기술수용에 대한 부정적이거나 분리적 교회의 태도가 결과적으로 교회의 성장과 교회가 사회를 섬기는 길에도 도움이 되지 않는다.[21] 즉 이러한 과정에서 포스트코로나 시대의 한국교회는 디지털문화와 온라인 네트워크가 주는 장점과 혜택을 적극 활용함으로서 신자들이 교회공동체의 소속감을 잃지 않도록 인도해야 할 책임과 사명이 있는 것이다. 안전하지 않은 방법들을 중단하고 질병의 위험으로부터 생명을 지키는 동시에, 다양한 디지털 기기와 방법을 통해 목회자는 더욱 적극적이고 관계적인 접속 방안을 모색해야 한다. 이러한 과정에 책임감 있게 임할 때만이 안전한 상황에서의 따뜻한 대면 만남과 인격적 접촉의 기쁨이 배가될 수 있지 않을까? 회복 탄력성은 신자들이 고립되지 않고 비대면 만남의 연결이 지속될 때 가능하다는 점을 깊이 인식해야 한다.

3) 관계적 목회의 문화적 맥락과 그 대안적 방향

포스트코로나 시대에 온라인 관계적 목회를 위해 우리는 어떻게 소통하고 접촉하고 연결할까? 초연결 시대의 새로운 진화 코드인 '언컨택트'를 목회현장에서 어떻게 적용될 수 있을까? 아이러니하게도 초연결사회에서 단절이 중요해지는 이유는 현대인들은 불안과 편리함을 동시에 추구하고 사람과 연결에서 오는 불필요한 긴장과 갈등 그리고 그로 인한 피로도와 스트레스를 거부하기 때문이다. 디지털 기술의 변화는 심지어 말 한마디 하지 않고 모든 일을 할 수 있으며 물건도 문 앞에 놓으니, 배달원과 대면할 필요가 없는 것이다.[22] 이미 이니스프리 매장에는 2016년부터 '혼자 볼게요'와 '도움이 필요해요' 두 개의 장바구니를 마련하고 선택할 수 있게 했다. 기성세대로는 낯설고 불편한 문화이지만 젊은 세대에게는 불편한 소통보다는 편리한 비대면을 선호하는 문화가 도래했다.

낯선 사람들과의 관계가 불편한 세대, 친절한 서비스보다 말 걸지 않은 것이 더 좋은 서비스가 된 것이다. 우리는 이러한 비대면의 생활문화 속에서 디지털 네트워크 관계를 벗어나서는 사실 복음 전도는 불가능하다. 사실 그동안 교회공동체의 기본 관계 방식은 대면접촉을 통한 인간관계를 기본으로 하는 패러다임이 지배적이었다. 더욱 중요한 것은 공중보건의 문제를 무시하나 이웃의 생명을 위협하는 대면을 더욱 선호하고 선택하는 것이 신앙의 자유가 아니고 현실적으로는 더욱 신앙 공동체의 결속과 복음전도에 해악을 끼치고 있는 현실을 목도하고 있다. 한국교회의 목회현장에서 필연적으로 공존하는 비대면에 대한 신학적 성찰과 포스트코로나 시대의 새로운 신앙방식에 대한 모색이 요구되는 이유이다.

최근 2차 COVID-19 발발이 기독교단체들과 연관되면서 그리스도인들이 사회적 비난을 받게 된 상황에서, 관계적 목회의 핵심 사명은 평신도들의 신앙을 지키는 것이다. 현장 예배가 중단된 상황에서도 비대면 방식을 통해 공동체와의 인격적 관계와 신앙적 교제를 유지할 수 있도록 도와야 한다. 어떤 신자도 현재의 사회적 거리두기와 비대면 관계로 인해 기존의 진정한 공동체적 관계가 약화되거나 단절되기를 원하지 않는다. 한국 교회는 현장 예배의 회복과 전통적 신앙생활의 중요성을 강조하고 있지만, 비대면 디지털 사회는 이제 피할 수 없는 현실이 되었다. 4차 산업혁명과 디지털 문화의 흐름은 교회가 반드시 수용하고 적응해야 할 방향임을 인식해야 한다.

디지털 네트워크를 통한 비대면 만남과 온라인 활동은 무조건적인 단절이나 예배의 중지가 아니다. 현장 예배를 피하고 대면 모임을 줄여도 아무런 지장이 없도록 만드는 것이 디지털 기술이자 비대면의 활동이다. 기술이 위험으로부터 우릴 보호해주고, 이를 통해 우리의 자유를 더 확대시켜준다는 생각의 전환이 요구된다. 결국 비대면은 우리가 가진 활동성을 다양하게 확장시켜주고, 우리의 자유를 더 보장하기 위한 진화의 화두이다. 김용섭의 분석에 따르면 그동안의 역사가 오프라인에서의 연결과 교류를 극대화시키는 방향으로 인류를 진화시켜 왔다면, 이젠 온라인에서의 연결과 교류를 오프라인과 병행시키는 방향으로 진화되고 있다고 한다.[23] 언컨택트는 단절이 아니라 컨택트 시대의 진화이고 초연결사회로의 발전이라는 것이다. 더 안전하고, 더 편리하고, 더 효율적으로 연결되기 위해서 사람이 직접 대면하지 않아도 연결과 교류가 되는 디지털 기술 시대에 한국교회는 관계적 목회의 방식을 다양하게 구축하고 준비해야 한다는 의미이다.

결국 교회는 이제 비대면 온라인사회가 되어도 믿음의 공동체로서의 접촉의 의미와 진정성이 여전히 살아 있음을 경험하도록 교회의 플랫폼을 전환해야 한다. 왜냐하면 인간은 사회적 동물이고 교회는 본질적으로 공동체적이다. 다만 사회적 공동체적 관계를 맺고 교류하고 연결되는 방식에서 비대면·비접촉이 늘어나는 사회가 온 것이다.[24] 언컨택트 사회는 예고된 미래였지만, COVID-19의 갑작스런 등장으로 전환 속도가 엄청나게 빨라졌다. 따라서, 한국교회는 준비도 안 된 상황에서 디지털 환경을 이해하고 관계적 목회를 수행하기가 어렵겠지만 이제 겸손하게 낮은 자세로 한국교회는 '느슨한 연대'와 '느린 일상'과 '타자에 대한 배려'가 그리스도인들의 기본적인 자세가 되어야 한다.

COVID-19는 어쩌면 숨 가쁘게 성장의 길을 달려온 한국교회에게 실체를 보게 만드는 은총의 시간이다. COVID-19를 겪으며 인간은 COVID-19는 무고한 죽음의 행렬 앞에서 어떠한 경우에도 피조세계와 과학기술, 그리고 물리적 환경에서 분리될 수 없는 관계적 존재임을 깨달았다. 생물학적 접촉도 기술적 접속도 모두 네트워크를 통해 우리를 긴밀하게 연결시킨다. 포스트코로나 시대를 적극적으로 대처하고자하는 목회자들은 디지털 네트워크의 시대를 이해하고 온라인은 접촉을 거부하는 것이 아니며 디지털 컨택을 통한 또 하나의 연결 방식 network 으로 인식하는 것이 중요하다. 모든 온라인 활동은 네트워크를 통해서 복잡하게 얽혀져 있기에 기술적, 신체적으로 완전한 비대면은 불가능하다. 온라인 예배를 보더라도 눈과 귀와 신체적 접촉이 필수이고 온라인의 네트워크는 궁극적으로 인간의 삶의 증진과 하나님 만드신 피조세계의 생명의 충만함을 위해 존재한다.

"할머니 일어나세요. 오늘은 8월 13일 화요일입니다." 춘천 별빛마을
에서 10년 넘게 혼자 살고 있는 주옥순[74] 할머니의 아침은 '아가'의 활
기찬 목소리를 들으며 시작했다. 잠시 후 "콜록콜록 공기가 탁해요. 창
문 열어 주세요." "식사 하셔야죠." 아가의 요청이 이어지고 할머니는
바삐 움직였다. 특히 주옥순 할머니처럼 혼자 사는 어르신들을 위해
만들어졌다. 할머니는 아가를 한 번도 로봇이라고 생각을 해 본 적 없
다. 로봇과 AI스피커와 함께 지내는 것이 우울감을 줄이는 등 어르신
들에게 정서적으로 적지 않은 도움이 되고 있다는 조사 결과도 있다.[25]

알렉사는 블루투스 스피커로 알려진 아마존 '에코'의 이름이다. 하루
가 시작되면서 사람과 연결되는 것이 아니라 기계와 연결된다. "알렉사,
지금 날씨 어때?", "알람 좀 맞춰", "TV 켜줘", 하루에 알렉사를 가족 이
름만큼 자주 부른다. 글을 모르는 취학 전 어린아이들의 친구도 되고 육
아에 고달픈 엄마의 친구도 된다. 알렉사와의 동거를 증언하는 사례들은
넘쳐난다.
　1.5초 안에 답하기 위해 알렉사는 데이터를 뒤지고 알고리즘을 통해
연결하고 인간에게 답을 준다. 이때 상호작용하는 AI는 단순한 기능적 도
구나 보조장치 이상의 의미를 지닌다. 이렇게 인간과 AI의 상호작용[inter-action]은 관계를 만드는 능동적 연결 과정이 된다. 우리의 몸이 '연장되
면서'[extended], 다시 말해서 인터페이스가 되면서, 세계는 '연결된 세상' 혹
은 '연결 그 자체'가 되었다. 우리의 마음[mind], 몸짓[gesture] 하나까지 인터페
이스가 되는 세상이 이미 왔다. 이러한 시대는 서로가 서로에게 미디어
인터페이스가 되어, 나와 연결된 로봇과 AI를 통해 또 다시 수많은 사물,

사람, 정보, 세상과 연결된다. 인간은 이런 의미에서 미디어이다. 우리 자신이 하나님 말씀의 미디어가 될 때 가장 영향력 있는 복음 전파가 되는 것이고 우리의 몸으로 산 제사를 드리는 것이다. 개신교는 '말씀words의 종교'이고 특별히 '말씀의 선포'에 대한 중요한 개혁교회의 전통 위에 세워졌다. 따라서 개신교회의 신학적 전통은 다양한 소통을 위한 미디어 발전을 통해서 교회의 본질적 사명을 감당해 왔다.

이렇게 포스트코로나 시대에 우리는 만물을 만드신 하나님이 우리를 미디어로 그리고 인터페이스로 창조하셨음을 기억할 필요가 있다. 시대의 격변기에는 늘 새로운 기술에 대한 두려움과 불안이 기존 기술과 환경에 익숙해 왔던 세대에게 일어난다. 하지만 우리는 종교개혁이 미디어 혁명이었다는 사실을 상기할 필요가 있다. 16세기 루터Martin Luther의 비텐베르크 성당 선언문이 남달랐던 것은 루터 개혁의 열망도 있었지만, 그의 '말'과 의지를 전달할 인쇄 미디어가 16세기에는 준비되어 있었고, 그 미디어가 그의 말을 더욱 더 영향력 있게, 더 넓게, 더 효과적으로 '연장'해 준 것이다. 포스트코로나 시대에도 어거스틴Saint Augustine의 고백처럼 "우리 없이 우리를 만드신 하나님은 우리 없이 우리를 구원하시지 않으신다." 포스트코로나 시대의 목회는 기술과 인간의 친밀함과 관계성을 창조적으로 사유하고 네트워크를 하나님 은총의 공간으로 상상함으로 다양한 온라인 관계와 디지털 공간을 목양의 현장으로 전환해야 한다.

생물과 무생물의 경계에 있는 바이러스가 생명계 최상위 포식자인 인류의 생명뿐만 아니라 문명 자체를 위협하고 있다는 사실은 역설적으로 모든 존재는 하나님의 본래적인 은총 안에서 상호 연결되어 있음을 나타낸다. 따라서 우리는 팬데믹 상황에서 COVID-19 바이러스와 재난에 주의를 기울이고 조심해야 하지만, 바이러스와 방역에 초점을 두지 말고 이 위기 속에서 우리를 지탱하고 그래서 이후에 가속화될 기술적 적용의 현장을 주목해야 한다. 왜냐하면 팬데믹을 가져온 온 생명의 연결성과 이 위기 극복을 가능케 해준 디지털 네트워크의 연결성은 모두 하나님의 은혜 가운데 있기 때문이다. 포스트코로나 시대의 목회는 오히려 디지털 네트워크의 확장된 관계성 속에서 자유로운 시간과 공간의 제한을 넘어서는 복음전파와 교회활동을 위한 새로운 디지털 공간에서의 관계적 목회 비전을 수립해야 한다.

더욱이 관계적 목회방식의 정립을 위해 목회자의 자세가 중요하다. 디지털 문화와 정보기술의 발전은 직접적 접촉이 어려워지는 시대에 다양한 방식의 비대면 접속을 통하여 더욱 효율적이고 빠르게 사람들 사이를 연결 network 시키고 시공간의 제한과 경계를 자유로이 넘나들면서 국가와 언어와 지리적 한계를 넘는다. 반면 증가하는 접속의 형태와 줄어드는 신체적 접촉은 진정한 대면 관계에 대한 갈망도 증가하게 만든다. 따라서 '코로나 블루'라고 하는 신조어가 생겨날 만큼 과대한 디지털 접속이 주는 문제도 간과할 수 없다. 하지만 목회적으로 가장 중요한 것은, 하나님의 은총이 공간과 시간의 제약을 받지 않는 세계 속의 현재임을 고백하며 다양한 영적 접촉을 창조하고 확대하는 것이다.

2천 년 전 유대 시대에 예수님께서 하나님 나라를 전하실 때를 상상해보자. 들에 핀 백합화와 공중에 새가 없었다면, 바다와 풍랑과 같이 변화무쌍한 자연현상이 없었다면 예수의 복음전파와 기적이 가능했을까? 물을 담을 수 있는 양동이와 허리에 두르신 수건이 없이 제자의 발을 씻어줄 수 있었을까? 마지막 만찬의 식탁과 의자 그리고 빵과 포도주, 그 물질을 담는 그릇들은 예수님의 복음 선포에 필수적인 것이다. 성육신하신 예수님의 신체, 자연환경, 그리고 수많은 물건과 도구들을 제외하고서는 하나님과 인간의 사랑의 접촉이 불가능하다. 인간 홀로 할 수 있는 것은 아무것도 없다. 구원의 역사는 말씀으로만 이루어진 것이 아니다. 그 말씀은 그 언어가 지시하는 창조된 세계와 물리적 환경과의 관계 안에서 하나님 나라가 선포되었음을 인식해야 한다. 포스트코로나 시대에 관계와 소통의 방식과 영적 접촉의 매체가 변화되고 있다. 이 변화를 부지런히 읽어내고 목회적 대안을 만들고 다양한 현장에 실행해야 한다.

16세기 종교개혁 운동에 광범위한 영향력을 미친 칼뱅 Jean Calvin 의 신학은 철저하게 신본주의적 교의학과 경건에 기초하고 있지만, 그의 신앙의 역동성과 실천성은 그 당시 시대정신인 인문주의의 관계적 맥락 속에서 해명된다. 즉 칼뱅의 설교가 그의 시대 대중들에게 강력한 호소력을 가질 수 있었던 것은 대중에 대한 이해와 삶의 실제적인 문제들에 대해 성서적 답변을 추구하는 사회문화 현상에 민감했기 때문이다.[26] 포스트로나 시대 역시 목회자는 복음의 가치를 실제적 세계에 적용할 수 있는 관계 구조를 만들고 신앙을 생활세계에서 해명함으로써 신앙이 추상적 세계가 아닌 시대변화와 소통하는 문화적 성육신적 과정임을 철저히 이해해야 한다.

이러한 의미에서 우리가 개념적으로 나누는 언택과 컨택 그리고 현장 예배와 온라인 예배, 그리고 모이는 예배와 흩어지는 예배를 우열의 관계로 바라보는 자세를 시급하게 수정해야 한다. 우열의 관점으로 사유하는 한 우리는 지금 행하는 많은 언택의 신앙활동을 부차적이고 임시적인 것으로 규정하게 되는 결과를 가져온다. 하나님 통치에 대한 신뢰는 그 어떠한 순간에도 하나님의 은혜가 미치지 않는 생명이 없고 그 은총이 주어지지 않는 부차적인 공간도 없을 뿐 아니라 그 어떠한 역사의 기간도 임시적인 순간이 없다는 믿음이다. COVID-19 상황을 긴급 상황으로만 규정하고 예배와 신자의 교제와 교육과 선교를 임시방편적으로 진행한다면 그것이야말로 목회적 사명을 유보하는 것이다. 그저 예전으로 돌아가기를 기다리며 예배와 신자의 교제를 최소화한다면 결과는 COVID-19

보다 더 심각한 영적인 재난이 될 수 있다. 목회자의 신학적 관점은 온라인 예배를 드리는 수많은 평신도의 태도에 가장 큰 영향을 주고 있기 때문이다.

목회자가 적극적인 리더십을 발휘하여 온라인 예배와 다양한 미디어 사역, 그리고 정보기술을 활용한 교회 만남에 대해 성경적, 신학적 의미를 교육할 때, 신자들의 온라인 예배에 대한 태도가 달라질 것이다. 이를 통해 예배가 온전히 드려질 수 있으며, 상황이 허락될 때 자연스럽게 예배당 예배로 이어질 수 있다. 반면, 목회자들이 온라인 예배와 온라인 소통을 단순히 불가피한 부차적 사역으로 여긴다면, 평신도들도 이러한 디지털 예배와 활동에 진정성 있게 참여하기 어려울 것이다. 따라서 목회자들은 COVID-19로 인한 영상예배 송출과 현장예배 디지털 네트워크의 혼합을 임시방편으로 받아들이기보다, 이를 4차 산업혁명과 포스트휴먼 시대에 대응하는 변화의 기회로 삼아 미래를 준비해야 한다.

사실 COVID-19의 상황에서 교회현장 예배만을 강조하는 목회자들은 속히 COVID-19가 종식되고 대면예배 회복을 촉구하였다. 그러나 포스트코로나 시대를 맞이하면서 온라인 예배와 디지털 목회 활동은 이제 하나의 일상적 목회와 선교 활동으로 자리를 잡았고 그 어떤 시기보다도 활발하게 디지털 현장에서의 다양한 프로그램을 개척해 나가고 있다. 그러나 여전히 일부의 목회자들 가운데 교회현장에 기반한 예배만을 온전한 예배로 생각한다면 포스트코로나 시대에 이미 많은 교인과 일반대중이 온라인 테크놀로지에 익숙하게 적응하고 온라인 접속이 생활의 기반이 된 상황에서, 디지털 네트워크의 특성과 광범위한 영향력을 전혀 이해하지도 활용할 줄도 모르는 목회자로 시대를 선도하지 못하는 지도자가 될 것이다. 한국교회는 이제 팬데믹 이후 등장한 디지털 기술을 활용해 언제 어디서나 개인 맞춤형 신앙생활을 영위하는 그리스도인들인 'OTT

크리스천'에게 관심을 가져야 한다.

  그러므로 목회자들은 선제적으로 4차 산업혁명의 시대 새로운 목회 플랫폼을 만들어 온오프라인 목회전략을 재배치하는 체제로 전환하고 온라인 구역, 온라인 성경공부, 온라인 교육 등을 담당할 전담부서와 기술과 재정을 준비하고 빠르게 흩어지는 양들을 하나님의 네트워크 속으로 과감하고 친절하게 안내해야 한다. 교회를 떠난 수많은 가나안 성도와 온라인 바다를 떠도는 '플로팅 크리스천' Floating christian 등 연약한 믿음의 끈을 놓지 않으려고 반교회적 정서가 만연한 COVID-19 이후의 세상에서 애쓰는 신자들을 생각해 보라! 이제 포스트코로나 시대에 무소부재하신 하나님에 대한 고백은 교회와 함께 온라인 공간을 통해서도 모든 관계를 연결하는 하나님 나라의 네트워크가 되며, 온라인 풍랑조차도 하나님 선교의 매체가 된다는 믿음 위에서 더욱 적극적인 자세를 갖는 것이 중요하다. 3년의 팬데믹을 거치며 전체 교회의 18.5%가 문을 닫았다. 이 기간을 거치며 목회적 차원에서의 책임적 자세는 이러한 COVID-19의 변화 속에 혼란한 일상뿐 아니라 당황하는 많은 평신도 그리고 차세대 젊은 그리스도인들과 함께 목양적 차원에서 관계적 목회에 대한 비전을 공유하고 그들에게 교회에 대한 소속감을 잃지 않도록 다양한 방법으로 부지런히 접속/접촉하고 연결하고 다가가야 한다.

  첨단 기술사회의 도전을 거부할 수도 없고 그저 두려워 손을 놓고 있을 수도 없기에 지금도 이 기술사회 속에서 활동하시는 하나님의 사역에 부지런히 거침없이 신앙 가치를 가지고 뛰어들어야 한다. 이러한 의미에서 포스트코로나 디지털 문화의 시대에 관계적 목회는 어려워지는 것이라기보다 더욱 다양해지는 것이며 동시에 포기할 수 없는 인간의 신체적 생명력과 초월적 영성과의 관계 속에서 목회적 관계를 새롭게 적극적으로 재정립하는 것이다. 그럼에도 온라인 매체와 기술적 접속은 궁극적으로 생명의 충만함과 육체의 살아있음과 관계 속에 존재함을 잊지 않아야 한다. 하나님께서 육신으로 오셔서 직접 몸으로 사랑을 표현하고 신체적 만남을 통해 하나님 나라 공동체를 만들어 가셨기 때문이다.

4) COVID-19 이후 시대 관계적 목회를 위한 신학적 성찰과 그 방안

COVID-19 이후 기술과 디지털문화 그리고 다양한 기술과 연동되는 목회적 프로그램들이 불러온 목회현장의 변화는 선택의 문제가 아니라 신자들의 삶과 목회현장의 실제적 현실을 형성하고 있기에 어떻게 신학이 포스트코로나의 조건을 바르게 인식하고 새로운 시대 교회에 대안적 가치를 제시하고 동시에 사회적으로 생산적 담론에 참여하며 세계의 긍정적 변화에 기여하느냐가 중요하다. 즉 빠르게 변화되는 목회 환경에서 목회자의 성찰 역량과 신학적 분석 능력이 초유의 포스트코로나 시대 적극적 목양을 가능하게 한다. 포스트코로나 시대 변화하는 목회문화에 바르게 대처하기 위해 신학적 차원에서는 인간에 대한 새로운 이해, 확장된 구원론에 대한 신학적 통찰과 그리고 성속이원론에 대한 반성이 필수적이다.

현대교회의 신학적 기초는 여러 교단의 전통을 고려하더라도 광범위한 근대 신학의 영향을 받아왔다. 근대성에 기반한 신학적 인간은 이성과 신앙 그리고 영과 육을 분리하는 이원론적 신학의 틀을 공고히 지켜왔고 개인회심과 영혼구원의 교리와 맞물리면서 탈세계적이고 탈육체적인 영혼중심의 인간을 강조했다. 그러나 최근 신학의 인간이해는 생태신학과 포스트모던 신학의 도전을 받으며 영과 육 그리고 자연과 인간의 분리를 비판적으로 극복하는 관계적 인간relational self을 제시하였다. 현대 기독교 인간이해는 다양한 신학적 반성을 거치면서 관계적 인간개념을 중심으로 육체와 자연과의 관계성을 강조해 왔다. 즉 인간을 지나치게 죄인으로만 격하시키며 탈육체적, 탈세계적 영성을 강조하는 근본주의나, 인간을 영과 육으로 이분화하는 복음주의적 계층적 인간이해는 현대 목회 현장에서 신자들의 실제적인 삶을 제대로 반영하지 못하는 한계를 드러냈다. 이렇게 인간중심주의를 극복하려는 현대신학은 하나님과 인간, 생명과 자연, 그리고 개인과 물질적 환경과의 관계 속에 인간을 이해하는 관점으로 인간을 영적이며 육체적이고 자연적이며 물질적인 복잡한 관계 속에서 '되어가는' becoming 존재로 본다.

포스트코로나 시대에 인간에 대한 신학적 담론의 중요성을 강조하면 다음과 같다. 첫째, 기독교 인간론은 플라톤적 혹은 데카르트적 이원론을 비판하며 이를 거부하는 입장을 취한다. 둘째, 기독교 인간론은 과학적이고 이성적인 인간 이론들을 존중하면서도 도킨스적 환원주의는 거부한다. 셋째, 최근의 다양한 과학적, 인지적, 기술적 학문 발전과 적극적으로 대화하며 인간 이해의 복잡성과 다중성을 인식하고 대안적 신학담론을 건설적으로 모색한다.[27] 이러한 전제들을 가지고 포스트코로나 시대의 기독교 인간이해는 후기 세속주의 사회의 논쟁들 사이에서 기술과 이성의 극대화, 인간증강의 무제한성, 그리고 신적인 인간의 출현[28] 등을 보면서 어느 때보다 종교적 혹은 신학적 담론의 책임이 더욱 무거운 시대라는 것을 깊이 인식해야 한다.

즉 근대신학이 인간을 자연, 물질, 기술환경으로부터 분리된 영적 존재로 이해하는 경향은 극단적 이원론에 기초해 있다. 이는 신자들의 영적 삶을 탈육체화 과정으로 이끌며, 신앙의 내용을 공간과 장소로부터 분리하는 반역사적, 반자연적 특징을 보여주었다. 또한 근대 신학이 추구한 영적 인간상은 근대가 추구해 온 자율적이고 이성적인 개인의 모습과 맞닿아 있으며, 인간중심적 진보와 성장에 대한 오만함을 바탕으로 과학기술과 경제 성장을 통해 근대적 '바벨탑'을 건설하고자 했다. 지난 세기 한국 교회가 쉼 없이 추구해 온 성장 패러다임은 사실 하나님 통치에서 벗어나 인간중심의 세속주의에 굴복하는 과정이었다. 이렇게 근대성의 '성장 패러다임'과 '자본의 논리' 같은 단일 담론을 좇아서 한국교회 역시 숨가쁘게 달려왔고 이제 COVID-19가 보여주는 민낯을 목도하고 있다. 이러한 포스트모던 시대를 지나 포스트휴먼 시대를 열며 이제 포스트코로나 시대를 살아가야 하는 목회자들이 탈역사적 탈신체 인간론을 반성하고 기독교 인간이해의 신학적 패러다임의 전환과 관계적 인간 이해에 대한 신학적 사유를 공유함으로 성서를 새로운 눈으로 해석할 수 있어야 교회를 바르게 이끌고 사회에 선한 영향력을 미치게 된다.

둘째로 포스트코로나 시대의 목회 현장을 적극적으로 응답하기 위한 신학적 토대로 확장된 구원론의 이해가 필수적이다. 포스트코로나 시대의 위기 속에 자칫 목회자가 교회 보존과 생존 논리에 갇혀서 세계 속에서 하나님의 일하심과 소명의 긴급함을 간과할 수 있기 때문이다. 즉, 목회자는 세계 책임적 교회로 거듭나기 위해 창조, 타락, 구속이라는 교리적 틀에만 국한된 목회 방식을 전환해야 한다. 한국교회는 개인의 회심과 영혼 구원을 중시하는 구원론에 치중한 나머지, 세상과 우주를 구원하고 샬롬의 세계를 지향하는 예수 그리스도의 포괄적 구원의 비전을 제대로 전달하지 못했다. 결과적으로 한국 개신교회는 인간 중심적이고 내세 지향적이며 개인 회심을 강조하는 구원관으로 인해, 피조 세계와 물질적 환경에 대한 교회의 사명을 진지하게 성찰하지 못하는 신학적 한계를 보여왔음을 부정할 수 없다.

많은 현대 신학자들은 예수께서 구원자이시라면 사도 바울[고전8:6]과

에베소 서신과 골로새 서신에서 나타난 것처럼 우주적 그리스도에 대한 신앙으로 하늘과 땅 위에 있는 모든 만물의 화해골 1:20를 발견하고 모든 피조물을 그리스도께서 죽음을 통해 대가를 치르신 귀중한 존재로 받아들여야 함을 강조하였다. 이러한 현대신학의 도전은 근대의 신학이 구원을 인간구원과 영혼구원으로 축소시킴으로 이 세계의 다른 모든 피조물을 구원이 없는 상태로 배제했으며 이러한 신학적 전통은 우주적 그리스도가 실존적으로 해석될 수 없는 하나의 신화로 여겨질 수밖에 없음을 날카롭게 비판하였다.[29] 성육신 신학을 통하여 하나님은 물질과 육체를 영속화하시는 분으로 이는 말씀이 육이 되신 육화의 의미에서 예수 안에서와 십자가의 사역으로 정점을 이루는 것이다. 이렇게 예수의 십자가는 영속하는 육과 물질의 약속이자 영원히 모든 피조물과 우주의 상징이다. 즉 이러한 의미에서 성화는 성육신하신 구속자의 십자가와 부활을 통하여 창조의 존재적인 깊이에 침투하는 것이며 성경이 말한 새 하늘과 새 땅 안에 하나님의 거룩한 사랑의 승리를 가져오는 하나님의 은혜에 새로운 기초를 두는 것이다.

이러한 구원 개념의 확장된 이해는 하나님과 세계 사이에 어떤 간격도 극복될 수 있는 하나의 관점을 제공하고 우리는 하나님을 사랑하기 위하여 더 이상 세상으로부터 도망칠 이유가 없게 된다. 왜냐하면, 예수 그리스도의 부활을 통하여 하나님은 이 세상을 영원히 용납하셨기 때문이다. 즉, 성육신 신학적 관점은 복음의 진리와 가치를 실천하지 않고 피안의 세계로 도피하는 이유를 제공하는 것, 그리고 신앙이 세상에 공적 책임을 다하지 못하고 구원을 위한 도구로 사사화 되어가는 것을 거부하고 COVID-19 이후 고도 기술시대를 목회적으로 응답할 수 있도록 이끈다.

포스트코로나 시대 세계와 소통하고 이웃과 공감하며 자연과 공존하는 교회됨과 관계적 목회를 구현하기 위해서 인간과 환경, 자연과 물질,

그리고 생물체와 사물 사이의 복잡한 네트워크를 신학적으로 해석하고 오히려 적극적으로 하나님 나라를 향한 "네트워크의 바다"를 항해 하는 새로운 교회를 실현해야 한다. 이러한 새로운 확장된 구원의 이해와 창조신학의 조화로 말씀이 살아 움직이는 유기체적 교회로 다양한 접속과 접촉의 매체를 신학적으로 성찰하면서 하나님 말씀의 유비쿼터스를 재창출해 나가는 방식을 고민해야 한다. 이 네트워크야말로 선교의 유일한 방법이기 때문이다.

세 번째, 포스트코로나 시대의 목회적 사명을 감당하기 위해 무엇보다도 영혼구원과 타락한 세상이라는 전통 교리도 재해석해야 한다. 타락한 세상이 존재하는 것이 아니라 타락한 인간이 보는 하나님의 세상이 존재하는 것이다. 세속적인 그러나 거룩한 몸과 세계는 동일하게 하나님의 도구이고 성령의 매체이다. 우리는 다시 어거스틴의 '모든 존재하는 곳은 선하다'라고 하는 하나님 창조의 선함을 되새기며 타락한 세상과 영혼 구원의 교리의 단순성이 우리를 둘러싸고 있는 환경과 자연 그리고 역사와 사회에 무책임하고 무기력한 교회와 신자를 양육하게 된 교리적 배경이 되었음을 반성한다. 하나님의 창조세계는 여전히 하나님의 영이 머무시고 중단 없이 사회문화와 자연 세계를 통해 현존하시고 일하신다는 확고한 믿음 위에 우리는 더욱 적극적으로 기술사회와 비대면의 현실을 해석하고 진리를 선포하며 신앙의 삶을 살아가야 한다.

우리는 하나님의 말씀으로 창조된 세계가 지속적으로 성령이 활동하시는 공간이고 몸으로 성육신하신 하나님의 임재의 장소이고 하나님이 이처럼 사랑하시는 세상이라면 언택트의 세계와 컨택트의 세계는 동일한 하나님의 통치의 세계임을 고백할 수 있다. 사도 바울은 "하나님께서 지으신 모든 것이 선하매 감사함으로 받으면 버릴 것이 없나니 하나님의 말씀과 기도로 거룩하여 짐이라"라고 말씀하였다. 딤전 4:4-5 무엇보다도 성육신 신학적 관점에서 기독교와 세속세계는 분리될 수 없다. 예수의 거룩한 삶은 세상적인 옷을 입고 인류에게로 왔으며 소년 예수가 성전에서 랍비들과 대화하고 만나는눅 2:46 장면만이 거룩하고 세리와 죄인과 함께 먹고 마시는 예수와 제자들의 행위눅 5:30는 저급하고 통속적이라고 말 할 수 없다. 예수가 하나님 나라를 전하기 위해 사용하신 자연 뿐 아니라 물고기 두 마리와 보리떡 다섯 개가 사랑의 매체가 되어 주님은 사랑의 메시지를 전할 수 있었다. 이렇게 생물뿐 아니라 물질material과 사물thing까지도 연결되어 주의 나라를 이루어가고 있다. 그리스도 안에서 물질적 실재로서의 세계 즉 지구와 인간 육체와 물질과 환경 등 모든 것은 인류를 축복하기 위한 성령의 매체가 된다. 예배를 통해 초월을 경험을 표현하는 그 순간에 포도주와 불과 빵을 사용한다. 세상의 모든 물질은 동일하게 하나님의 도구이고 성령의 매체이다. 우리는 세속적인 것을 통해서만 거룩함을 만나고 경험하게 됨을 기억해야 한다.

다시 말하면 기독교적 가치는 세속과 대립하지 않는다. 오히려 성육신적 신앙은 진정한 의미에서 교회가 세속사회로 나아갈 때만이 비로소 진정한 거룩성과 신앙의 옷을 입게 되는 것이다. 예수 그리스도를 통한 하나님의 육화는 그것을 말하는 신적인 사랑의 행위였기에 오히려 세속화는 자신을 포기하는 방식의 사랑이라는 가장 성서적인 개념에 터한다. 형식적 신앙과 화석화된 교리에 생기를 불어 넣을 수 있는 신앙공동체로 거듭나기 위해서 성령은 인간에게 하나님의 현존을 느낄 수 있는 '온전한 감각'을 주셨으며 그리스도인은 '영적인' 것이 저세상의 현상이 아니라 이 땅의 '온전한 현실'임을 믿음으로 고백한다면 포스트코로나 시대에도 기술과 기계를 통한 인간의 감각과 몸이 연장되고 연결되는 모든 세계는 하나님의 현존의 세계가 되는 것이다. 이러한 의미에서 진정한 예배의 중심은 우리를 새로운 창조로 나아가게 하는 데 있다. 하나님이 성육신 되어 십자가에 달린 그리스도의 영광을 위하여 성령은 모든 살아있는 것들을 창조하고 회복시키신다. 이것은 세상성과 물질성을 제거하는 것이 아닌 새 창조로의 변화와 새로운 인간으로의 변화를 향하기 때문이다.

COVID-19 당시에 신자들은 재택근무가 지속되면서 화상 데이트, 화상 생일파티, 화상회식까지 부지런히 접속을 통한 접촉을 시도하였다. 만나지 못했지만, 함께 할 수 있어서 좋았다는 평가이다. 중요한 것은 함께 했다는 경험이다. 서로를 연결해 주는 다양한 매체는 우리의 신체 없이는 불가능하므로, 온라인 만남 역시 비대면 접속을 통한 접촉의 한 방식이다. 우리는 예배 때 성만찬을 하며 어거스틴의 "주님의 몸과 피를 먹고 살라"는 말이 허상이 아니라 "성령 안에 주님의 몸에 참여하고, 나아가 공동체의 일원이 되며, 성령의 능력을 덧입으라"는 말이 된다는 것을 깨닫는다. 성령의 능력을 입은 몸이야말로 온라인 접속을 통한 영적 네트워크를 형성해 나가는 가장 기본적인 전제가 된다.

5) 기술목회와 하나님 사랑의 네트워크

포스트코로나 시대의 관계적 목회의 해석학적 기초는 모든 것이 하나님 사랑의 신비 속에서 얽혀 생명구원의 사명을 실행하는 교회로 부르시고 이 모든 관계를 움직이는 근원적인 힘은 사랑임을 깨닫는 것이다. 만약 포스트코로나 시대에 무엇보다도 교회가 그저 예전으로 돌아가기를 기다리며 예배와 선교 그리고 사회적 책임을 하던 대로 답습하면 어쩌면 결과는 COVID-19보다 더 심각한 영적인 재난이 될 수 있다. 오히려 COVID-19 상황을 하나님이 주신 본질 회복의 시간, 그리고 다시 하나님께로 돌이키는 시간이 된다면 목회방식의 전환을 통해 포스트코로나 시대적 사명을 감당함으로 바람직한 미래교회를 열어갈 것이다.

기독교의 진리는 논리적 설명이 가능한 명제적 진리가 아니라 진리를 행하며 하나님을 경험하고 느끼는 깊이의 차원에 이르는 신비 그 자체이다. 그 신비에 이르게 하는 힘이 곧 사랑이다. 하나님께서 세상을 창조하시고 그 창조하신 세계에 몸을 입고 오셨다. 영원한 생명이신 주님이 우리 모두를 이끌고 계신다는 구원의 아름다움과 신비는 오직 '사랑'으로서만 깨닫고 이해할 수 있다. 성경의 말씀은 세상을 살아가고 있는 사람들의 맥락과 분리되어 진공상태에서 써진 것이 아니며, 신학은 하나의 본질적인 틀을 가지고 형성되는 것도 아니며, 하나님의 계시가 시대마다 다르게 표현되고 해석되어 진다는 관점을 목회자들이 인식해야 말씀의 성육신을 통한 살아계신 하나님의 말씀을 전하는 역량을 갖추는 것이다. 말씀은 인간 역사 속에서 하나님의 일방적인 발화가 아닌, 인간과 신의 상호 사랑의 이야기이다. 이러한 관점에서 보면, 성과 속은 긴밀한 네트워크를 통해 함께 번창하며, 하나님과 세계 관계의 건설적인 힘이 허락된다. 이를 통해 우리는 이 세계가 하나님과 인간이 접속/접촉할 수 있는 사랑의 공간임을 인식하게 된다.

포스트코로나 시대의 관계적 목회는 대면과 비대면 그리고 온/오프라인의 경계를 넘나들며 단지 교회 안의 정체성을 건설하는 하나님만을 상상하기보다는 사랑하는 사람들과의 접속/접촉을 통해 물질적 환경을 덮고 둘러싸며 느낄 수 있는 영으로 인간과 함께 일하시는 하나님을 상상할 수 있어야한다. 이러한 교회야 말로 개인적인 신앙영역뿐 아니라 공적인 영역에서도 디지털과 아날로그의 조우가 이루어지는 플랫폼의 역할을 수행함으로 온 세계를 연결 짓는 하나님을 만나게 된다.[30] 이렇게 세계를 가능케 하는 하나님이 곧 사랑이라는 사실은 포스트코로나 시대에도 다양한 현상들을 이해하는 열쇠를 제공한다. 결론적으로 반물질적 탈세계적 영성으로는 관계적 목회가 상실될 수밖에 없는 포스트코로나의 시대에 살고 있다.

충격과 방황을 이겨내고 세계의 주목을 받았던 한국은 K-방역뿐 아니라 성숙한 시민의식과 정부의 리더십도 국제적으로 긍정적 평가를 받았다. COVID-19의 위기와 도전이 한국교회가 다시 교회의 사명을 재정립하는 혁신의 기회가 된다면 K-Christianity, 그리고 K-Church로 평신도의 의식과 교계 지도력의 변화를 가져오는 중대한 시간이 될 것이다. COVID-19는 위기지만 오히려 4차 산업혁명의 시대에 목회방식을 탈바꿈하는 사명을 감당하는 기회이다. 위기와 절망은 교회사적으로도 하나님께로 돌아가는 회복의 시간이다. 목회자들은 어떤 미래가 펼쳐지든지 하나님의 통치에 대한 깊은 신뢰로 대응할 수 있는 다양한 목회방식을 마련하고 내 양을 먹이라는 주님의 부탁을 충성스럽게 수행하며 잃은 양 한 마리를 애타게 찾으시는 주님의 마음으로 이 영적인 위기를 변화로 이끌어야 한다.

2. 디지털 기술과 한국 교회의 청년 문제

1) 한국 사회 청년의 정신건강과 종교

우리나라뿐 아니라 전 세계적으로 우울과 불안을 호소하는 2030 청년의 수가 급격히 늘고 있다. 이에 청년의 정신건강 증진에도 사회적 관심이 높다. 2022년 5월, 한국 청년 10명 중 4명이 '정신건강 위기'로 그중 절반은 당장 치료가 필요하다는 단독 취재와 보도를 내놓았다.[31] 한 정신건강의학과 교수는 "상대적 박탈감 등이 청년의 정신건강 문제를 더욱 악화시킬 가능성이 높다"라고 전했다.[32] 상대적 박탈감이 청년의 정신적 질병을 유발하는 지경이다. 사실 한국 사회의 불평등과 청년 불안은 어제오늘의 이야기가 아니다. 그러나 COVID-19 이후 청년들의 정신건강이 더욱 위험하다는 보고는 이 이슈가 사회문제로 떠오른 배경이다. 대한민국의 불평등한 구조는 정치적 서사의 희망이 되거나 『긍정의 힘』과 같은 서적, 상업적 힐링 상품으로 미화할 수 없는, 청년 우울과 절망의 근본적 구조다. 시간당 10,030원 2025년 최저시급, 비정규직, 미친 집값, 고용불안, 배제된 의료복지 등으로 짓눌린 청년들의 삶은 어쩌면 이미 철 지난 단어인 헬조선, 즉 '지옥 같은 나라'다. 그러나 한편으로 한국은 지옥이라고 말하기에는 무색한 GDP 세계 11위의 경제 대국이다. 이 동일한 경제구조 속

청년들과 기성세대의 인식 차이는 크다. 기성세대는 청년의 소리에 공감 보다는, "정신상태가 썩었다", "게으른 패배자들의 분노"라는 비난을 내놓기도 한다. 그러나 이러한 사회적 불통과 누적된 불안은 이제 청년들의 단순한 불만이나 투정, 혹은 자기 비하나 나약함으로 규정할 수 없는 더 깊은 무력감을 보여준다.

팬데믹 이후 특정 세대의 정신건강 문제가 더 깊어진 것이다. 기후 붕괴와 팬데믹은 세계적 차원의 불평등을 가속화시켰다. 인류에게 자유, 평등, 박애의 가치를 외쳤던 프랑스 대혁명 시기보다 오늘의 불평등 지수가 더 심각하다는 말이 실감된다. 3포, 5포의 지속적 포기를 강요당하며 살아온 청년이 한국 사회에서 이슈로 드러난 지 오래지만 여전히 이렇다 할 대안도 변화도 없다. 청년 담론마저도 이제 정체 상태에 이르렀고, 이는 절망을 더 크게 부풀리고 있다. COVID-19 이후 그들은 더욱 힘들어졌다.[33] 김 모 씨[30세]는 COVID-19 팬데믹으로 회사가 어려워지면서 1년 전 다니던 회사를 그만뒀다. 다른 일자리를 찾기란 생각만큼 쉽지 않았다. 그는 구직 활동마저 포기하고 집 밖에 나가지도 않는다. "처음엔 COVID-19 탓을 했는데 갈수록 모든 게 제 탓으로 느껴져요." 김 씨의 말이다. 지난해 대학에 입학한 임 모 씨[20세]는 "비대면 수업을 받다 보니 주변 친구들과 관계 맺기가 어려울 뿐더러 자기계발이나 취업 준비도 뒤처지고 있는 게 아닌지 항상 걱정된다"면서 "특히 미래에 대한 걱정이 크다"고 호소했다.

기대감이 사라진 미래, 체념과 깊어지는 불안은 청년의 마음과 정신을 병들게 한다. 청년 불안을 주제로 사회적 담론을 무수히 벌이고 청년 힐링 행사가 여기저기 열리지만, 정작 거기에 그들이 듣고 싶은 이야기는 없기 때문이다. 이들은 이제 "아프니까 청춘이다"라는 말이 싫다. 현실의 청년들은 실패가 두렵다. 젊음의 특권인 도전과 패기를 누리라는 사회적

압박을 거부한다. "제발 우리에게 도전을 강요하지 마세요. 도전과 패기가 그렇게 좋은 거면 본인들이 직접 하세요."라고 취업준비생은 말한다.

청년의 현실은 한 사회의 미래를 예측할 수 있는 지표다. 청년의 장래가 어둡다는 것은 한 사회의 미래 역시 어두움을 예시한다. 청년의 정신 건강 역시 미래 사회를 긍정적으로 가늠할 수 있는 기준이 될 수 있다. 청춘의 꿈이 공무원, 건물주만으로 제한된다면 사회는 발전할 수 없다. 그동안 대중 미디어 콘텐츠뿐 아니라 교회의 청년 담론 역시 성공한 소수만을 언급하고, 배경과 경제력에 따라 그룹화하기 십상이었다. 어렵고 힘겨운 특별히 정신적으로 고통 받는 청년들의 공간을 교회 역시 제공하지 못했다. 사회에서 소외된 청년이 교회에서도 배제되는 우울한 현실이다.

이렇게 된 배경은 청년 문제에 접근할 때 구조적 문제를 제기하기보다 성공한 개인의 성취에 몰두하는 경향이 강했기 때문이다. 교회는 정글 같은 약육강식의 세계에 던져진 청년에게 복음의 가치를 따라 살아가도록 교육하고 어려움을 나누는 신앙공동체의 구체적인 모델을 제시했는지 돌아보아야 한다. 프랑스 국제종교커뮤니케이션 연구센터CREC-AVEX International의 창설자인 피에르 바뱅Pierre Babin 신부는 그의 저서 『디지털시대의 종교』에서 "새로운 기술 문명이 가져다준 디지털 시대에 사람들의 필요를 제대로 파악하고 그들의 요구에 응답할 수 있는 종교만이 존재할 것이며, 이제는 인간의 삶에 영향력을 미칠 수 없게 되는 종교는 사람들 사이에서 잊힐 것"이라 했다.

2) 청년의 정신건강 위기와 교회 청년의 영성

'교회' 청년들은 다른 삶을 살아갈까? 한국교회 청년 10명 중 4명은 "성경 말씀대로 살면 사회에서 성공할 수 없다"는 인식을 지닌 것으로 나타났다.[34] 또 교회 청년 55.6%는 "한국 사회는 한 번 실패하면 재기할 기회가 없다"고 답했다. 깊은 불신과 절망이 드러난 결과다. 한국 사회에 대한 현실 인식 조사에서 교회 청년들은 "돈이 최고의 가치가 된 사회"라는 데 92.3%가 동의했고, "더 높은 계층으로 상승하기 어렵다"는 응답이 86.4%, "착한 사람이 손해 본다"는 응답이 84.7%로 나타나는 등 사회를 보는 비관적 인식이 지배적이다. 교회 청년들이 선한 삶이라는 신앙가치가 무력한 현실에서 신앙교육과 삶의 현장이 극단적으로 불일치되는 신앙의식을 간직한 채 살아가는 가슴 아픈 현실이다. 이제는 교회의 가르침이 교회 밖 삶의 기준이 되지 못한다는 의미다. 그 결과는 "성경 말씀대로 살면 성공 못한다"는 20·30대 청년 40.4%의 응답에서 더욱 잘 나타난다. 이들에게 성공과 신앙은 공존할 수 없는 두 가지 다른 길이다.

신앙적 가치와 기독교 영성으로 살아가려는 노력보다 패배감과 절망이 그대로 드러나는 응답 결과다. 그러나 정말 청년들은 생존과 성공을 위해 교회를 떠나는 것일까? 청년과 중·고등학생들은 모두 긴 학창 시절을 대학 입시와 서열 차지하기로 기가 죽어 지냈다. 졸업 이후 금수저가 되려는 적자생존의 치열한 환경은 그들에게 가장 익숙한 사회 분위기다. 그러한 상황에서 청년들은 젊음을 소비하거나, 기성세대에게 도전과 패기를 종용받는다. 더욱 슬픈 것은 청년들이 교회에서조차 실패를 나누지 못하고, 신앙생활은 그저 교회 안 생활인 것으로만 교육되는 현실이다. 이렇듯 실패를 겪는 수많은 청년을 보듬지 않는 태도는 사회도 교회도 한 가지로 같다.

복음이 이렇게 무기력할까? 열정적 신앙인의 기준은 교회 봉사의 정도와 프로그램 참여로 가늠된다. 자기 삶의 문제, 지역 봉사, 더 나은 사회를 향한 청년의 관심은 격려 받지도, 지지 되지도 않는다. 앞서 나눈 설문 내용으로 확인했듯이, 이러한 '교회 일꾼' 만들기 교육은 믿음의 청년들을 세상에서 무력한 생활 신앙인으로 만들고, 시민의식 약화, 교회 안에 매몰되는 신앙이라는 결과로 이어진다. 이러한 탈세계적 영성은 고단한 삶을 살아낼 힘과 의지를 청년에게 공급하지 못하고, 정작 그들이 나누고 싶은 실제 삶의 문제는 늘 뒷전으로 만든다. 교회 공동체 역시 성공하는 1인에 주목하는 문화가 만연하기 때문이다.

교회 청년들도 사회에서 '도전'하고 '노력'했지만 이들에게 주어지는 실패는 곧 생존의 위협으로 다가올 수 있다. 고졸 차별, 지잡대^{지방 소재의 잡다} 한 대학이란 의미로, 지방의 대학을 비하하는 요즘 말이다, 비정규직, 3D업종의 뿌리 깊은 능력주의 문화와 제도, 턱없이 부족한 복지 등 한 번 실패하면 패자 부활 없는 나락으로 떨어진다고 청년은 생각한다. 이것이 신앙을 지닌 교회 청년들이 날마다 살아가는 실제 세계의 일상이다. 이 청년들에게 교회는 어떠한 영성으로 생존과 성공을 격려할 수 있을까?

팬데믹 이후 '경쟁적 개인주의', '적자생존'의 사회 구조가 더 깊이 자리 잡았다. 문제는 개인의 능력이나 노력 여부가 아니라 시스템과 구조에 있다. 나와 너를 분리하고 나의 생존을 위해 모두를 경쟁자로 만드는 교육 현장과 실패에서 배우는 가치를 배제하는 성공 이데올로기는 승자독식의 자본주의 양식으로 우리 사회를 치닫게 한다. 영화^{기생충}이 전 세계의 주목을 받고 공감을 일으킨 데는 글로벌 사회에 심각한 불평등 구조가 있기 때문이다. 지난 반세기 동안 한국교회는 어떻게 수적으로 부흥 성장할 수 있었을까? 교회 안에도 성공을 위한 '경쟁 시스템'이 작동하고, GDP 위주의 성장 이데올로기가 오랫동안 한국 교회와 동고동락하며 수적인 성장 신화에 매진한 결과가 아닐까? 이러한 교회의 성장 과정에서 당연히 청년들은 교회 생활을 통해 사회를 살아가지만, 신앙의 가치를 실현해가는 기성세대의 삶의 모델과 방식을 배우지도 경험하지도 못했다.

복음은 정말 삶과 동떨어진 방관자일까? 전 세계인의 열광을 받은 드라마오징어게임 속 짐승보다 더 잔인한 인간들의 삶의 방식이 만연한 기막힌 현실이다. 이때 우리 교회 공동체는 여전히 세상에 빛과 소망을 제시할 수 있을까? 교회는 서로 살피고 배려하는 사랑의 공동체로 구별되어 살아갈 수 있는 영성을 제시했던가? 돈이 지배하는 사회에서 청년들이 신앙의 가치로 살아가도록 교회는 어떠한 영성을 지원하고 격려할 수 있을까? 인간은 더 도덕적이고 이상적인 공동체와 문명을 이루어 가리라 생각했다. 그러나 팬데믹 이후 드러난 인간들의 세계는 비인간적이고 반생태적인 지극히 소수만 살아남을 수 있는 기형적인 모양새였다. 이러한 세계에서 교회는 떠나가는 청년들을 다시 설득하고 신앙의 주체로 세울 수 있을까?

3) 디지털 기술의 진화와 신앙 공동체로서의 교회

청년들이 교회를 떠나간다는 기사는 이제 식상하다. 그렇게 조용히 교회를 탈출하기 시작한 이들은 왠지 흥청망청 살아갈 것 같았다. 그러나 오산이었다. 목회자 자녀이자 스스로 가나안 신자가 된 어느 박사 연구자에 따르면, 가나안 청년들은 교회에 다시 돌아갈 생각은 없지만 여전히 기독교 정체성을 가지고 시민 윤리를 실천한다고 한다. 다시 말해 '이웃 사랑'을 실천하기 위해 노력하며 지낸다는 것이다.[35] 교회 밖에서 살아가는 가나안 청년들은 그들 나름의 방식으로 교회 밖에서 삶의 의미와 영성을 추구하며 살아간다.

청년세대는 '디지털'이다. 그들에게 아날로그 경험은 극히 드물다. 세계 인구의 절반이 스마트폰을 쓰고, 한국의 스마트폰 가입자가 5천만 명을 넘었다 하니 전 국민의 95%가 쓴다고 해도 과언이 아니다. 이 디지털 매체가 만드는 연결의 기록은 네트워크를 통해 매 순간 역동적으로 변화하는 유기체처럼 온라인에 우리의 생활 공간을 만든다. 이것이 현재 인간이 형성해 가는 디지털 미디어 세상이다. 교회 밖 청년 노마드들은 기존 연결 방식을 넘어 다양한 통로와 소통방식으로 신앙과 영성을 형성해 나가고 있다.

디지털 문화를 보는 견해는 다양하지만, 이를 전례 없는 "기술이 추동해 가는 문화"로 보는 태도가 일반적이다. 우리가 흔히 접하는 디지털 문화란 "디지털 기술이 창출해낸 사이버스페이스cyberspace에서 벌어지는 문화 현상"을 의미한다. 온라인 쇼핑몰, SNS, YouTube 방송, 온라인게임, 메타버스 등이 이에 속한다. 디지털 문화는 디지털 기술로 생겨난 새로운 미디어의 등장으로 형성되어 끊임없이 변화하며, 유무선의 온라인 오프라인 등 모든 사이버 공간에서 이루어지는 여러 문화 현상을 가리킨다. 더 나아가 이 정보기술 사회는 COVID-19 이후 인공지능, 로봇공학, 사물인터넷, 3D 프린팅을 활용한 기술 기반의 비대면 생산 방식에 더욱 박차를 가할 것이다. 아울러 온라인 강의뿐 아니라 온라인 거래, 화상회의, 원격의료 등을 바탕으로 초연결hyper-connected 사회가 빠르게 진행될 것이란 예측은 어렵지 않다. 이러한 변화를 이끄는 근본적인 축은 디지털 기술 발전과 연동되어 있다. 현대인들은 디지털 미디어와 상호작용하면서 컴퓨터와 스마트폰으로 '알고리즘', '데이터베이스', '하드디스크', '지식' 문화를 생산한다.

이때 사용되는 알고리즘 문화는 모든 기기장치를 미디어 처리장치로 변화시키고, 데이터베이스 문화는 모든 정보를 인터넷으로 접속할 수 있게 함으로써 우리의 '세계관'을 변화시킨다. 이제 우리는 데이터베이스 검색 결과로 세상, 사람, 인생을 배우고 그로써 세계관을 형성한다. 개인의 지성보다는 '집단 지성'이 중요해졌고, 전 지구적 인터넷망으로 지식이 순식간에 전 세계로 퍼져나간다. 이러한 디지털 문화는 사람과 상호작용을 통해 삶의 기반을 제공하는 도구적 기술을 넘어 현대인의 인식체계, 세계관, 정서적 영역에도 영향을 주며, 이것은 종교적 영역, 영적 경험과의 관계에도 긴밀하게 연결되어 있음을 의미한다.

이렇게 디지털 문화는 다양한 기술들과 융합하면서 명확한 개념과 뚜렷한 취향을 선호하는 젊은 세대의 선호도에 맞춰 이미 '언컨택트' 시대를 열었다. 이 문화는 불편한 소통보다 '편리한 단절'을 꿈꾸는 현대인의 욕망을 숨김없이 드러낸다. '언택트 라이프스타일'의 거대한 진화는 이미 시작됐다. 이러한 디지털 문화기술 시대에 COVID-19가 준 충격은 인류 역사에서 아무도 경험하지 못한 미증유 삶의 방식으로 급진적으로 전환하게 한 사건이자, 새로운 문명을 만들어낸 시작점이 되었다.

하나님 말씀과 그리스도의 복음은 변함이 없으나, 이를 해석하고 소통해 주는 매체는 기술을 통해 끊임없이 변화해 왔다. 그러므로 인간의 목소리와 문자뿐 아니라 여러 미디어 또한 말씀 전달에 필수 매체다. 디지털 문화 시대의 청년들이 생활하며 매 순간순간 찾고 보고 대화하고 듣고 만들고 구경하고 즐기고 중계하고 구매하며 만들어가는 그 연결은 끝이 없다. 첨단기술 시대의 사회와 인간관계는 기술의 도움 없이 단 한 순간도 지탱하기 어렵다.

4) 정신건강을 돕는 기술과 교회의 영성

팬데믹은 우리가 지구적으로 연결되었음을 알게 한 동시에 얼마나 고독하고 철저하게 분절된 사회를 형성해 왔는지를 잘 보여줬다. 팬데믹으로 반복된 봉쇄는 성장과 성공 신화 속에서 능력과 배경이 없어 막막함을 느끼는 인간들에게 더 깊은 불안과 우울을 얹어 주었다. 바로 이런 정신적 고통에 허덕이는 이들을 위해 디지털 치료제 digital therapeutics 란 말이 등장했다. 특히 청년 정신건강을 위한 의료적 목적으로 스마트폰 애플리케이션 이하 앱 등을 기반으로 하는 디지털 시스템이 개발 중이다. 예를 들면, 자기 초점주의의 균형을 통해 2030세대의 우울과 불안을 완화해 주는 앱 기반의 챗봇 'UMe'를 제안하고 실제 기술 구현까지 진행한 사례가 있다.[36]

AIA생명은 COVID-19로 팬데믹을 거치며 우울감을 호소하는 청년들을 위해 온·오프라인에서 정신건강을 회복할 수 있도록 대학 캠퍼스에 '마음 약방'을 운영한다.[37] 온라인으로 마음 약방을 방문하는 학생들은 진로 고민, 번아웃, 인간관계, 자존감 등의 문제를 전문 심리상담사에게 상담받을 수 있다. 이 프로그램의 한 책임자는 이러한 기업의 시도로 '정신건강 문제는 부끄럽거나 숨겨야 할 것이 아니다'라는 메시지를 청년들에게 주고자 했다고 전했다.

메타버스에서도 정서지원 프로그램을 진행할 예정이다. 메타버스 소셜 플랫폼 업체인 더크로싱랩, 더크로싱파빌리온, 한국예술문화연구소와 협업한, '아트테라피' 프로그램이 메타버스 세계에서 연계되도록 준비하고 있다. 이 프로그램은 청년들이 자신을 투영한 '디지털 나' Digital me 또는 아바타 디자인을 설계하고, 테크놀로지를 접목한 미디어 아트테라피를 경험할 수 있도록 지원한다. 이같이 기술의 발전은 단순히 편리한 삶을 넘어 마음의 문제와 정서적 어려움을 치료하는 데까지 진화하며 적용된다. 디지털 치료제는 이미 정신 질환에 치료 효과가 입증된 인지행동치료 cognitive behavioral therapy, CBT를 스마트폰 앱으로 제공하는데, 실제 FDA 승인을 받아냄으로써 그 효과성을 확인했다.[38]

'온라인 게임'은 디지털 세계의 발전과 테마를 가장 잘 드러낸다. 맨해튼 칼리지의 종교학자 로버트 제라시 Robert M. Geraci 교수는 청년들이 수많은 시간을 들여 온라인 게임을 즐기는 현상을 연구했다. 제라시는 그들의 가상현실 경험을, 단순히 재미를 넘어 공동체를 형성하고 때로는 도덕적 원리와 윤리적 가치를 소통하는 공간으로 분석했다. 오히려 청년들은 가상현실과 게임을 통해 현실 종교의 결핍을 찾아가고 있다는 말이다. 이는 청년세대가 불안하지 않거나 미래가 투명하기에 교회를 떠난 게 아니라, 교회에서 진정한 위로와 희망을 발견하지 못하고 대체 종교를 찾아 떠난 것으로 볼 수 있다. 특히 가나안 청년들은 교회를 향해 신앙 가치로 세상을 살아갈 윤리적 기준과 방향을 제시해 달라고 간절히 바란다. 그러나 교회의 가르침은 청년이 살아가는 현실과 동떨어져 있어 그들의 삶과 교회 교리를 실제적으로 연결하기가 어렵다.

제라시는 실제로 6개월 동안 컴퓨터 공학 연구실에서 게임을 만드는 기술자들과 대화했다. 그는 연구를 통해 흥미로운 점을 발견했는데, 인공지능이 인간처럼 살아갈 수 있을 뿐만 아니라, 인간이 정신을 정보로 환원하여 디지털 네트워크에 업로딩하는 기술개발 과정에 '기독교적 담론'을 적극 활용한다는 사실이었다. 바야흐로 기술이 종교를 활용하여 자기 이야기를 펼쳐 나가고, 디지털 시스템으로 정신과 마음의 문제를 풀어나가는 시대다. 이때 기술을 그저 목회적 도구 정도로 바라보는 교회의 자세는 최첨단 기술시대를 살아가는 청년들과 공감하고 그들의 이야기에 진심으로 경청할 수 있는 적극적 관계 맺음의 방식을 간과하는 것과 같다.

모바일 문화는 무선인터넷을 지원하는 환경이라면 언제든지 어디서든지 인터페이스로 기능하며, 인간의 감각을 확장하고 시공간에 대한 인식을 변화시킨다. 예전과 달리 사용자가 미디어 콘텐츠를 소비하는 '생산소비자' prosumer가 된 것이다. 이처럼 디지털 문화는 미디어와의 상호작용 방식, 인간의 인식체계와 세계관, 인간 사이의 상호작용, 사회적 차원 등의 급진적 변화를 왔다. 이러한 변화는 우리의 실제적인 삶과 문화, 정서적 차원까지 깊이 영향을 미친다. 인간이 디지털 기술을 만들고, 이 기술은 문화에 영향을 주고, 문화가 다시 디지털 기술에 영향을 주는 이 복잡한 상호작용은 여전히 진행 중이다. 이렇게 디지털 세계가 기존의 개념 틀에 균열을 만들고 또 해체하며 우리가 어떻게 살아야 하는가에 대한 규범적인 문제를 활발히 제기하는 동안 교회는 어떻게 응답해 나갈 수 있을까?

교회는 신자들이 살아가는 실생활에서 이러한 기술이 추동해 가는 디지털 문화의 변화를 어떻게 풀어나가야 할지 진지하게 고민해야 한다. 기술 환경의 변화는 단지 그 영역의 종사자나 비즈니스를 하는 이들만의 과제가 아니다. 교회 역시 현재 진행되는 기술변화가 순방향으로 나아갈 수 있도록 사회 규범과 미래 삶의 방식에 관심을 가져야만 한다. 성경은 바벨탑과 같이 기술을 이기적이라고만 하지 않는다. 구원의 방주를 만들어 온 생명체를 구원한 고도의 기술도 함께 말하며, 하나님과 인간의 이야기를 만들어가고 있다.

OECD 국가 중 청년 실업률 최고, 출산율 최저, 최고속 고령화 진척 등 대한민국이 위기다. 그러나 디지털 시대의 스마트 청년들은 상상력과 디지털미디어를 선용하여 현실을 이해하고 그 현실 문제들의 해법을 만들어가고 있다. 막연한 미래가 아닌 이미 우리에게 닥친, 오래된 미래를 위해 교회는 청년과 협업의 자세를 갖춰야 한다. 청년들이 살아가는 이

시대가 '마음 약방'을 운영하고 디지털 치료제로 정신과 정서적 어려움을 극복해 나가는 기술의 시대임을 교회가 진지하게 인식해야 한다. 또 교회 청년이 공동체 교육과 훈련으로 디지털 상상력을 마음껏 나누고 표현할 수 있는 자유로운 공간을 만들어야 한다. 교회의 공적인 과정에서 청년의 소리가 가감 없이 들리고, 지도자들이 진정성을 가지고 그 소리를 경청하는 일은 기독 청년의 정체성을 세우고 한국교회의 건강한 미래를 준비하는 중요한 사역이다.

5) 교회 청년의 건강한 영성 형성을 위한 신앙적 가치

교회는 청년들이 떠나고 다음 세대가 단절되는 현실을 걱정하면서도 근본적인 이유는 돌아보지 않는다. 이미 유사한 현상을 겪었던 북미와 유럽 교회의 현실을 생각하면, 청년세대의 급진적 교회이탈은 현대교회의 도전이자 과제다. 무엇이 청년세대가 교회 내적 개혁이 아닌 절망적 이탈을 선택하게 했는지 이미 분석된 내용이 차고 넘친다. 조용한 탈출을 감행하는 청년세대와 한국교회의 현재와 미래를 위해 교회는 어떻게 공감과 연대를 시도할 수 있을까? 신앙이 삶의 저편으로 밀려나고 교회 밖 세계에서도 점점 고립되는 이 현실을 직면하고, 믿음의 무의미성과 형식성을 비판하는 청년들에게 어떠한 영성으로 다가가야 할지 교회는 응답해야 한다.

첫째, COVID-19는 위기지만 오히려 디지털 기술 시대에 한국교회의 존재 양식과 신앙 양태를 탈바꿈하는 변화의 기회도 주었다. 교회는 COVID-19 이후 지속해 떠나가는 가나안 신자들과 MZ 세대와의 소통을 위해 더 간절하고 긴급하게 노력해야 한다. 이러한 현실에서 교회 지도자들에게 젊은 세대와 대화하는 자세와 공감하는 능력이 필요한데 세대 간 차이가 만만치 않고 노력은 부족한 상태다. 근본적으로 청년의 의견이 소통되도록 교회에 민주적 구조를 세우는 일이 우선되어야 하고, 청년과 함께 교회 미래를 토론할 수 있는 경청의 자세가 기본적으로 갖춰져야 할 것이다. 불협과 혼란은 당연한 현상이다. 그러나 불통과 단절이 타개하도록 구조를 개선하여 청년, 여성, 장애인들의 의견을 민주적으로 나누고, 교회 재정과 미래가치를 청년과 함께 공정하고 투명하게 나누는 문화를 형성해야 한다.

둘째, 한국교회는 첨단기술 시대 재부상하는 종교성을 향한 관심과 영성에 대한 청년들의 갈망을 읽어야 한다. 이 불안하고 불확실하며 쉽게 절망하는 현실에서 어떻게 영성을 갈망하지 않을 수 있는가? 교회가 대안 공동체와 대체 영성을 찾아가는 청년들의 영적인 목마름에 응답해야 한다. 교회가 청년 문제에 대응할 구체적인 방안도 마음도 없다면 이들은 계속 소리 없이 교회를 떠날 것이다. 아직 교회에 머무는 청년들도 사역의 인적자원으로 소모되어 지쳐 떨어지거나, 개인적인 신앙에 집착하며 점점 사회에서 고립되는 삶을 선택할 수밖에 없다. 따라서 믿음의 공동체로서 교회만이라도 이분법적인 세대 프레임을 극복하고, 불공정한 고용 구조와 불평등을 고착화시키는 사회제도를 개선하기 위해 세대 간 공존을 모색하는 저항의 영성으로 청년들과 함께 연대해야 한다. 교회가 청년들의 신앙 공간이 되려면, 사회 시스템에서 보호받는 경험을 주지 못한 기성세대, 경쟁사회와는 구별되어야 한다. 진정한 상호 돌봄의 공동체를 경험하게 하는 일이 시급하다.

마지막으로, 인류가 발명한 기술을 긍정적으로 수용하지 않으면서 하나님 세계를 상상하기란 불가능하다. 교회가 기술문화 시대에 부응하는 영성을 적극 제시하지 못함으로써 정보기술이 가져오는 급진적 변화에 청년들이 신앙생활의 방향을 상실해 가는 현실을 정직하게 바라볼 수 있어야 한다. 정신건강과 마음의 안정을 위해 기술이 선용 되는 이 시대에 교회 영성은 청년들의 교회 밖 세계에서도 생명력을 갖추기 위해 신앙 양식의 다양성을 수용해야 한다. 교회가 탈세계적 영성만 강조하면서 오히려 가장 세속적이며 이기적인 집단으로 비춰지고, 상식을 뛰어넘는 신앙적 열심이 있어도 생활 현장에서 도무지 감동을 찾아주지 못한다. 교회 안에서조차 신앙 진정성의 소멸을 경험한 청년세대는 우울하며 분노하고 방황한다. 정보 과잉과 포스트 트루스post-truth 시대의 도덕적 혼돈 가운데 교회는 청년을 양육하여 신앙적 가치와 진리 분별의 역량을 키워 주어야 하며, 온라인을 중심으로 더욱 격렬해지는 MZ 세대의 갈등과 분열을 봉합하는 온라인 소통능력을 창출해야 한다. 청년들이 성공에 영혼을 빼앗기고 경쟁에 마음이 닫혔다. 교회는 신앙 정체성으로 탈세계적 영성을 극복하고 탈성장적 영성을 제시하여 더 좋은 세상을 위한 공동선에 연대하고 더 성숙한 믿음의 공동체로 거듭나야 한다.

6) 더불어 살아가는 영성과 신앙

교회는 전통적으로 실생활과 분리된 가르침을 전했다. 이제는 청년들의 삶의 의미와 가치를 제공하는 생활 영성으로 팬데믹 이후 특히 사회와 이웃으로부터 비난받는 교회 중심의 신앙양식을 반성하며, 사회와의 공존, 그리스도인과 이웃의 상생을 증진하고, 더 나아가 복음과 기술이 함께 만들어가는 교회로의 전환이 필요하다. 신앙과 삶에 괴리가 있을 때 청년들에게 필연적으로 동반되는 문제점은 그리스도인으로서 자긍심 상실과 신앙에 대한 회의다. 이 문제가 교회 안에서 해결되지 않을 때 절망하며 떠난다.

청년들은 교회생활을 통해 방황하는 자기 삶의 진정한 의미를 발견하고 삶을 헌신할 수 있는 복음적 가치를 찾는 데 목말라했으며, 불안한 현실에 진정한 돌봄 공동체를 열망했다. 교회 청년들이 세상을 지배하는 가치에 얽매여 삶에 지치고 경쟁에서 배제되며 그렇다고 해서 구별되어 살지도 못하는 현실이다. 그들은 이제 자기 삶에 현장의 치열함을 지지해 주고 위로해 주고 공감해 주는 진정한 관계를 교회에서조차 발견하지 못하는 상황에 절망하고 있다. 다시 말해 '오늘 여기에서의 삶'의 의미를 제공하지 못하는 교회의 신앙과 신학이 문제다. 오늘의 영성이 중요하다. 기술 시대의 응답은 '오늘의 영성'에 핵심적 응답이 될 것이다.

3부 미주

1 세계적 미래학자인 짐 데이터(87, Jim Dator) 하와이대 명예교수는 '한국과 미국의 4가지 미래'(Four Futures of Korea and the US after the Great Emergency) 중 양극단을 보여준 시나리오 두 가지를 소개 하였으며 나머지 두 가지에서는 3. 생명공학·인공지능 등 첨단 과학기술을 통한 위기 극복 4. 글로벌 통치기구가 등장하고, 개인과 공동체의 자유보다는 통제를 통해 치유·회복하는 절제된 세상을 예로 들었다. 그는 이번 COVID-19 팬데믹을 대공황(The Great Depression)에 빗대 '대위기'라고 정의했다. [출처: 중앙일보] [최준호의 사이언스&] "한국, 코로나 이후의 기회 놓치지 마라" 미래학자의 조언

2 최재천 외, 『코로나 사피엔스: 문명의 대전환』(서울: 인플루엔셜 2020).

3 언컨택트를 줄여서 언택트(untact)라고 하는 이들도 있지만 명확한 의미를 표현하기 위해 '언컨택트' 로 사용하고자 한다.

4 김난도 외, 『트렌드코리아 2018』(서울: 미래의 창, 2017).

5 인터페이스란 서로 다른 개체들이 커뮤니케이션(상호작용)할 수 있도록 연결하는 장치, 방법, 형식, 공간으로 기호(sign)의 형식과 속성을 기반으로 둔다. 여기서 기호란 시각적 상징뿐만 아니라 소리, 촉각 등 모든 감각적(sensorial) 대상을 포괄하는 것이다.

6 최재붕, 『포노사피엔스』(서울: 샘엔파커스, 2019), p. 113-115. 그는 '포노사피엔스'는 스마트폰을 신체 의 일부로 여기며 삶의 방식을 재정의한 사람들로 정의한다.

7 김용섭, 『언컨택트』(서울: 퍼블리온, 2020), 40-41. 영화 "HER"에서 인공지능 컴퓨터 사만다와 사랑을 나눈 테오도르는 현실의 나의 현실이 될 수 있다는 의미이다.

8 위의 책, 81

9 위의 책, 273-277.

10 정기묵, "뉴미디어 시대와 미디어 선교," 『선교와 신학』 제32집 (2013.08), 81, 77-110.

11 첫째는 디지털 문화를 "전례 없이 기술이 추동해 가는 문화"로 보는 입장이다. 이는 현대문화에 가장 큰 영향을 미치는 것을 기술의 발전으로 본다. 둘째는 디지털 문화를 "디지털 테크놀로지의 함의를 다룬 문학, 예술 영역의 사조와 그것에 대한 비평 작업"으로 보는 것이다. 이는 우리가 흔히 말하는 문 화라기보다는, 문학예술 사조에서 나타나는 경향에 가깝다.

12 이재현, 『디지털문화』(서울: 커뮤니케이션북스, 2013), 58. 인터페이스 영향의 예: '텍스트 혐오 인식.' 많은 디지털 기기들에서 문자보다 시각적 표현 방식을 주로 사용하기 때문에, 텍스트를 혐오하고 이 미지나 영상을 더 우월하게 보는 인식이 생겨 난다. 스크린 문화: 영화관, 컴퓨터, 스마트폰, ATM, 식 당의 메뉴 주문기 등 우리 생활세계의 대부분의 곳에서 발견할 수 있다. 이러한 스크린은 시각 주체 를 둘로 나누는데, 주체는 가상공간에서 시선의 다양한 변화를 경험하며 VR(Virtual Reality) 등의 장 치에서는 직접 움직이기도 하지만, 주체의 물리적 신체는 감춰있다. 이러한 측면에서, 스크린 문화는 분열된 주체를 만들어 낸다.

13 알고리즘 문화(소프트웨어 문화)의 예: 스마트TV. TV는 더 이상 전파를 수신하여 보기만 하는 장치 가 아니라, 사용자가 원하는 영상을 마음대로 시청하고, 유료 프로그램에 대한 결제까지 가능한 미디 어 소프트웨어, 미디어 처리장치이다. 데이터베이스 문화의 예: 구글링(googling). 우리는 데이터베이 스를 검색하고 그 결과를 통해 세상과 인간, 인생을 배우고 그것들은 우리의 세계관을 형성한다.

14 소셜 문화의 특징: 면대면(face-to-face)이 아닌 "매개 커뮤니케이션(mediated communication)." 매개 커뮤니케이션은 대인/매스 커뮤니케이션, 구두/문자/영상 커뮤니케이션 등이 혼합된 "혼종성(hybrid-ity)"을 특징으로 한다. 모바일 문화가 가져온 결과: 인간 감각의 확장, 시공간 인식의 변화뿐 아니라,

지식/정보/문화 콘텐츠의 전파, 상호간 커뮤니케이션을 훨씬 용이하게 한다. 또한 수시로 일어나는 스마트폰과의 연결 때문에 우리의 시간 사용 리듬도 변화되며, 장시간의 몰입보다는 짧은 순간의 피상성이 나타난다.

15 Henry Jenkins, *Convergence Culture: Where Old and New Media Collide*, 김정희원, 김동신 옮김, 『컨버전스 컬처: 올드 미디어와 뉴 미디어의 충돌』(서울: 비즈엔비즈 2008), 33-36. 참여 문화에 대해 상반된 평가가 있다. 하나는 참여 문화가 자본주의 미디어 기업이 만들어내는 지배적 문화의 대안이 된다는 평가이고, 다른 하나는 참여 문화 역시 결국에는 미디어 기업의 수익 창출에 활용된다는 평가이다. 디지털 문화의 글로벌화로 인해, 전 세계는 서로 교류하고 서로에게 영향을 주게 되었지만, 이에 따라 "문화 제국주의" 현상을 피할 수 없게 되었다. 이에 반하는 움직임들도 나타나는데, 예를 들어 중국은 여전히 인터넷 정보를 선별적으로 차단하고 있다.

16 독일 슈투트가르트에 소재한 '디지털윤리연구소'의 소장, 페트라 그림 인터뷰, '디지털윤리연구소'는 2014년에 유럽 최초로 디지털윤리를 전문적으로 연구하기 위해 설립되었다. https://www.goethe.de/ins/kr/ko/kul/dos/net/20622319.html

17 김대호, 『4차 산업혁명』(서울: 커뮤니케이션북스, 2016) '제4차 산업혁명'이란 말은 2016년부터 갑작스레 유행을 탔다. 2016년 다보스포럼에서 클라우스 슈밥(Klaus Schwab)이 제4차 산업혁명에 대한 주제 강의에서 언급하였다.

18 Klaus Schwab, *Fourth Industrial Revolution*, 송경진 옮김, 『클라우스 슈밥의 제 4차 산업혁명』(서울: 새로운 현재, 2016), 30-31.

19 위의 책 2장을 참고하라.

20 백종현 외 5인, "제4차 산업혁명과 포스트휴먼 사회," 『철학과 현실』 제112호 (2017.03), 109.

21 조용훈, "기독교의 4차 산업혁명 대응을 위한 세 차례 산업혁명에 대한 반성적 고찰," 『선교와 신학』 여름호 51집 (2020), 216-17.

22 김용섭, 『언컨택트』, 83 "이미 식당에서 무인 주문시스템으로 주문한 지 오래 이고 은행도 모바일 비대면 금융거래가 늘어나고 사람 대신 쇼핑 도우미 로봇이 등장하고 호텔 프론트에 로봇이 손님을 대응하는 곳도 있다."

23 김용섭, 『언컨택트』, 86-87.

24 위의 책, 263

25 강원대 의학전문대학원 조희숙 교수 연구팀이 6개월(2017년 12월~2018년 6월) 동안 효돌을 사용한 67~98세 춘천 지역 어르신 42명을 대상으로 우울증 변화와 생활 관리 활동 변화를 조사한 결과 우울 척도를 나타내는 지수가 사용 전 평균 5.76점(15점 만점)에서 4.69점으로 낮아진 것으로 나타났다. 특히 11점 이상의 고위험군 비중도 19.0%에서 14.3%로 4.7%포인트 감소했다.

26 김은혜, "신학적 인문주의자, 칼뱅연구: 새로운 기독교 인간주의의 복원을 위하여," 『신학과 사회』 30-4 (2016), 223-258.

27 Christopher L. Fisher, *Human Significance in Theology and the Natural Sciences* (Eugene, OR: Pickwick Publications, 2010), 16-17.

28 『호모사피엔스』로 한국에 돌풍을 일으킨 이스라엘대학 역사학자 유발 하라리는 사피엔스를 통하여 인류가 어디에서 왔는지를 추적하였다면 『호모데우스』에서는 인류를 신으로 업그레이드 하는 미래를 예측하고 있다. Yuval N. Harari, *Homo Deus: A Brief History of Tomorrow*, 김영주 역, 『호모 데우스: 미래의 역사』(경기 파주: 김영사, 2017).

29 Jürgen Moltmann, *Ethik der Hoffnung*, 곽혜원 역, 『희망의 윤리』(서울: 대한기독교서회. 2012), 253.

30 류은정, "마을교육공동체를 위한 지역교회의 역할," 『신학과 사회』 44 (2018.02), 282. 259-288

31 강승현, "[단독]청년 10명 중 4명 '정신건강 위기'…그중 절반은 당장 치료 필요," 동아일보, 2022.05. 20. https://www.donga.com/news/Society/article/all/20220520/113497395/1. 2)

32   서울시에 따르면 올해 2022년 '청년 마음 건강 지원 사업'에 신청한 서울 거주 19~39세 청년 1,686명을 대상으로 최근 MMPI-2 검사를 시행했는데, 709명이 정신건강 어려움을 겪는 '위기군'에 해당하는 것으로 나타났다. 10명 중 4명꼴이다. 위기군 중 절반이 넘는 361명은 당장 치료가 필요한 '고위험군'으로 확인됐다.

33   OECD 국가 중 자살률 1위, 이혼율 1위, 노인빈곤율 1위, 임금 불평등 1위, 대학교육 가계부담률 1위, 공교육비 민간부담률 1위, 사교육비 지출 1위, 어린이 행복 지수 최하위, 청소년 행복 지수 최하위, 출산율 최하위. 좋은 건 꼴찌고 나쁜 건 일등이다. 언론에서 수차례 인용되고 회자되는 몇 가지만 추려 이 정도일 뿐 민망한 1등과 꼴찌는 아직 수십여 가지가 더 남아 있다.

34   최승현, "20·30대 기독 청년 40.4% "성경 말씀대로 살면 성공 못해," 2021.01.28. https://www.newsnjoy.or.kr/news/articleView.html?idxno=302141. 이 기사는 2021년 1월 27일 발표한 '기독 청년의 신앙과 교회 인식 조사 세미나'를 4회에 걸쳐 소개한다.

35   이용필, "교회에서 사회적 관계·문화 자본 쌓은 청년들이 스스로 교회를 떠났다는 건," 뉴스엔조이 2021.11.09. https://www.newsnjoy.or.kr/news/articleView.html?idxno=303637.

36   이정연, 박찬미, 문성운, 이한솔, 이수진, "2030대 젊은 청년층의 우울과 불안 완화를 위한 챗봇 형태의 디지털 치료제 U-Me 개발에 대한 연구," 『PROCEEDINGS OF HCI KOREA 2020 학술대회발표논문집』(2020), 960-965.

37   최희진, "AIA생명, 온·오프라인에서 청년 정신건강 지원한다," 경향신문 022.05.26. https://m.khan.co.kr/economy/finance/article/202205261936001.

38   홍숙, "'디지털치료제'…"심혈관·호흡기·정신과 질환서 성장 예상," HITNEWS 2020.07.11. http://www.hitnews.co.kr/news/articleView.html?idxno=18272.

4부

기술과 생태

1 | 기술과 생태를 연결하는 물질^{Matter} 과 물질화^{Materialization}

1) 팬데믹 이후 주목받는 물질 matter

인류는 유일한 행성인 지구를 공유하고 있다. 그 지구가 기후 위기로 위험에 처해 있다는 것은 이제 전 세계인의 상식이다. 지난해 2023년 지구촌을 덮친 폭염, 가뭄, 폭우, 산불 등과 같은 재난과 전쟁과 분쟁으로 가속화된 생태적 파괴는 더 이상 지체했다가는 돌이킬 수 없는 상황에 이를 수 있다는 위기감이 고조되고 있다. 다보스 글로벌 리스크 리포트 WEF Global Risk Report 24년의 결과에 따르면 세계 전문가의 3분의 2가 올해 인류가 당면한 최대 위험으로 극한 날씨를 꼽았다.[1] 현대사회 인간의 각종 시스템은 기후 위기를 심화시키며 자연과 사회를 동시에 붕괴로 몰아갈 최적의 조건일지도 모른다. 지금 우리의 선택에 따라 다음 세대의 지속가능성이 결정될 것이다.

이 글은 지구를 구성하고 있는 물질[2]에 대한 신학적 성찰을 토대로 물질환경을 그저 대상화해 온 전통 신학의 탈세계적 신학을 비판하고 물질 matter 과 물질화 materialization 의 과정에 대한 신학적 숙고를 통하여 물질과 영혼^{정신}, 물질과 의미의 이원론적 분리를 극복하고 인간과 피조세계 더 나아가 인간과 비인간의 존재론적인 관계를 재정립하고자 한다. 이러한 신학적 시도는 구원과 창조의 공간으로서의 지구의 신학화와 생명의 터전인 땅의 중요성을 주목하고자 한다. 그 과정은 오랫동안 물질을 그저 죽어있는 대상으로 바라본 신학적 관점과 더 나아가 물질을 영혼과 대립하거나 이차적인 대상으로 사유해 온 신학 전통이 가져온 기후 위기에 대한 무감각성과 지구 파괴적 결과에 능동적으로 대응하지 않는 한국교회에 대한 반성적 비판이다. 또한 물질에 대한 신학적 반성과 성찰로 존재-인식론적 전환을 시도함으로 여전히 각각 분리된 체 논의 되는 인간과 물질관계에 대한 사유방식을 물질화의 과정으로 재인식함으로 지구신학Earth Planetary Theology 3을 구성함으로 더욱 적극적으로 기후 위기에 대응하기 위함이다.

이제 한국교회는 물질 배제의 신학적 전통이 가져온 문제를 통감하고 새롭게 제기되는 물질에 관한 신학적 재구성을 수행함으로 피조세계의 치유와 회복의 신앙적 결단과 삶의 실천을 강화하는 신학이 필요하다. 이러한 물질화에 천착한 신학적 전환은 물질의 고유한 행위성과 인간과 비인간의 존재론적 관계성에 대한 새로운 인식 안에서 생태 윤리적 사유를 통과함으로 그리스도인의 생태적 삶의 능동적 참여를 강조한다.

2) 전환기적 시대의 물질적 전회material turn와 생태신학의 응답

우리가 처한 다중 위기 속에 더욱 심각한 기후 위기는 산업문명의 지속가능성은 물론 인간과 현존하는 생명 영역을 넘어 비유기체적인 물질 환경과 지구 전체를 통째로 위기에 몰아넣고 있다. 특별히 팬데믹을 겪으며 생명의 범위에 벗어나는 바이러스의 출현으로 새롭게 떠오르는 물질의 발견은 최근 인문학적 담론을 주도하고 있다. 이러한 새로운 물질주의

New Materialism[4]는 정신과 신체와 의미와 물질의 이원론을 근본적으로 비판하며 인문학뿐 아니라 과학기술에 이르기까지 광범위한 영향을 미치고 있다. 이러한 물질의 발견이 주목받는 배경에는 모든 물질환경이 인간을 위해서 존재한다는 인간 중심적인 관점이 인류세의 위기를 불러왔다는 판단을 전제로 공감대를 형성하고 있다. 물질 배제의 인간중심의 뿌리 깊은 사유가 지구파괴를 불러온 원인으로 부각되었다.

이러한 물질의 발견은 COVID-19를 겪으면서 바이러스를 통해 비활성도 아니고 그렇다고 살아 있지도 않은 것으로서 생명의 생물학적 개념 자체에 도전하였던 시간에 대한 성찰이기도 하다. 세상의 모든 물질은 크게 생물과 무생물, 두 가지로 나뉜다. 그간 무수히 많은 생물의 정의가 나왔다. 과학자들은 생물과 무생물의 중간쯤이라는 애매한 위치에 바이러스를 놓는다.[5] 현재 국제적으로 통용되는 생물 분류 체계상에 바이러스가 아직 생물로 인정받지 못한 상태이다. 그러나 그 비유기체적인 물질의 활동성과 확산성은 인류의 생활방식을 바꾸게 하였다.

팬데믹 이후에 더욱 주목받는 신물질주의는 소위 21세기 최전선의 사유를 이끌어가면서 인간으로부터 독립해 있는 물질의 실재성과 행위성을 강조한다. 사실 '신유물론' New Materialism[6]으로도 이름하는 이 사유의 특징은 '물질' matter에 대한 새로운 개념을 정립하면서 20세기 말에 등장한 넓은 스펙트럼을 가진 현대사상이지만 양자물리학, 분자생물학, 복잡계 과학을 비롯한 현대 과학의 성과에 기반하여 양가적이고 복잡하며 혼종적인 물질의 역량에 주목하는 존재론이다.[7] 따라서 포스트 팬데믹 시대의 물질 발견은 인문학적 담론의 중심을 이룬다. 인간 의식이라는 한계 안에서 사고를 한정 짓던 '현상학의 시대'가 저물고, 물질세계에 관한 탐구를 통해 사유의 토대를 마련하는 '신물질론의 시대'로 사고의 대전환이 이루어지고 있다.

이러한 물질에 대한 새로운 이해는 물질의 작용과 변화는 물질 외부에서 가해지는 영향이나 요인들을 의미하는 고대 유물론과 구분된다. 그리고 인간 노동의 역사를 강조하고 물질은 상품의 가치의 담지자로서만 존재하는 것으로 규정하는 역사 유물론과도 차이가 있다. 이 신유물론자들의 강조는 물질의 내재적인 힘을 인식하면서 생기 있고, 창조적인 물질, 스스로 힘써 행하는 물질, 인간의 의도나 계산, 예측을 벗어나는 방식으로 뭔가를 행할 수 있는 잠재적 역량이다.[8] 특별히 이러한 전환은 신학적 담론 안에서 생명 중심의 생태신학에서조차 박탈 되어왔던 물질의 존재를 새롭게 정의하고 인간이 모든 물질을 지배하고자 하는 흐름에 대한 일종의 저항으로 표현되고 있다.

신물질론은 물질과 정신이 분리될 수 없으며 물질이 본질적으로 의미를 지닌다고 강조한다. 이는 물질을 단순히 이차적 배경으로 보고 인간이 만드는 가치와 의미 작용과 무관하다고 주장하는 사회구성주의적 관점을 비판한다. 신물질론자들은 물질과 의식, 그리고 물질과 의미 사이의 분리를 넘어서려 한다. 이들은 두 영역이 서로 얽혀 공동으로 구성되며, 신체화되고 행위적이라고 본다. 또한 특정한 시공간적 과정을 통해 생성되며, 이러한 상호 교차를 통해서만 세계를 온전히 이해할 수 있다고 주장한다. 결국 인간의 사고와 소통 방식은 다른 인간 및 비인간 존재들과의 끊임없는 상호작용의 결과라는 점을 인식해야 한다. 인간은 "우리" 대장 속의 미생물과 공존하지만, "우리"와 보통 "그들"은 범주적으로 분리된 것으로 생각한다. 그러나 인간 신체와 복잡한 물질적 환경과의 존재론적인 관계는 대상과 주체 간 대립이 아니라 균열과 상처를 연결하는 연속성 즉 물질화의 과정으로 보아야 한다는 것이 신물질주의의 핵심이다.[9] 따라서 이러한 과정에 대한 인식은 주체/대상객체 이원론을 극복하며 하나를 다른 하나에 비해 우선시하거나 하나를 다른 하나에 동화시키는 것이 아니라 끊임없이 변화하는 맥락 속에서 이 둘 모두를 관계적으로 포용함으로 생산적인 비판을 제공한다.[10] 즉 물질과 정신을 구분하는 이원론적 구도는 복잡하게 얽힌 인간과 물질과의 관계를 더 이상 설명하지 못한다. 현실의 물질만을 문제시 하기에는 이미 물질은 보이지 않는 곳에서까지 복잡하게 변화하고 있기 때문이다.

특히 관계성에 대한 흥미로운 예로 알려진 '관찰자 효과'[11]란 관찰 행위로 인해 현상에 일어나는 변화를 가리킨다. 그것은 탈-이원론적 접근으로 "주체"와 "객체" 사이의 뗄 수 없는 관계뿐만 아니라 물질의 역동적이고 다원적인 자연문화의 과정임을 증명하였고 물질화의 과정을 심도 있게 보여 준 실험이다. 이렇게 물질화의 과정에 대한 기본적 이해는 탈-이원론으로 인간의 우월성과 예외성에 대한 관념을 점진적으로 해체하는 과정을 수행해왔다. 따라서 신유물론은 고대에서부터 근대에 이르기까지 인위와 자연, 문화와 자연, 그리고 사회와 자연을 가르던 이분법을 넘어선다. 그 결과 물질화의 과정에서만 인간은 수많은 상호작용의 과정에서 세 가지 기본 규정인 '존재한다', '인식한다', '작용 혹은 생산한다'라는 표현이 가능해진다.[12] 여기에서 핵심은 우리의 암묵적이고 명시적인 편견과 특권을 자각하는 것이다. 이러한 탈인간 중심적 전환은 가장 넓은 의미에서 모든 존재의 화해를 제공한다.

이러한 생태적 전환 시대에 기독교는 스스로를 반유물론적이라고 생각하며 하늘을 향한 관심으로, 탈물질적이고 내세 지향적 신앙을 추구하면서 지구를 돌보아야 할 그리스도인의 신앙적 동기를 하찮게 생각하도록 만들었다. 그리고 그 배경에는 '타락한 세상'에 대한 교리의 뿌리 깊은 이원론적인 이해가 자리하고 있다. 그러나 하나님이 창조주이심과 역사를 이끌어 가시는 구원자이심을 고백하는 것은 추상적 차원이 아니라 그 대지 위에서 끊임없이 변화하는 물질과 그리고 인간과 자연과의 소통적 매개를 포함하고 있음을 의미한다. 골로새서 1장 16절에 '만물'이란 단어가 두 번 사용되었는데 이 단어의 헬라어 원어인 '타 판타'$^{τα\ παντα}$는 그리스도의 구원 사역은 인간뿐 아니라 비이성적인 피조물, 물질적인 피조물, 생물, 무생물, 유기체, 무기체, 사물들^{things} 등을 포함한다. 이렇게 인류의 창조와 구원의 역사에서 배제되지 않았던 만물$^{all\ things}$에 대한 성경적 해석[13]은 하나님과의 화해의 과정 $^{process\ of\ reconciliation}$에 인간뿐 아니라 땅의 모든 것들을$^{all\ things}$ 포괄하며 새 하늘과 새 땅을 실현해 간다.

이러한 만물에 대한 성경적 이해는 인간사회가 탈물질화와 탈육체화로 분리되는 것을 재 관계화하여 인간을 생명-물질 $^{life-matter-thing}$과의 얽힘의 과정 안에서 이해하게 하는 중요한 관점을 제공한다. 신물질주의자의 대표적 학자인 캐런 바라드는 존재를 개체^{individual}가 아니라 집단적 '얽힘' ^{entanglement}으로 본다. 바라드는 '존재인식론' ^{ontoepistemology}의 개념을 제시하며, 주체와 객체의 상호작용이 개체를 만들어내는 것이 아니라 오히려 얽힘으로부터 주체와 객체가 구분되어 나타나는 것이 우리가 말하는 상호작용^{interaction}이라고 설명한다.[14] 따라서 수동적인 물질이 아니라 능동적인 물질화^{materialization}를 강조하는 이러한 사유는 이른바 '존재론적 전회 轉回'라고 할 수 있다. 즉 동물, 식물, 무생물, 기상현상, 인공물 등 모든 비인간과 인간을 동등한 행위자로 봐야 한다는 방향으로 나가고 있다.

생태신학은 지구 공유지의 회복을 위해 이 세계의 물질화의 과정 즉, 유기체/비유기체, 인간/비인간 및 언어/비언어 사이의 모호하고 역동적인 경계에 주의를 기울인다. 이렇게 물질화에 대한 주목은 모든 존재와 인식 그리고 물질과 담론의 분리 불가능성을 밝히는 것으로 최근 생태신학적 연구를 통하여서도 유기체를 넘어 비유기체적 물질/사물의 논의로 확장되어가고 있다.[15] 물질에 대한 시대적 도전을 성찰하고 생태신학적 의미를 숙고하는 것은 기후 붕괴로 인한 고통이 가중되는 현실 속에서도 탈세계화의 경향성이 보여주었던 전통 신학의 교리와 관념을 반성하고 궁극적으로 한국 교회로 하여금 기후 위기의 극복에 대한 소극성과 무감각증을 일깨울 수 있기 때문이다. 이렇듯 물질의 발견은 생태신학적 담론의 지형을 새롭게 바꾸면서 '인간이 만물의 척도'라는 신념에 제동을 걸었다. 따라서 이러한 물질에 대한 최근의 간학문적 대화는 물질로 가득한, 아니 물질로 만들어 내는 이 지구는 물질의 경이로운 힘과 행위성의 존재론적 특성에 주목해야 한다고 주장한다.[16] 이렇게 기후 위기 극복을 위해 신음하는 피조세계의 물질화의 과정을 추적하여 그 신학적 의미를 찾고자 하는 것은 기독교 생태윤리학의 시급하고도 실천적인 과제이다. 이러한 과정은 지구라는 인류 공유지의 비극으로 피조 세계를 치유하고 우리가 지구공동체의 일원이라는 윤리적 책임을 더욱 철저하게 인식하는 것이다.

팬데믹 이후 생태신학의 물질이해는 유물론적 물질주의와 이원론적 정신주의를 넘어서, 물질을 고정되거나 수동적인 것이 아닌 능동적인 물질화materialization 로 보는 것을 중요하게 고려한다. 특히 이러한 물질 개념에 대한 다양한 신학적 성찰들은 주로 인간과 비인간 사이의 관계성relationality 과 과정성processuality 에 초점을 맞춘다. 또한 최근 생태신학은 유기체 중심의 관점을 넘어서서, 물질과 의미, 그리고 인간과 비인간 존재자들이 복잡한 생태계 안에서 서로 얽혀 있는 방식을 이론화하려 시도한다. 즉 팬데믹 이후 전환기적 생태신학적 사유는 인간에게만 세계의 특권적 지위를 부여하지 않고 오히려 인간을 물질과 사물들 사이에서 조화로운 협력적 존재자로 여기는 사상에 관심을 돌리고 있다. 특별히 이러한 물화mattering[17]에 대한 생태신학적 재구성은 재난 때마다 떠오르는 왜곡된 지구 파국적 종말론과 내세 지향적 신학이 강고히 결합하여 나타나는 탈세계적 문제를 심각하게 인식하고 그 대안적 사유를 모색해 나가는 길이 될 것이다. 즉 물질에 대한 생태신학적 사유는 먼저 정신에 기초한 인간의 존재론적인 특권을 내려놓는 것을 의미하며 둘째, 모든 개체의 상호 관계성과 되어 가는 과정에서의 얽힘의 존재론을 지향하게 된다. 결론적으로 인간과 물질 그리고 존재와 인식의 분리 불가능성을 밝히는 것이며 더욱이 이러한 물질 이해는 현대 과학의 발전에 의해 지지 된다는 사실을 동시에 인식하는 것도 중요하다.

3) 전통 신학과 근대과학의 물질 이해와 물질에 대한 생태 신학적 전환

오랫동안 신학은 전통적으로 물질^{matter}을 그저 죽어있는 대상으로 여기며, 그것이 가지고 있는 고유하고 역동적 활동을 배제해 왔다. 그러한 배경에는 자연과 인간관계를 이해하는 오랜 이원론적인 신학 전통과 하나님 형상으로서의 인간의 영혼과 정신의 우월성을 강조하는 기독교의 전통적 인간이해에 기초하고 있다. 생태신학적 관점은 하나님 형상으로서의 기독교 인간이해는 때때로 인간이 자연을 통제하면서 유일무이하고 전체로서의 세계와 우주에서 특별히 중요하다는 믿음으로, 지구와 땅의 풍요로움에 의지하며 그 위에서 살아가야 하는 인간임을 망각하고 지구를 심각하게 착취하고 파괴하는 인간중심주의에 기여하였음을 비판해 왔다. 이렇게 자연환경을 오랫동안 파괴해 온 힘 중 하나가 바로 인간 존재만이 홀로 의미와 가치의 중심에 서 있다는 신념임을 깨달았다. 특별히 팬데믹 이후 심화하고 있는 기후 위기 현상은 자연환경을 구성하는 물질성에 대한 침해가 그 절정에 이르고 있음을 구체적으로 보여주고 있다.

근대성의 세계 인식 또한 인간문화와 물질세계 사이에 뚜렷한 구분이 존재하고, 인간이 이 물질의 영역을 지배한다고 믿었다.[18] 근대 자연과학의 아버지라 불리는 프랜시스 베이컨Francis Bacon은 태풍이나 홍수, 질병, 지진처럼 인간에게 불행을 안겨주는 자연을 '삐딱한 자연', '타락한 자연'이라고 불렀다. 이러한 이유로 물질은 인간에 의한 수정과 교정, 개선, 변화가 필요한 존재로 여겨졌고 이렇게 인간은 자연을 지배해 왔다.[19] 물질에 대한 근대 과학의 입장은 기본적으로 주체-객체 이원론적이며 자연이 질료로서 구성되어 있으며 이러한 질료 각각은 시공간의 속에서 어느 한 지점씩 고정되고 정렬되어 있다고 봤다. 그래서 17세기의 뉴턴Isaac Newton 물리학은 사물은 유클리드적 시공의 좌표상이 일정한 위치에 놓여 있는 것으로 파악했다. 즉 뉴턴의 원자는 "태초에 있는 신이 고체, 질량, 단단하고, 투과할 수 없고, 움직일 수 없는 입자로 물질을 형성할 것"이라는 믿음에서 만들어졌다고 생각했다.[20]

이러한 뉴토니안 패러다임Newtonian Paradigm은 어떤 면에서 시간과 공간조차도 뒤틀릴 수 있다는 생각을 전혀 하지 못했었다. 이러한 근대 과학의 물질 이해는 양자물리학의 진보를 거치면서 물질의 능동성에 주목하고 이원론을 넘어 '생성'과 '차이'에 집중함으로 물질로 만들어진 이 세계는 이러한 물질의 경이로운 힘과 혼동성으로 가득 차 있다고 보았다. 이렇게 물질은 생명이 없고 불활성, 평평한 것들이라는 사유가 바로 뉴턴 이후 현대 세계의 물질주의이다. 그리고 이러한 오래된 근대 이원론적인 물질주의는 소비되어야 할 대상으로서 탈근대 자본주의 세계로 당당하게 이전되었다.

고정불변하는 실재reality란 이 세상에 존재하지 않는다고 말한 과정철학자, 화이트헤드Alfred N. Whitehead에 의하면 모든 사물은 단순하게 놓여 있는 개체성을 가질 수 없다고 주장하였다. 즉, 한 사물을 다른 사물인 그 환경과의 관계 안에서 보지 아니하고 고립적으로 그 환경에서 떼어서 본다면, 그것으로 인해 그 사물의 본질마저 파괴되는 결과를 가져오기에, 다른 사물과의 관계성을 떠난 독립적인 물체란 있을 수 없다고 말한다. 그럼에도 불구하고 근대 자연과학은 사물을 개체적인 것으로 판단했으며, 시공간의 좌표는 절대적인 것이라 전제했던 것이다. 화이트헤드는 거의 한 세기 전에 이미 이러한 긴장과 위기를 인지하고 있었다. 그는 언제나 "자연의 이분화"라고 부르는 것, 혹은 "의식적으로 포착한 자연과 그러한 의식의 원인이 되는 자연"간의 절대적인 분열을 극복하고자 했고, 가령 "붉게 빛나는 노을"과 지구 대기 중으로 굴절되는 햇빛의 "분자와 전파"가 같은 존재론적 지위를 가지는 세계를 설명해야 한다고 주장하였다.[21]

이렇게 변화되고 있는 다양한 이론들은 인간중심적 물질이해가 불러온 인류세 시대에 지구 현실을 깊이 인식하고, 오히려 호모사피엔스라는 인간 종의 시대는 저물고 물질과 자연의 세계에 존재하는 다른 행위자들 ^{예컨대 지구 시스템}의 힘에 주목하고 있다. 이제 이러한 물질에 대한 새로운 성찰적 관점은 인간은 무엇보다 인류 생존에 절대적 장소인 지구가 위험에 처한 그 최소한의 물질에 대한 메시지를 무시함으로 지구상의 인간과 비인간은 '여섯 번째 대멸종'을 기념하는 인류세를 넘어가고 있다고 진단한다. 즉 물질적 전회^{material turn}를 중심으로 전개되는 이론들은 인간중심주의로 대표되는 근대성의 위기를 타개하기 위해 탈인류중심적 움직임으로 등장하였다.

앞에서 살펴본 대로 신학은 오랫동안 물질을^{matter} 그저 정신성이 없는^{mindless} 기초적이지만 자동력을 결여하고^{inert}, 생명력을 갖고 있지 않고^{lifeless}, 편평한 것으로서 물질에 대한 이해가 지배적이었고 그것이 바로 뉴턴 이래로 근대의 유물론^{materialism}이 가정한 물질 이해와 유사하다.[22] 그러나 현대 생태신학자인 샐리 맥페이그의 "체현의 신학"은 공간과 장소의 구체성을 전제하고 있으며 가장 기본적이고 일차적인 공간 개념인 신체와 함께 그 공간은 지상의 물리적 범주로 본다. 그녀의 "체현 인간론"은 수십 억 년에 걸쳐 진화한 지상의 물리적 피조물로서의 인간과 더불어 존재하며 인간은 땅에 속해 있으며 땅은 인간의 존재론적인 터전이 된다.[23]

이렇게 인간은 완전히 체화된 존재로서 그 신체의 내부와 외부의 다른 생물학적 존재들과 한순간도 분리된 적이 없다. 우리는 물질적 세계에서 일어나는 모든 것에 민감하게 연결되어 있다. 이렇게 지구 위에서 존재하는 인간은 체현된 존재로 이미 인간은 다른 존재들과 얽혀있는 공생적 존재이다. 화이트헤드의 제자인 찰스 하트숀 Charles Hartshorne 은 "신의 몸으로서의 우주"라는 비유를 제시하며 물질-에너지와 관련하여 보이는 것과 보이지 않는 모든 것의 창조자에 대하여 주목한다.[24] 이러한 상징은 인간이 땅을 지향하는 존재 earthbound 로서 인간과 물질의 상호연결성을 강조하며 우리 자신을 세계의 일부로 받아들인다.[25]

더 나아가 맥페이그는 탈근대적 과학과 더불어 밝혀지는 "공동의 창조 이야기" common creation story 를 통해 지구상의 피조물로서의 인간의 실존의 삶을 보여준다. 창조 이야기는 기본적으로 상호연관적이고 상호의존적이며 근원적으로 만물의 공동 이야기이다. 창세기 1장에서 하나님은 하나님의 형상으로서의 인간뿐 아니라 땅에도 명령하신다. 땅에게 온갖 식물을 내도록 명령하시고 땅은 그렇게 공동창조자로 하나님의 창조 사역에 참여하게 된다. 이 공동의 성격은 물리적 세계에서 분리된 인간 실존 또는 다른 종들, 그리고 생태계와의 근본적인 상호 의존성과 상호연관성으로부터 동떨어져 있는 인간 개인이라는 개념을 거부한다. 다시 말해서 이원론적 세계 이해는 생물권이 기존의 공간 "안에" 존재한다고 생각하지만, 사실 생물권도 파도, 산호, 산호에 대한 관념, 기름을 유출하는 유조선과 같은 만물의 존재들 간의 네트워크이다. 그리고 이 네트워크는 어떤 실체라고 불릴 자격이 있다는 것이다.[26]

이러한 최근의 신학적, 철학적 담론들은 물질에 대한 관점이 서로 다르더라도 공통적으로 물질을 능동적이고 창조적인 존재로 보며, 인간과 분리되지 않은 것으로 이해한다. 그러므로 인간과 인간, 인간과 다른 피조물, 인간과 자연의 이원론적 분리는 근본적으로 불가능하다. 즉 생명이란 이원론적 실재라기보다는 조직체의 한 유형이기 때문에, 생물[복잡한 조직체]과 무생물[단순한 조직체] 사이의 절대적인 구별은 불가능하다. 높은 차원의 복잡한 조직체는 낮은 차원의 단순한 조직체에 의존한다. "더 높고 복잡한 차원일수록 더 취약하며 자신을 지지해주는 차원들에 더 의존한다."[27] 이러한 관점은 물질을 되어감의 과정으로 보며, 수동적 물질주의가 아닌 능동적 물질화를 추구한다. 나아가 물질에 대한 이러한 신학적 통찰은 존재론적 관계주의를 심화시키고, 과정적이고 관계적인 존재론으로 그 논의를 확장하고 있다.

특별히 현대 양자물리학은 물질-에너지의 신비스러운 과정과 양자이론의 얽힘의 의미를 연결하여 관계적 존재론을 기반으로 지구 행성을 새롭게 접근하고 이해하고 있다. 우리가 물질에 이렇게 다시 이해하게 되면 데카르트와 뉴턴의 고정된 원자로서의 물질을 넘어 양자의 활동성으로 물질을 재정의하게 된다. 양자물리학은 물질은 고정된 실체가 아니라 진동하는 에너지임을 밝혔다. 양자는 가장 작다고 알려진 원자보다 백만 배는 더 작다고 한다. 그리고 이 수준에서 물질과 에너지는 언제든지 서로 바뀔 수 있다고 한다. 이처럼 물질과 생명을 구성하는 가장 작은 단위로 생명정보가 기록되어 있는 양자 에너지는 그야말로 '생명전자'라 할 수 있다. 우주 만물은 각자의 고유한 에너지 파동을 가지고 있으며, 그 에너지에는 정보가 실려 있다.[28] 양자 얽힘의 의미, 즉 한 번 연결된 물체들이 시공간적 거리와 무관하게 분리될 수 없다는 개념은 첨단 과학계에서 큰 관심을 받으며 널리 연구되고 있다. 과정신학자인 켈러는 이러한 과정을 얽힌 차이 윤리로 해석하고 물질은 상호 공명하고 있다고 말한다. 즉 이러한 존재적 얽힘은 인식론과 존재론의 분리를 넘어 인식-존재론의 전환으로 앎knowing과 함doing과 존재being의 분리불가능성을 강조하는 것이다.[29] 전환기적 생태신학은 이렇게 인간과 물질의 능동성, 역량, 행위성에 주목하는 존재론적인 관계성을 진지하게 논의하고 있다.

　생태신학적 관점은 소위 새로운 물질주의와 물질의 생태학적 의미를 건설적으로 고려하고 물질의 감각은 실체나 물건으로서가 아니라 하나의 과정, 즉 물질이 되는 과정, 순간순간 구체화하는 것으로 이해한다.[30] 이러한 관계적 존재론 안에서 생명이 만물 사이에서 공유될 수 있도록 존재하기 위해 우리는 만물의 유지자이신 그리스도 안에서 우리 자신의 생명 유지와 성장뿐 아니라 우리 안의 관계적 잠재력에 관심을 기울여야 한다. 특히 생태신학적 관점에서 과정으로서의 물질화에 주목하는 것은 인간은 세계 밖에서 존재할 수도 없고 지구를 떠나 생존할 수 없으며 동시에 세계의 특정한 장소에 고정되거나 위치 지워지지 않는다는 것을 의미한다.[31] 창조주 하나님의 창조 세계는 본래 선한 창조였다는 점이다. 그러므로 이 피조세계는 하나님의 영광을 나타내고 그의 영광을 위해 창조되었으며 세상은 여전히 하나님께 속해있고 성령을 통해 지금 이곳에 계신다. 그러므로 그 물질세계는 끊임없이 움직이고 변화되고 있으며 인간은 지속적으로 진행되고 있는 물질의 행위적 활동 안에서 존재하는 세계의 한 부분인 것이다.

4) 탈세계적 신학의 물질 개념을 재정의하는 현대신학

전통 신학적 담론에서 물질에 대한 언급은 놀라울만큼 배제되었다. 종교개혁 이후에도 비록 개신교는 그 피조물로부터 그 선함을 추방하였거나 예수 그리스도의 성육신으로부터 구원을 제외하지는 않았지만, 그 방법에 있어서 무심코 자연과학의 물질주의와 구분을 지으면서 그 물질과 의미의 차원을 과학과 종교의 이분법적인 흐름으로 근대의 전체 역사는 흘러간 경향이 있다. 또한 이러한 물질에 대한 신학적 담론은 근대과학의 영향뿐 아니라 계시와 자연에 대한 신학의 분리적 사유로 인해 형성되었다. 이러한 오랜 전통의 물질 배제의 신학은 서구 신학적 전통 속에 깊이 뿌리내리고 있음을 알 수 있다.

물질에 대한 신학적 성찰을 검토하기 위해서는 계시신학과 자연신학의 차이를 살펴볼 필요가 있다. 자연신학은 인간의 이성과 자연의 빛, 즉 일반계시를 통해 존재와 영원성, 그리고 신의 완전성을 알 수 있다고 주장한다. 반면 계시신학은 신의 뜻과 구원의 은총이 인간의 이성과 자연으로는 도달할 수 없는 초자연적 지식이며, 오직 계시를 통해서만 알 수 있다고 본다. 이 두 관점은 전통적으로 대립해 왔으며, 20세기에 들어서는 자연신학이 신정통주의자들의 비판을 받으며 신학적 논쟁으로 이어졌다.[32] 이러한 입장은 자연과 계시를 관계적인 관점에서보다는 이원론적인 개념으로 이해함으로 자연, 즉 물질환경에 대한 진지한 검토를 불가능하게 하였다.

현대신학에서 직접적으로 물질을 사유의 대상으로 삼은 것은 자연환경을 신학적으로 성찰하는 작업의 과정에서였다. 판넨베르크는 창조론에 대한 성령론적인 접근을 시도하면 놀랍게도 장이론 Field Theory, 場理論 을 그 중요한 배경으로 하고 있다. 그는 성령은 창조물 안에 계시는 하나님의 내

재성의 원리이며 피조물이 신적인 삶에 참여하는 원리라고 말한다.[33] 성령은 환경적 네트워크 또는 그들의 장으로서 그 안에서 그리고 그로 인하여 피조물이 살게 된다고 말한다. 더 나아가 판넨베르크는 이러한 관점에서 역장カ場으로서의 성령을 이해하는 것은 가장 포괄적이고 강력한 피조물의 역동적 움직임을 만든다고 주장한다.[34] 판넨베르크는 장 개념이 고대 프뉴마pnuema 교리와 상통한다는 점에서, 현대물리학의 장이론을 창조과정에서 나타나는 신적인 프뉴마로 이해하고 역동적으로 활동하는 것으로 보는 것은 올바른 관점으로 그리스도 교리와 관련시켰다.[35] 판넨베르크의 이러한 주장은 물리학의 장이론이 신적 영역의 기능을 물리학적 자연 서술과 연관 지을 수 있는 가능성을 보여준다.

더 나아가 몰트만은 창조론을 통해 생태학적 관점을 전개한 대표적인 현대 신학자이다. 그는 17세기 데카르트가 주장한 생각하는 정신인 주체로서의 인간과 주체 외부에 존재하며 인식의 대상이 되는 비정신적 객체로서의 물질세계를 구분해 온 인간중심주의적 신학을 비판하였다. 몰트만은 이러한 정신과 물질적 환경, 인간과 자연의 분리를 가져온 이분법이 환경파괴의 정신적 근원이라고 보았다. 근대철학의 이원론적 입장은 생기론과 기계론을 넘어, 베이컨의 영향으로 자연을 타락한 자연으로 정의하며 세계를 변하지 않는 고정된 대상으로 이해했다.

몰트만은 인간과 세계를 엄격히 구분한 데카르트의 이원론을 극복하기 위해 하나님이 창조하신 자연 세계와 그 세계의 일부로서의 인간의 관계를 강조하면서 생태신학을 전개한다. 따라서 인간과 자연의 분리 불가능성의 인식이 중요할 뿐 아니라 인간과 자연의 관계의 재조명은 자연과 하나님과의 관계의 성찰을 전제해야 함을 말한다. 그는 삼위일체론적 창조론을 기반으로 하나님, 인간, 그리고 자연의 위계적 관계를 해체하고 삼위일체 하나님을 창조된 만물 사이의 관계의 기본 모델로 삼는다. 몰트만은 『창조 안에 계시는 하나님』에서 인간 중심적 세계관은 비성서적임을 분명히 밝힌다.[36] 즉 모든 만물은 서로 함께 공존하고 상호관계적으로 안에 살며 서로를 위해 존재한다. 그러므로 물질뿐 아니라 어떤 사물을 이해할 때도 다른 사물과 분리된 그 사물 자체의 의미를 이해할 수 없으며 오직 다른 사물과의 관계 안에서만 그 사물의 참된 의미가 이해될 수 있다고 말한다.

몰트만은 하나님의 초월과 세계의 내재로 분리된 전통적 창조신앙이 세계를 단순히 수동적 물질로 이해해 온 것을 비판했다. 그는 이러한 성서의 전통이 근대 세속화 과정에서 자연에 대한 무차별적 정복과 착취를 종교적으로 정당화하는 근거가 되었다고 평가했다. 따라서 그는 오늘날의 생태학적 창조론이 초월과 내재의 구분을 유지하면서도 하나님의 세계 내재성을 인식하도록 가르쳐야 한다고 주장한다. 하나님은 창조 그 순간부터 삼위로 함께 일하셨고 하나님은 세계를 창조하시는 과정에서 피조물과도 함께 생명을 풍성하게 만드셨다. 몰트만은 한 발 더 나가 적극적으로 물질의 능동성을 언급하고 있다. 즉 창조의 과정에서 하나님은 땅에게 해와 달과 별들에게 그리고 물에게 생명을 창조하는 일에 공동 참여하도록 하셨다. 이 공동참여의 창조의 과정은 하나님 삼위와 모든 피조물들에게 그 창조적 능력을 나누어주셨음을 의미한다.[37] 이렇게 우리는 현대신학 삼위일체 신 개념과 그리스도의 "삼위일체적 상호침투"를 통하여 하나님의 초월성과 물질의 실재 사이에 중재하는 역할을 수행하시는 분으로서 설명할 수 있다. 그러므로 예수 그리스도의 몸을 묵상한다는 것은 그리고 그 몸의 부활에 대한 신학적 논의는 기독교의 진리가 신체와 물질에서 멀어져 있지 않음을 증거 하는 것이다.[38]

성경의 전통은 항상 하나님께서 창조하신 피조 세계를 언제나 '보시기에 좋았더라'고 하였던 그 물질환경과 생명계의 복잡한 관계 속에서 진화의 여정을 이루어왔다. 더군다나 하나님 자신이 성육신의 과정에서 그 물질환경의 한 부분이 되셨고 물질화의 과정 속에 침투하고 계신다. 이러한 물질에 대한 신학적 발견은 기독교의 내세 지향적 구원관이 단순히 세계로부터의 구원을 지향하는 관점을 극복하도록 돕는다. 즉 기후 위기의 기독교의 책임을 피할 수 없는 상황에서 오히려 이러한 신체와 물질적 진리 토대는 어쩌면 바로 가장 작은 양자의 공명하는 '에너지-물질'로부터 비롯되어질 수 있다. 성경에서 모든 것이 선하다고 말씀하신 하나님의 창조와 인간의 죄로 인해 오염된 몸, 그리고 연약한 인간의 신체를 위한 정의의 구현을 위한 예언자적인 선포 그리고 몸을 포함한 부활 사건을 통해 바로 '물질화된 물질'의 역사가 끝없이 계속 재순환되고 있음을 발견할 수 있기에 기독교에 대해 '물질화된 기독교'라고 정의할 수 있다고 주장한다.[39]

성서는 하나님과 노아와의 언약 과정에서도 모든 생물들을 포함시키심을 증거하고 있으며, 호세아 2장 18절에서는 하나님께서 들짐승들과 공중의 새와 땅의 곤충과 더불어 언약을 맺으신다. 하나님 구원의 언약은 단지 인간만이 아니라 모든 생물과 맺은 약속임을 성서는 분명히 하고 있다. 로마서 8장 19-21절은 이렇게 피조물이 함께 탄식하며 함께 고통을 겪고 있으며 썩어짐의 종노릇 하는 데서 해방되어 하나님 자녀들의 영광의 자유에 이르기를 바라고 있음을 증언하고 있다. 그러므로 그리스도인들은 모든 피조물의 최종 해방과 구원을 기다리며 인간과 비인간과의 관계에서 하나님 나라의 이상을 구현함으로써 그 나라의 증인이 되어야 한다.

세계를 초월하는 하나님과 세계 안에 내재하시는 하나님은 한 하나님이시다. 그러므로 삼위일체적 생태신학 안에서 인간의 참된 위치는 상호의존적이 생태 세계의 참여를 통해서만 가능하게 된다. 즉 우리는 자연과의 관계 안에서만 인간인 것이다. 더 근원적인 진리는 "하나님의 목적은 자신의 창조 세계 안에 내주하며 그 안에서 '만유의 만유'all in all가 되는 것이다."[40] 그리고 장차 도래할 종말론적 하나님 나라에서는 만물이 하나님 안으로 받아들여지고 하나님이 만물 안에 임재 하신다. 몰트만에 따르면, 고린도전서 15장 28절은 하나님의 우주적 쉐히나Schechina로 영광스럽게 변화된 새로운 피조물이 삼위일체 하나님께서 내주하시는 환경이 됨을 표현한다. 골로새서 1장 17-18절에 따르면 예수 그리스도는 이 땅 위의 모든 피조물과 물질 그리고 만물을 고유한 존재로 유지하게 하시는 분으로 만물의 존재의 근원이 되신다. 이 세계는 정신성을 결여한mindless 물질이라는 의미가 전혀 아니며 피조 세계와 만물은 단순히 인간만을 위한 활동 공간이나 소유 그리고 활용과 소비의 대상도 아니고 이제 '유기체와 생명체를' 넘어 비 유기체적 존재들과 '만물의 얽힘' 속에서 공생하며 만물이 공동참여하는 하나님의 지구임을 인식할 수 있게 된다.

5) 기술시대에 지속 가능한 생태신학으로 지구신학

물질이란 개념이 학문적으로 주목받기 시작한 배경에는 기후 위기라는 지구의 문제를 적극적으로 바라보는 과정에서 시작하였다. 그리고 생태신학적 연구에서 물질에 대한 진지한 숙고는 '지구'를 신학의 핵심 개념으로 떠오르게 하였다. 사실 오랫동안 전통 신학에서 언제나 극복의 대상, 나아가 지배의 대상으로 삼아왔던 자연, 즉 물질세계의 영역은 인간의 생각과는 다르게 변화해 왔다. 특히 최근 생태신학은 낡은 유물론에 대한 비판으로서 영혼중심주의로의 회귀가 아닌, '신물질주의'의 등장을 주목한다. 물질은 정신이 위대한 만큼 더불어 위대하며, 이 우주는 물질을 통해 정신이라는 '물질을 이해하는 토대'를 비로소 만들어 낸 것이다.[41] 이 관점은 고대 유물론에서부터 근대 유물론에 이르기까지 견지되었던 '물질-수동성 대 인간-능동성'이라는 이분법적 분할을 넘어선다. 하나님께서 흙으로 사람을 만드시고 코에 생기를 불어넣으신 과정에서도 물질이 배제되지 않았음을 알 수 있다.

또한 기독교윤리학적 관점에서 어원적으로 "윤리"는 고대 그리스어 "에토스"ethos에서 온 것으로, 원래는 "익숙한 장소"를 뜻했고, 보다 일반적으로는 "습관과 관습"을 가리킨다. 이러한 의미에서, 우리는 우리가 거주하는 윤리적 공간에 대해 개인적이고 종적인 관점 모두에서 성찰할 수 있으며, 이는 윤리적 책임과 함께 우리의 일상적인 존재 습관을 반성하게 한다. 즉, 이미 돌이킬 수 없을 만큼 파괴된 땅, 산, 바다 등 인간은 이러한 물질 환경 안에서 어떻게 존재할 것인가를 진지하게 다시 물어야 한다. 지구는 그저 인간이 삶의 터전으로서의 환경 이상의 인간 생존을 가능하게 하는 능동적인 기반으로서의 물질 환경으로 인류가 살아가는 단순한 배경 이상으로 중대하다. 하지만 전통 신학과 때로는 세속화된 패러다임에서도 물질이 인간의 인식에서 분리되거나 추상화되도록 하여 우리를 지구에 대한 문제에 무감각하게 한다.

이러한 배경에서 최근 생태 신학적 담론에서 기후 위기에 대한 응답으로 중요하게 강조되고 있는 개념은 지구와 더불어 땅, 영토와 같은 공간을 구성하고 있는 개념들이다. 특별히 이미 생태신학자, 샐리 맥페이그 Sallie McFague를 통해 '하나님의 몸'으로서의 지구 개념을 가지고 생태 신학적으로 중요한 전환을 가져왔다. 범신론적 경향성에 대한 지속적인 의심의 눈초리를 받으면서도 끈질기게 몸의 개념을 강조했던 것은 인간의 영혼과 신체의 뿌리 깊은 이원론적인 전통과 인간 정신의 우위성에 기초한 인간 예외주의의 파괴성을 폭로하는 데 기여하고 물질적 구체화mattering

로서 지구가 신적인 임자의 장소로 바라보게 하는 것에 기여하여 왔다.

물질환경으로서의 지구는 추상적인 공간이 아니라 쉼 없이 변화하는 물질화의 장소로서 바라보는 것이 중요하다. 이러한 의미에서 예를 들면 생물권이 기존의 공간 "안에" 있다고 말하는 것은 옳지 않다. 생물권은 파도, 산호, 산호에 대한 관념, 기름을 유출하는 유조선과 같은 존재들 간의 네트워크이다. 그리고 이 네트워크는 어떤 실체라고 불릴 자격이 있다.[42] 그러므로 인간 행위에 따른 결과가 단순히 인간에게만 영향을 미치는 것이 아니라 다른 존재, 다른 이해관계, 그리고 다른 행위자를 연결한다. 따라서 인간의 세계 지배를 견고하게 하면 할수록, 인간은 우리 자신의 현존이 자율적이지 않고, 오히려 수많은 다른 생명체, 그리고 살아있지는 않지만, 온전히 관성적이지도 않은 존재와 얽혀있다는 것을 발견하게 된다.

시편 119편 89-91절은 인간을 넘어 만물이 주의 종이 됨을 증거하고 있다. 이렇게 만물도 종으로 하나님의 세계를 형성해 가고 있다. 만물에 대한 성서적 해석은 기독교가 인간중심이 아니며 인간만이 세계의 변화를 만들어 가는 주체가 아님을 깨닫게 하며 인간만이 아니라 생명체의 경계를 넘어서 '보이는 것들과 보이지 않는 것들' 즉, 천하 만물이 하나님의 뜻을 수행하는 행위자들임을 의미한다. 이렇게 성서의 창조와 구원의 이야기를 통하여 하나님은 인간뿐 아니라 비인간, 생명체뿐 아니라 비생명적 물질까지도 하나님의 사역의 공동 참여자임을 알게 된다.

이러한 물질에 대해 새로운 이해 속에서 만약 우리가 여전히 살만한 지구에서 계속 살아가기를 원한다면, 우리는 나무와 곰팡이와 숲, 꽃과 곤충, 그리고 강과 해양의 파괴적 문제를 적극적으로 고려해야 한다. 더 나아가 지구 신학의 형성을 구상하며 세계를 물질화의 과정으로 바라보는 것은 인간과 비인간 존재자들이 언제나 복잡한 생태에서 얽혀있는 방식을 이론화하려는 시도이며 이러한 얽혀있는 만물의 존재적 상태에 대한 생태신학적 인식의 기반에는 물질에 대한 새로운 이해를 전제한다. 필자가 지구 신학의 한 모델로서 제시하는 '만물신학' theology of things 은 그리스도가 하나의 지구 위에 우리와 함께 계실 뿐 아니라 이 지구공동체의 일원 물질화의 과정으로서의 이 되신 성육신의 신비를 다시 되새기며 만물과 공생하는 길을 모색한다. 바울은 성경의 다양한 문맥 가운데 피조세계를 통한 신적 계시는 누구나 경험할 수 있는 보편적임을 분명히 한다. 또한 이렇게 만물 가운데 하나님의 현존을 경험할 수 있다는 사상은 시편이나 욥기나 예언서에서 자주 발견할 수 있다.[43] 성경은 물질은 하나님의 창조와 구원의 서사에 늘 함께해 왔음을 증거하고 있다.

　골로새서 1장 16절은 그리스도가 만물의 주체임을 말하고 17절은 더 나아가 만물과 그리스도의 관계를 완성 시킨다. 이러한 관점은 세계에 존재하는 모든 것 all things 은 인간과 더불어 신적 기원을 가지고 있으며 하나님의 능력과 신성을 드러내는 매개자로서 가치를 가진다는 것이다. 바울은 만물이라는 철학적 언어를 사용하지만 분명한 정체성을 가지고 그리스도는 만물의 원리이며 모든 창조물의 유지자이심을 말한다.[44] 몰트만은 예수께서 구원자이시라면, 사도 바울 고전 8:6 과 에베소서와 골로새서에서 나타난 것처럼 우주적 그리스도에 대한 신앙으로 하늘과 땅 위에 있는 모든 만물의 화해 골 1:20 를 발견하고 모든 피조물을 그리스도께서 죽음을 통해 대가를 치르신 귀중한 존재로 받아들여야 함을 강조하였다.[45] 이러한 현대신학의 도전은 전통 신학이 구원을 인간구원과 영혼구원으로 축소시킴으로 이 세계의 다른 모든 피조물을 구원이 없는 상태로 배제했음을 날카롭게 비판하였다. 더군다나 지구 위의 모든 만물은 우리의 눈에 보이든 그렇지 않든 인간 인식의 가능성에 상관없이 하나님 나라가 구현되는 과정에서 사랑의 매체가 된다. 인간이 지각할 수 없는 거대한 기후 체계나 인간이 다 파악하지 못하는 물질의 복잡성 역시 인간이 통제할 수 없지만 실재하고 있다. 놀랍게도 바울은 그리스도를 통하여 이루어져야 할 궁극적인 화해의 대상을 '만물'이라고 규정한다골 1:16, 20. 이렇게 우리는 예수 그리스도 안에서 이 땅 위의 만물을 고유한 존재로 바라볼 수 있게 되며 만물과의 화해를 이루어 가시는 구원의 과정에서 모든 물질 개체를 인간과 더불어 공동참여하며 공존과 공생의 가치를 실현하는 지구 행성 공동체가 되어갈 것이다.

6) 유일한 인류의 공유지로서의 지구와 구원

우리는 어쩌면 물려받은 지속가능한 지구를 망쳐버리는 세대가 될지도 모른다. 이 시대는 속도보다 더 중요한 '어디로 갈까'와 같은 방향을 확고하게 정하는 대전환이 필요한 시기이다. 인간이 제아무리 깊은 영성과 높은 정신을 추구한다고 해도 자연에서 분리되거나 물질을 배제한 채 존재할 방법은 없다. 생태적 전환의 시대에 물질을 배제하고 저 높은 곳만을 향한 내세 지향적 신앙을 추구하는 한, 교회는 지구를 돌보아야 하는 책임에서 멀어진다. 타락한 세계와 죄 많은 세상이라는 신학적 관념이 지구의 신음 앞에서 그리스도인들의 무책임한 신앙을 가능하게 했음을 깨닫는 것이 시급하다. 타락한 세계에 대한 관념은 유대-기독교 전통의 원죄 이야기에 근본적으로 내재되어 있다. 그러나 악을 자신과 분리된 것으로 보는 시각 자체가 악이다. 진정한 신앙적 자세는 모든 악이 자신 안에 내재하는 한 측면임을 깨닫는 것이다.

지구는 하나님께서 몸으로 찾아오시고 창조와 구원의 역사를 실현해 가시는 유일한 장소이다. 물질에 대한 생태신학적 성찰은 지구에 대한 인간의 윤리적 결단을 통하여 공유지의 비극으로 치닫고 있는 지구 현실을 타개할 물질과 인간의 존재론적 관계를 강조하고 있다. 특별히 기독교의 심각한 문제는 지구적 재난을 맞이할 때마다 나타나는 세계의 종말에 대한 위협이나 이제 세계의 종말이 임박했다고 말하는 숙명론적 종말 이해를 주의해야 한다. 오히려 물질의 능동성과 행위성을 인식하는 지구 신학은 지구의 종말론적 징조를 바라보면서 그리스도인의 책임을 통감하고 행동하는 척도로 작동하도록 인식을 전환 시킨다. 더 나아가 물질 발견을 통해 우리가 깨닫게 된 것은 인간은 유한하며 인간의 사유는 편협하다는 것을 인식하는 것이다. 지구 신학은 하나님의 구원과 화해의 서사를 인간, 비인간, 자연, 그리고 물질환경 등으로까지 확장할 뿐만 아니라, 모든 만물은 어떤 고정된 본질을 지닌 것이 아니라 행위 주체들 사이의 관계들 속에서 창발하는 것이라는 과정적이고 관계적 존재론relational ontology 위에 터하고 있다. 무엇보다도 먼저 그리스도인들은 지구가 인류의 공유지임을 그리고 인류는 지구공동체의 일원이라는 인식을 공유하는 것이 우선이다. 이러한 물질에 대한 전환기적 사유는 그리스도인들에게 인간과 만물의 화해와 공존을 지향하는 생태적 삶을 가능하게 할 것이다.

2 | 기후 위기 시대의 기독교 행성적 인간주의

1) 기후 위기와 인간의 응답 능력

마크 제롬 월터스^{Mark Jerome Walters}는 생태학적 변화와 밀접하게 연관된 전염병을 "생태 전염병"이라고 불러야 한다고 제안했다.[46] 이 팬데믹은 전통적인 서구신학이 자연에 대한 우리의 이해뿐만 아니라 우리가 "물질"을 다루는 방식을 재고하고 인간 존재의 물질적 얽힘을 인식하도록 촉구한다. 인간이 아무리 영적인 존재일지라도 물질적 환경 없이는 살 수 없다. 인간은 일반적으로 별개의 독립적인 존재로 여겨지지만, 사실 외부와 단절된 채 존재할 수 없다. 인간은 이기적이고 인간 중심적인 방식으로 이 물질적 얽힘을 악용해 왔으며, 팬데믹은 기후 변화, 생태 파괴, 6차 대멸종이라는 어두운 그림자를 드리우고 있다.

오늘날 기후재앙의 주요 원인이 인간이라는 것은 널리 알려진 사실이다. 그럼에도 불구하고 인간에게는 여전히 이 행성에 모든 존재의 생명의 방향을 공생뿐만 아니라 '공동 생성'으로 바꿀 수 있는 능력이 있다고 믿는다.[47] 즉 이러한 의미에서 피상적 모순에도 불구하고 인간에게 이 행성의 모든 형태의 존재에 대한 '응답 능력'^{response-ability}으로서 책임을 지도록 촉구해야 한다. 사실 인간주의는 이러한 위기의 원인과 관련하여 비판의 중심에 있지만, 여전히 인류에게 희망이 가능하다면 인간이라는 '존재의 고유성'은 여전히 중요하다. 정확히 말하면 비판받아야 할 것은 '인간과 비인간 존재의 얽힘'을 무시하게 만드는 인간중심주의와 인간 예외주의인 것이다. 그러나 인간만이 이러한 위기에 저지른 일에 책임을 질 수 있다는 생각은 여전히 근대적이고 신학적으로 매우 오만해 보인다. 따라서 오늘날 신학의 과제는 인간중심주의와 인간 예외주의를 넘어 새로운 인간주의를 구축하는 것이다. 그것은 인간, 비인간, 그리고 무생물 존재의 깊은 상호연관성을 인정하는 깊고 확장된 성육신의 관점에서 인간주의를 바라보는 것이다. 이를 위해서는 신학적으로 가장 중요한 전제는 물질에 대한 새로운 이해이고 그러한 과정에서 새로운 물질주의와의 비판적 대화가 중요하다.

즉, 현재의 위기에 대한 신학적 대응은 인간주의의 폐지가 아니라, '재세계화'를 위해 행성적 인간주의를 다시 규정하는 것이다. 그것은 이러한 인간주의에서 인간을 "잠재력에 의해 추진되고 전복적인 힘의 얼굴을 가진 변혁적 주체"를 보는 것이다.[48] 이러한 맥락에서 이 글은 인간을 도덕적 행위자 또는 도덕적 행위자 네트워크의 일부로 간주하여 현재의 기후재앙에 대한 신학적 대응으로서 행성적 인간주의를 제안함으로써 인간 응답 능력의 윤리의 재구성을 시도한다. 또한 생태 신학과 새로운 물질주의의 교차 대화를 통해 물질과 담론, 자연과 사회, 인간과 비인간의 관계성과 상호의존성을 주장할 것이다. 그렇게 함으로써 주체 개념의 변혁적 힘을 인정하면서 근대 인간 예외주의로부터 해방될 수 있는 잠재력으로서 인간 주체를 재정의 한다. 따라서 행성적 인간주의는 깊은 성육신과 넓은 성육신에 대한 해석을 통하여 확장된 인간의 책임을 지향함으로 인간, 비인간, 사물을 둘러싼 물질적 환경에서 인간의 책임을 분별한다.

2) 현대 인간주의 비판 : 이성에서 물질로

COVID-19로 인해 인류는 비생물과 생물의 경계에 존재하는 보이지 않는 바이러스가 인간 문명의 안전지대를 뚫고 들어와 그 존재 자체에 위협을 가하는 새로운 시대에 직면하게 되었다. 전 세계 국가들이 바이러스로부터 시민을 보호하기 위해 최선을 다했지만, 인간사회는 이미 오랜 격리 기간 동안 숨겨진 탐욕, 증오, 불평등, 배제와 같은 만성적인 문제의 실체를 노출하였다. 새로운 지질 시대인 인류세라는 용어가 이미 암시하듯이, 인간은 지구변화의 주요 결정 요인이 되어 왔으며, 인간과 자연환경 사이의 배타적이고 파괴적인 관계가 우리를 이러한 기후재앙으로 이끌었음을 다시 대면하게 된다.

근대성의 핵심 정신은 진보라는 신화와 함께 인간 이성의 확장이다. 아이러니하게도 이성적 힘에 기반한 인간의 우월성은 근대성을 인류의 파괴적인 종말로 이끌었다. 팬데믹은 우리에게 근대 인간 예외주의와 소위 인류세 시대의 생태파괴에 주의를 기울이도록 요구한다. 근대인간중심주의의 치명적인 결함은 비인간 존재와 물질의 행위력에 주의를 기울이지 않는다는 데 있다. 사실, 물질을 포함한 이러한 비인간 존재들은 인간 문명의 진보를 위한 도구일 뿐이었지만, 근대 산업화에 매우 중요했다. 이러한 이유로 브루노 라투르Bruno Latour는 이제는 우리가 근대화와 생태화 사이에서 선택해야 한다고 주장한다. 그는 근대성을 사회와 자연, 비인간의 세계와 인간의 세계 사이의 관계가 시작되는 시금석으로 사용한다.[49] 라투르는 그것을 근대화와 인간 이성을 통해 자연을 지배하고 통제하여 주체와 객체, 정치와 과학, 인간과 비인간 존재를 엄격하게 분리하는 방식을 의미하게 됨을 비판한다. 반면에 생태화는 인간 정부와 '사물의 의회'가 서로 얽혀있으며, 대변인으로서의 인간 정치의 행위자 네트워크가 민주화된 과학과 제도의 도움을 받아 자연과 비인간 존재를 정치적으로 대변할 수 있음을 확인하려고 하였다. 사실, 그에게 생태화는 과학과 정치권력의 민주화를 의미한다.

라투르의 친환경적 민주주의와 함께 새로운 물질주의와 생태 비평 eco-criticism과 같은 최근 이론들은 "여성주의가 수십 년 동안 인간 예외주의를 뒷받침해 온 윤리, 인식론, 존재론에 대해 학문적으로 이의를 제기해 왔으나, 윤리적·정치적 고려 사항을 인간 영역에만 국한하는 근대적 가정"을 비판했다.[50] 근대 인간주의는 이러한 과정의 악화에 중심적인 역할을 해왔다. 즉, 근대 인간주의 이데올로기는 "이성, 인간의 자율성, 주권, 그리고 세계의 나머지 부분과의 분리를 지나치게 강조하는 인간중심주의를 초래했다. 이러한 단절은 비인간 세계의 착취와 학대를 가능하게 했는데, 비인간 세계는 인간만이 적절한 주체로 간주 되기 때문에 고유한 주체성과 행위성을 부정 당했다."[51] 인간중심주의, 이성, 인간의 자율성, 주권 등과 같은 인간주의적 사상은 우리가 비인간과 물질이라고 부르는 것을 수동적이고 침묵하며 객관화된 것으로 만들어 소비가능하게 만드는 데 기여했다.[52] 로시 브라이도티는 인간은 결코 중립적인 범주가 아니었으며 항상 권력과 특권과 연결되어 있다고 주장한다. 따라서 오늘날 우리의 포스트휴먼 과제는 인간이 인간성에서 배제된 성별화되고 인종화된 타자를 넘어 자신을 정의했던 오래된 이분법을 넘어서는 것이다.[53] 자연의 정치에서 라투르는 자연과 문화, 인간과 비인간, 과학과 인문학의 절대적 분리라는 이상적인 근대 헌법이 우리가 살고 있는 현실을 실제로 반영한 적이 없기때문에 비근대적 헌법을 제안했다.[54]

팬데믹은 기후변화 및 생태재해와 함께 비인간 존재의 얼굴을 우리 인간에게 매우 비판적인 방식으로 드러낸다. 이러한 맥락에서 인간중심주의에 연루된 인간주의를 비난하기는 쉽지만, 오늘날 우리에게 필요한 것은 비인간 타자와 공생하는 새로운 인간의 주체성 모델을 구축하는 것이다. 왜냐하면 우리는 여전히 인간이기 때문이다. 따라서 탈인간화를 향하는 길 대신 우리가 추구해야 할 것은 인간을 비인간적으로 만들지 않고 모든 존재와의 상호관계성을 인정하는 새로운 삶의 방식을 의미하는 새로운 인간주의이다. 결국 근대 자유주의 인간주의의 해체는 우리에게 인간과 비인간, 이성과 물질의 모든 얽힌 차이를 비판적으로 '재세계화'할 수 있는 기회를 제공할 것이다. 그것은 도덕적, 정치적으로 책임감 있는 방식으로 인간 중심적 인간주의를 극복하는 것이다. 즉, 다른 형태의 존재와의 인간 얽힘에 책임을 지는 것이고, 다른 한편으로는 포스트휴먼 재앙 속에서 인간 존재의 의미를 찾는 것이다.

근대 인간 중심적 인간주의에 대한 다양한 비판의 기본 방향은 옛 인간주의로의 회귀가 아니라 첨단기술물질과 다양한 물질화의 횡단 과정을 긍정하고 인간, 비인간, 물질, 자연, 사회를 포함한 어떤 형태의 존재든 모든 존재의 존재론적 동등성을 주장하는 "평평한 존재론"[55]을 공유하는 행성적 인간주의를 요구한다. 그것은 박테리아, 광물, 생태계, 기후 시스템, 문화적, 정치적 환경과 같은 다른 형태의 존재의 다양한 행위성에 얽힌 상호 작용을 주체 형성하고 인식함으로써 새로운 윤리적 주체를 발견하는 것이다.

이러한 맥락에서 라투르가 제안한 자연의 정치와 사물의회는 오늘날 우리에게 필요한 두 가지 중요한 행동을 제공한다. 한편으로는 주체와 객체의 근대적 구분을 거부하고, 다른 한편으로는 존재론으로 전환함으로써 현실에 대한 이원론적 이해에 기반한 현대 인식론을 거부한다. 현대 정치 체제는 비인간의 정치적 행위성을 전혀 고려하지 않았고, 심지어 존재론적 영역에서도 배제했다. 비인간의 존재에 대한 필요성이 있다면 그것은 오직 인간과 사회를 위한 도구일 뿐이었다.

세계적인 기후위기와 생태계 붕괴와 관련하여 팬데믹은 비인간 존재가 실제로 사회와 자연에서 어떻게 자신의 행위성을 수행하고 있었는지에 대한 증거를 제공한다. 따라서 팬데믹 기간과 이후에 우리에게 필요한 정치는 인간 제도화된 정치에서 비인간의 정치적 대표성을 가능하게 하는 정치 체제이다. 라투르는 이러한 생태 위기에서 인간은 사물의 의회, 즉 그의 자연 정치에서 비인간을 위한 "대변인"[56]이 되어야 한다고 주장한다. 비인간 존재에 대한 인간의 정치적 대표성이라는 그의 생각은 여전히 인간중심주의라는 생각에 집착하는 것처럼 보이지만, 비인간 존재와 사물의 정치적 대표성의 긴급성을 분명히 보여준다. 인간이 세계와 그 주민들에게 미치는 영향이 여전히 엄청나다는 사실을 감안할 때 '새로운 형태의 윤리적 사고와 실천'[57]이 절실히 필요하다. 이는 인간 예외주의를 넘어 진화하는 다중 관점적, 다중 행위적 현실을 향한 행성적 관점을 촉구한다. 따라서 라투르의 '사물의회' 개념은 매우 적절해진다. 그의 목표는 자연과 환경에서 비인간 행위성과 인간 인식을 넘어서는 사물과 초객체의 정치적 힘을 포함하는 방식으로 인간 정치 행위성의 역할을 인정하는 것이다.

이 글에서 인간이 오늘날 우리가 직면하고 있는 팬데믹을 포함한 위기의 가장 큰 원인이라는 사실은 부인할 수 없지만, 인류에게는 여전히 이 세계화, 즉 재세계화에서 중요한 변화를 일으킬 수 있는 능력이 있다는 데 동의한다. 여기서 제안하는 행성적 인간주의는 인간이 지구상의 모든 존재의 공동 생성을 위한 신성한 부르심의 매개체라는 것을 보여준다. 그것은 "모든 생명체와 함께하는 신에 대한 감각"[58]을 인정하는 것이다. 신은 그 물질화에서 우리와 함께 의미를 추구하며, 이것이 깊은 성육신이라고 부르는 것이다.

3) 지구행성적 인간주의와 물질성 : 인식론에서 존재론으로

기독교 전통에서 인간과 세계의 나머지 부분 사이에는 오랫동안 분리가 있었다. 인간 구원은 종종 세상과 자연환경으로부터 인간 영혼을 구하는 것을 의미했다. 라투르는 생태신학에 대한 자신의 글에서 가톨릭과 개신교 모두 "거대한 비인간 집단을 버리고 있다"고 비판했다.[59] 전통적인 구원론은 육체가 아닌 영혼에 초점을 맞춘 인간 중심적 이해에 신학적 근거를 두고 있다. 영혼구원은 자연, 환경, 물질세계를 인간구원의 도구로 간주하여 우월하고 배타적인 인간의 고유성을 강조하는 경향이 있었다. 이러한 신학적 전통에서 물질은 말할 것도 없고 비인간 존재는 침묵을 강요당했다. 지배적인 개신교 신학 전통 안에서 우리는 인간을 넘어 만물의 구원에 대한 확장된 해석을 위해 비인간 존재, 생물과 무생물을 포함하는 신학이 필요하다.

이러한 맥락에서 필자는 행성적 인간주의를 제안한다. 행성적 인간주의는 1) 인간은 물질성과 의미의 얽힘의 일부이다. 2) 비인간 존재들, 특히 무기적 존재를 포함한 모든 존재들은 그들만의 세계에서 고유한 행위성을 갖고 있다. 3) 인간의 책임은 이러한 비인간적 행위성에 대해 응답할 수 있는 능력 response-ability에 있으며, 이는 신의 성육신 incarnation에서 비롯된다. 성경, 특히 로마서 8장을 보면 기독교 신학의 교리적 전통과는 달리 인간뿐만 아니라 인간과 함께 사는 모든 피조물이 구원을 간절히 기다린다고 말한다. 그러므로 우리는 인간과, 인간 안에 모이고 구성된 모든 것들과의 관계를 깊이 고려해야 한다.

신유물론 new materialism 과 생태비평 ecocriticism 의 옹호자들, 그리고 생태여성주의 신학 eco-feminist theology에 속한 학자들은 "우리가 지구 밖에서 전 지구를 포괄할 수 있는 식민화하는 행위자가 아니라, 구체적인 수많은 타자들과 관계 속에 있는 행성적 존재로서 자신을 상상하도록"[60] 물질성의 문제를 재고하고자 노력해 왔다. 특히 신유물론적 관점은 "인간과 비인간 행위자들 간의 연합으로 구성된 중간 지대"[61]를 지지한다. 포스트휴먼 페미니스트 이론가인 브라이도티는 이러한 연합을 이질적 결합체heterogeneous assemblages 로 묘사하며, 자신을 "나는 포스트휴먼이면서도 너무도 인간적이다"라고 표현했다. 이는 그녀가 "물질적으로 구현되고 연루되어 있으며, 빠르게 변화하는 포스트휴먼 시대에 살고 있기 때문"이다.[62] 여성 신학자들은 이러한 물질적 얽힘의 무게를 이해하는 어려움과 씨름하고 있는 이들 중 하나이다.

필자가 제안하는 행성적 인간주의planetary humanism 는 신유물론 담론과 그 통찰들과의 대화에서 비롯되며, 물질성이 단순히 우리에게 주어진 것이거나 인간의 행위의 결과에 불과하다는 이해에 도전하는 신유물론적 행위성또는 주체성에 대한 관점을 포용한다. 이러한 행성적 사고는 물질을 인식하고 재구성하려는 욕망으로 표현되며, 이를 "물질화"mattering 라는 용어로 나타낸다. 바라드에 따르면, 물질과 의미는 우리의 행위적 단절agential cut 에 의해 현실의 얽힘에서 발생하는 현상이다. 이러한 관점에서 의미란 물질에 대한 우리의 응답능력response-ability 이다. 이와 같은 사고의 연장선에서 책임responsibility 이란 다른 존재 형태나 물질화에 응답할 수 있는 능력에 다름 아니다.[63] 근대적 관점과 신학적 인간 주체 및 도덕적 행위자 개념이 초래한 자연과 환경의 파괴를 비판적으로 검토하면서도, 필자가 신학적으로 제안하는 행성적 인문주의planetary humanism 는 여전히 인간이 도덕적으로 책임response-ableness 을 지닌 행위자로서 수행하는 고유한 역할을 명확히 하고자 한다. 인간의 도덕적 행위자로서의 고유성은 지구상의 타자들에게 응답하는 주체로서의 인간 존재 개념에 기반한다. 실제로, 인간의 지구적 몸earth-bound body 은 수많은 물질적 요소들과 끊임없이 얽혀있으며,

동시에 물질성의 일부인 도구와 기구를 활용하는 복합적 집합체complex col-lectivity이다. 이 생태계와 '자연-사회'nature society 환경에서 우리의 관심사는 세계의 종말이 아니라, 물질적 자연의 힘과 함께 인간-비인간의 공생적 창조sympoiesis를 재구성하는 '재세계화 또는 세계 재구성'reworlding에 있다. 이는 기후 위기에 대한 환원주의적 분석에 맞서는 것이기도 하다.

최근 신유물론자들은 비인간 존재들이 우리의 몸의 큰 부분을 구성하고 우리의 공생적 세계 형성sympoietic worlding에 영향을 미친다는 사실을 인정해야 한다고 제안했다. 이와 같은 맥락에서 라투르는 신유물론을 인식론epistemology을 거부하고 존재론ontology을 지지하는 프로그램적 접근으로 해석한다.[64] 신유물론의 목적은 인간의 도구적 관점에 의해 가려져 있던 객체object의 현실을 인정하고 객체 지향 존재론object-oriented ontology으로 나아가는 데 있다. 팬데믹 상황은 우리로 하여금 비인간적 존재들이 우리의 응답 능력response-ability을 통해 행동하기를 기다리고 있음을 보여준다. 여기서 바라드Barad의 내적 활동성intra-activity 개념이 떠오르는데, 이는 전통적인 자율적 인간 주체를 비판하는 데 사용되었다. 이러한 비판은 언어적 일원론, 생물학적 결정론, 또는 뉴턴 물리학의 고전적 결정론 같은 여러 형태를 대상으로 한다.

언어와 물질의 근대적 이원론이 초래한 인식론과 존재론의 분리는 인간과 비인간, 주체와 객체, 마음과 몸, 그리고 물질과 담론 사이의 이원론을 전제로 한 형이상학의 잔재라고 할 수 있다. 베넷Jane Bennett은 인간 의식이 언어의 효과라고 주장하지만, 이 언어 자체가 "매우 복잡한 물질적 체계"라고 설명한다.[65] 바라드가 제안한 존재-인식-학onto-epistem-ology, 즉 존재 속에서 아는 실천을 연구하는 학문은 특정한 내적 상호작용intra-ac-tions이 왜 중요한지를 이해하기 위한 더 나은 접근법일 수 있다.

행성적 인문주의의 윤리와 그 도덕적 책임은 인간 개입의 가능성에 개방적으로 재구성하려는 시도이다. 물질주의적 해석은 물질이 세계간과 비인간 행위성 간의 관계를 중심적으로 재구성하는 것이다. 이는 책임 있는 인간 개입의 가능성에 개방적인 자세로 신유물론^{new materialism}을 재구성하려는 시도이다. 이는 물질주의적 해석은 물질이 세계의 형성과 "재형성"^{reworlding} 과정에서 능동적 참여자임을 인정하는 것이다.

바라드는 행위적 실재론^{agential realism}이 도덕적으로 중요하다고 주장하며, 이는 "세계의 형성 과정에 개입하고, 무엇이 중요한지와 중요하지 않은지를 재검토하고 재구성할 책임"[66]이 우리에게 있음을 의미한다고 설명한다. 그녀에게 있어 이는 세계의 형성 과정에 개입하고, 도전하며, 재구성하는 우리의 도덕적-윤리적 의무를 나타내는 것이다. 그녀는 이를 가능성의 정치학^{politics of possibility}이라 부르며, 이는 물질-담론적 내적 활동성 ^{material-discursive intra-activity}에 의해 만들어진 무수한 현상을 함축한다. 그러나 이러한 활동들은 인간이 단순히 상황을 장악하여 세계를 자신들에게 유리하게 재구성함으로써 통제할 수 있는 것이 아니다. 행위적 실재론의 관점에서 물질성은 물질화 과정에서 능동적인 요인으로 작용한다. 자연은 단순히 문화의 흔적을 기다리는 수동적 표면도, 문화적 행위의 최종 산물도 아니다.

사실, 물질-담론적 장치^{material-discursive apparatuses}를 재구성하는 데 내재된 행위성은 본질적으로 물질적이다. 이러한 물질화의 과정에서 인간의 주체적 도덕적 개입과 윤리적 행동은 중요하지 않은 것으로 간주되지는 않지만, 결정적이지도 않다. 만약 도덕적 개입이 가능하다면, 인간은 얽힌 다른 행위성들과 결합체^{assemblage}를 형성해야만 한다. 어떤 행위적 단절^{agential cut}, 즉 주체적 개입이 이루어진다 해도, 이는 얽힘의 전체가 아닌 일부만을 드러낸다. 다시 말해, 바라드는 인간 주체가 물질적 얽힘과 독립적으로 행동할 수 있는 선택의 자유를 허용하지 않는다고 말한다. 따라서 이러한 바라드의 관점을 포함한 물질 생태비평 material ecocriticism 은 인간의 도덕적 개입을 과소평가하며, 행위성이 자발적 의사결정이 아니라고 주장함으로써 인간의 윤리적 주체성을 성취하는 것을 불가능하게 만든다고 비판한다.[67] 인간의 책임을 다하기 위해서는 인간의 윤리적 개입이 중요하고 가능하다고 여겨지는 이론이 필요하다.

　비슷한 맥락에서 브라이도티는 인간주의가 모든 사람의 평등한 권리를 지지하는 데 있어 역사적 유산의 상대적 성공을 감안할 때 쉽게 버려서는 안 된다고 주장한다. 대신 비판적으로 검토하고 역사화하고 평가해야 한다.[68] 그것은 "우리의 행성적 타자의 관점에서 그리고 생물학의 관점에서 인간주의에 대해 이야기하는 것이다. 반대로 우리는 역사의 생물학에 대해 이야기할 수 있다."[69] 따라서 인간 행동을 사물의 물질적 힘과 상호 연결된 복잡하고 때로는 알려지지 않은 관계적 행동으로 이해하면 인간의 윤리적, 정치적 책임의 범위가 확장되는 것이다. 인간 예외주의를 넘어서는 한 가지 방법은 우리의 주체성, 정체성, 행위성이 우리 자신의 것이 아니라는 것을 인식하는 것이다. 그것은 우리가 다른 존재들과 함께 살고 있으며 그들과 함께 삶을 만들어가고 있음을 인식하는 것이다. 예를 들어, 예수님께서 아무리 자신의 사랑을 전하고 싶어도 제자들의 발을 씻을 물과 양동이, 발을 닦을 수건과 같은 매개 없이 불가능했다. 더욱이 열두제자와의 저녁 식사에서 책상, 의자, 빵, 포도주, 그릇 없이는 거룩한 만찬도 가능하지 않다. 이렇게 인간의 의미가 전달되는 주관적 행동에는 항상 물질적이고 자연적이며 인공적인 사물의 행위성이 수반된다. 이것은 살신체를 넘어 물질 속으로 깊이 들어가는 '깊은 성육신'이라고 할 수 있다.

　'깊은 성육신과 넓은 상육신'이라는 개념에서 예수 안에서의 신성한 성육신은 물질적·생물학적 존재의 뿌리뿐만 아니라 창조의 어두운 면까지 닿는 급진적인 육화를 전제로 한다. 이는 라투르가 말한 "비인간을 위한 대변인"으로서의 인간의 정치적 행위성처럼, 인간 행위성의 중요성을 보여준다.[70] 이러한 광범위한 성육신 관점은 그리스도론이 과학적 우주론의 도전에 대응할 때 의미를 갖도록 한다.[71] 자연은 인간 없이 살 수 있지만, 인간은 자연 없이는 살 수 없다. 따라서 행성적 인간주의는 인간을 하나님의 형상을 닮은 윤리적 존재가 되는 것을 목표로 하고 가치를 추구하는 유일한 종으로서 인간의 가능성에 대한 희망을 포기하지 않는다. 이러한 의미에서 전통과 연결된 인간주의는 생태신학적 담론에서 여전히 중요하지만, 앞으로 나아가고 그 너머로 나아가야 한다. 오직 인간만이 다른 세계를 꿈꾸고 상상할 수 있다. 그것은 유전자 알고리즘에 기반하지 않은, 아직 도래하지 않은 세계이다. 또 다른 세계에 대한 가능성과 상상은 오직 인간만이 할 수 있는 일이다. 많은 문제에도 불구하고, 휴머니즘 humanism 은 실제로 폐기하기 매우 어려운 개념이다.

4) 깊은 성육신과 물질의 만남 : 기독교 행성적 인간주의를 향하여

성육신의 본질적인 요소는 몸과 물질이다. 몸은 모든 환경 요소와 얽혀있는 물질의 한 형태이다. 이성과 영혼에 기반한 근대신학의 인식론적 한계를 극복하기 위해 생태 여성신학은 몸과 살flesh의 중요성을 끊임없이 강조해 왔다. 전통적인 윤리 이론은 인간만이 본질적인 가치를 지닌 도덕적 존재이고 동물, 생물, 물질은 인간의 생존과 웰빙을 위한 도구적 가치만을 지닌다고 믿는 인간 중심적 사고에 기반했다. 이러한 신학에서 인간은 다른 모든 비인간 존재에 비해 절대적인 특권을 누렸다. 그러나 인류가 기후 위기, 동물에 대한 폭력, 환경파괴의 가장 큰 원인이라는 것이 의심의 여지가 없다는 점을 감안할 때 이러한 인간 중심적 신학은 종말에 이르렀다.

이러한 맥락에서, 성육신 incarnation 은 "그리스도가 여기에도, 저기에도 존재하며, 물질적 세계의 가장 깊은 차원에서 성육신 된 존재로서 물질성의 조건을 공유하면서도 그것을 초월하는 문제"임을 상기해야 한다.[72] 따라서, 성육신 incarnation 이란 이 관계들의 망 web of relationships 속에 깊이 몰입하는 것을 의미하며, 성육신의 핵심은 소위 물리적 세계에 방향성과 의미를 부여하는 것이다. 다시 말해, 성육신 된 인간은 "아직 도래하지 않은 것" the not-yet 을 상상하며 우리가 살고 있는 세계에 아직 존재하지 않는 시간을 도입할 수 있다. 이러한 방식으로 인간은 에너지와 의미의 흐름을 통해 전체의 깊이 depths 속에서 살아간다.[73]

단순히 시간을 "보내는" passing time 것이 아니라, 인간은 아직 도래하지 않은 것 the not-yet 에 대한 응답 가능성 response-ability 을 통해 시간 자체가 되는 becoming time 능력을 갖게 된다. 인간이 사물들이 "함께 모이고" coming together "제자리를 찾는" falling into place 경험을 한다는 것은, 다름 아닌 우리가 다른 존재들과 사물들과 함께 시간을 맞춰 timing 살아가는 경험이다. 어쩌면 아직 도래하지 않은 것 the not-yet 은 "하나님의 강한 주장" the insistence of God 이라는 목소리일지도 모른다.[74] J. D. 카프토 John D. Caputo 에 따르면, 하나님의 현존은 하나님의 존재 그 자체보다는 우리가 여기에 있음 being here 을 통해 느껴지는 하나님의 강한 주장 divine insistence 으로 경험된다고 말한다.

인간과 비인간 존재들 사이의 파괴적인 관계는 현재 인류가 직면한 가장 심각한 도전 중 하나이다. 따라서 기후 위기에 대한 신학적 성찰의 중요한 목표는 지구상에서 모든 생명체와 사물이 함께 살아가고 생명을 창조하는 공생적 방식을 모색하는 것이다. 이러한 대안적 인간주의를 추구하는 과정에서 필자는 행성적 인간주의 planetary humanism 를 제안한다. 이는 인간을 도덕적 행위자이자 응답 가능성 response-ability 을 지닌 윤리적 주체로 이해하는 관점을 포함한다. 행성적 인간주의는 신학적으로 깊은 성육신 deep incarnation 의 개념에 기초한다. 이는 예수의 삶과 죽음 속에서 드러난 자비와 급진적 자기 비움 kenosis 에서 명확히 나타나는 것이다. 여기서 성육신은 신성의 결핍을 나타내는 것이 아니라, 오히려 물질적 얽힘 속에서 신성의 완전한 실현을 상징한다. 따라서 신적 초월성 divine transcendence 은 이 세상 속으로의 신적 침입 그 자체가 되는 것이다. 행성적 인간주의의 관점에서 성육신은 우선적으로 자연 세계에 대한 하나님의 영원한 헌신을 의미하며, 두 번째로 이는 하나님의 구체성의 약속[75]으로 이해된다. 이러한 관점에서 깊은 성육신의 심연은 하나님이 몸과 물질과 영원히 함께 하신다는 놀라운 함의를 나타낸다. 또한, 깊은 성육신을 통해 하나님은 아직 도래하지 않은 것 the not-yet 의 인격적 차원으로 이해되며, 물질과 몸을 갈망하는 분으로 묘사된다. 이러한 신적 성육신의 깊이는 "말씀이 육신이 되어 우리 가운데 거하셨다"라는 성서의 의미를 더 깊이 이해하는 데 도움을 준다. 결론적으로, 깊은 성육신은 육체와 물질의 신학일 뿐만 아니라 모든 창조물, 지구, 그리고 우주를 상징적으로 해석하는 신학으로, 이는 필자가 행성적 인간주의를 위치시키는 자리이다.

깊은 성육신에 대한 이러한 새로운 해석은 신과 인간의 질적 차이를 말하는 것이 아니라 신과 만물 사이의 깊은 얽힘의 관계 때문에 가능한 타자를 향한 인간 존재의 자기 초월 과정을 말하는 생성의 기독교윤리를 뒷받침한다. 인간에게 내재된 신적 가능성의 발견은 가장 급진적인 초월 경험이자 물질적 얽힘의 가장 구체적인 예이다. 그럼에도 불구하고 이 글에서 제안된 행성적 인간주의는 과정으로서의 관계적 주체성의 생성과 완성된 종말론적 존재 사이의 질적 차이를 인식한다. 이러한 행성적 인간주의는 인간 존재의 원자적이고 분리된 개성을 가정하는 서구적 개인주의와 다르다. 대신 생물과 무생물 모두 다른 존재들과 함께 창조된 행성 공동체에서 가능한 인간의 번영을 믿는다. 캐서린 켈러는 그러한 가능성을 위해 "상호성육신"inter-carnation을 제안한다.[76] 위르겐 몰트만은 비슷한 맥락에서 우주적 그리스도에 대한 믿음이 하늘과 땅의 모든 것 사이의 화해를 회복하고 모든 피조물을 그리스도께서 자신의 죽음을 통해 값을 치른 소중한 존재로 받아들이는 데 도움이 될 수 있다고 강조했다.[77]

인간의 삶은 사회적, 정치적일 뿐만 아니라 생물학적, 물질적이다. 깊은 성육신을 통해 우리는 존재와 사물의 얽힘 속에서 상호작용하면서 '물질화' 속에서 살고 있다. 실제로 삶은 우리의 삶이 물질적 존재와의 협력에 기초한다는 점에서 물질주의적이다. 구원의 과정에서 인간이 혼자 할 수 있는 일은 없다. 따라서 행성적 인간주의는 성경이 구원을 인간과 비인간 동물 사이의 상호의존 속에서 하나님 나라의 행성 공동체 내에서 성취될 우주적 본성으로 이해한다는 것을 인식한다. 그러므로 예수께서 선포하신 새 하늘과 새 땅의 개념은 비인간 존재와 인간과 만물을 포괄하는 전 세계를 포용하는 것으로, 하나님의 나라 안에서 모든 것이 연관되어 있다는 것을 말한다. 행성적 인간주의에서 성육신의 중요한 신학적 주제 중 하나는 성령 하나님께서 인류가 사는 장소에 오셔서 생물-역사적 공동체의 일원이 되셨다는 것이다. 그리스도 안에서 물질적 실재로서의 세상, 즉 지구는 성령께서 온 행성 공동체를 축복하기 위한 사역의 장소가 될 수 있다. 예를 들어, 교회는 가장 초월적인 경험을 표현할 때 포도주, 불, 빵을 사용한다. 실제로 캐서린 켈러는 세상의 모든 것이 우주 안에서 서로 얽혀있다고 설명하며, "그 어떤 기독교도 육체적 성육신, 물질적 정의, 그리고 신체적 부활이라는 서사의 무게를 완전히 떨쳐낼 수 없다"고 설명한다.[78] 또한 생태정치학자인 제인 베넷은 인간의 의식은 언어의 결과이며, 언어는 '매우 복잡한 물질적 체계'라고 주장했다.[79] 그럼에도 불구하고 우리는 비인간 존재와 물질을 쉽게 인간 아래에 종속시킨다. 첨단기술 시대와 기후위기가 중첩되어 나타나는 이 시대에 우리는 구원의 역사는 말로만 이루어진 것이 아니며 그 구원의 말씀은 언어가 가리키는 피조세계와 물리적 환경에서 선포되었다는 것을 잊지 말아야 한다.

인간의 조건은 항상 지구와 연결되어 있으며, 우리는 지구라는 공동의 집에서 함께 살아가며 서로 관계를 맺고 있다.[80] 비인간 존재를 포함하는 이 피조된 지구에서 우리의 책임윤리는 책임에 대해서만 말하는 윤리가 아니라 관계적 얽힘을 지향하는 가치를 실현하고 모든 물질적 과정에 적극적으로 참여함으로써 실질적인 변화를 가져 오는 기독교 윤리여야 한다. 이러한 행성적 인간주의는 다양한 종種을 섬기는 책임을 추구한다. 따라서 우리의 깊은 성육신은 초월에 관한 것이 아니라 우리의 행성적 생성 공동체로의 신성의 급진적인 내재성에 관한 것이며, 그것은 신의 창조에서 우리의 세계형성의 과정 또는 재세계화에 다름 아니다. 이러한 성육신적 인간주의는 비인간과 모든 물질에 대한 관계성을 확장하며, 이러한 방식으로 행성적 인간주의이다. 따라서, 깊은 성육신deep incarnation은 초월을 의미하는 것이 아니라, 신성divinity이 우리의 변화하는 행성 공동체 안으로 급진적으로 내재하는 것을 의미하며, 이는 곧 신적 창조 속에서 우리의 세계화worlding 또는 재세계화reworlding를 의미한다. 이러한 성육신적 인간주의는 그 신비한 관계성을 비인간 존재와 모든 물질로 확장하며, 이러한 방식으로 행성적 인간주의를 형성한다.

우리의 주관적 경험과 마찬가지로 우리 종은 상당 부분 우리 자신의 조건으로만 살아가는 것이 아니다. 우리의 현재 경험은 실제로 진화의 역사를 담고 있으며, 이는 바로 이 순간을 만들어내는 데 기여한 수백만 종의 다른 종, 식물, 동물, 광물 및 기타 유기체를 말한다.[81] 예수님께서는 우리에게 "누가 네 이웃이냐?"라고 물으신다. 우리가 비인간, 동물, 식물, 채소, 광물에 대한 관계적 상상력을 넓힐 수 있다면, 그들은 헤러웨이가 상상하듯이 우리의 '친족'이나 다름없다. 사실 많은 종교적 가르침은 우리를 자아, 가족, 친족, 심지어 국가에 기반한 사랑의 습관에서 벗어나게 했다.[82] 예수님이 우리에게 "당신의 이웃은 누구입니까?"라고 물었을 때, 이는 사랑에 기초하여 새로운 가족을 만들라는 윤리적 명령을 내리신 것이다. 가족을 떠나 새로운 가족을 만들라는 이 계명은 친족, 인종 또는 성별에 기반하지 않는다. 이 새 가족은 자신의 이익을 추구하기보다는 서로의 구원에 참여하는 존재로 이루어진다. 이는 억압 아래 있는 인간, 동물, 지구에 대한 연민 어린 갈망과 다름없다. 다른 이의 고통을 자신의 고통으로 느낄 때, 우리는 신성한 가족이 될 수 있다. 지난 팬데믹 3년은 우리에게 지구상의 비인간 존재들이 겪는 고통과 억압을 생각하도록 요청받았다. 다시 말해, 지금은 행성적 가족planetary family에 대해 생각해야 할 때이다.

우리가 잊지 않아야 할 새 하늘과 새 땅에 대한 성서적 가르침은 또 다른 세상의 가능성을 상상하는 것은 오직 인간에게만 가능하다는 진리이다. 따라서 인간 중심적 사고방식에서 비롯된 많은 문제에도 불구하고 인간은 여전히 세상에서 또 다른 세계를 꿈꾸는 고유한 존재임이 지속가능한 이유이다. 따라서 이 행성적 인간주의가 추구하는 우리의 행성적 집합체는 특히 팬데믹 동안 생물과 무생물과 비인간적 형태의 존재와 함께 살아가고 함께 만들어 가는 즉 공동 생성적 방식을 찾아야 하며, 이러한 지향성이야말로 지구상의 모든 종류의 삶이 신의 뜻에 따라 살아가는 방식을 모색하는 것이다. 하나님은 다른 존재를 인간의 동료로 창조하셨다. 동시에 그들은 모두 구원을 위한 동반자이다. 시편 119편에서 하나님은 "모든 것이 말씀으로 지어졌다"All things have been built by words고 말씀하시고 "모든 것이 하나님의 종이 되었다"All things have become servants of God고 선포하신다 시 119:89-91. 인간뿐만 아니라 만물이 하나님의 종이 되도록 부름 받았다는 의미이다. 그것은 인간이 하나님의 뜻을 이루기 위해 하나님과 그리고 다른 비인간 존재의 동반자임을 의미한다. 왜 인간주의가 여전히 중요할까? 그것은 단순히 우리가 여전히 인간이기 때문이다. 그것은 인간의 위치의 한계를 자각하는 동시에 윤리적 주체로서의 인간의 책임을 인정하는 것이다. 이러한 의미에서 라투르가 주장하듯이 우리가 전 세계를 집합체로 간주한다면 인간주의는 여전히 존재론적 집합성과 윤리적 책임 사이의 창조적 긴장에 대한 생태 신학적 담론 안에서 논의되어야 한다. 이러한 신학적 성찰은 특히 "지구 행성"의 다른인간 및 비인간존재와 인간 얽힘에서 인간주의가 인간의 책임에 여전히 중요하다는 것을 상기시켜 준다. 따라서 공생적 인간주의는 이러한 책임 문제를 "응답 능력"response-ability으로 다시 생각할 것을 요구한다.

5) 지구행성적 인간주의와 인간의 궁극적 책임

인간은 살아있는 생태계를 통합적으로 사유할 수 있는 유일한 종이다. 그러나 기독교 전통의 구원론적 관점은 지배적으로 인간 중심적이고 내세 지향적이며 개인회심을 강조하기에 그리스도인이 자연과 물질에 대한 자신의 책임을 적극적으로 숙고하는 것을 어렵게 하는 신학적 전제이다. 생태신학과 새로운 물질주의자들과의 대화에서 비롯된 깊은 성육신 신학은 인간이 가지고 있는 세상에 대한 고유한 능력으로 인해 지구 전체에 대한 확고한 응답 능력을 가져야 함을 강조한다. 우리는 끊임없이 변화하는 행성 공동체를 위해 집단적으로 연대하는 구성원으로서 행성

윤리를 생각하기 시작해야 한다. 그것은 행성적 인간주의의 "재세계화" 가능성을 구현하기 위해 우리가 비인간 존재들과 연대할 것을 요구한다. 이것은 성서적-신학적 기반에 더 깊이 뿌리내린 공생적 응답 능력으로 이어질 것이다.

이러한 의미에서 기독교인들은 개발을 위한 개발, 공장식 축산, 대량 생산 및 소비의 삶의 방식과 같은 무모한 인간 중심적 행위를 즉각 중단해야 한다. 또한 비인간 존재를 단순히 인간 문명의 진보를 위한 수단으로 취급하는 인간 중심적인 사유 방식과 삶의 방식을 바꿔야 한다. 다른 생명체를 죽이는 공기, 물, 토양의 오염은 사실상 우리를 죽음으로 몰아가고 있으며, 이 인류세계 문명도 마찬가지이다. 그것은 우리 세계가 흙의 기초에서 즉시 '재세계화'를 거쳐야 함을 의미한다. 이러한 '재세계화'는 생태적 구원을 의미한다.

따라서, 지구의 다양한 형태로 얽혀 있는 지구의 존재들이 상호 의존성을 민감하게 활용한다면, 우리의 웰빙의 항상성 homeostasis 적 균형은 지구상의 다른 존재들과 공명할 수 있다. 이는 인간 개별 주체가 져야 할 책임 responsibility 의 의미를 변화시켜, 서로 공감할 수 있는 능력인 응답능력 response-ability 으로 전환할 것을 요구하는 것이다. 최근 많은 사상가들이 표현했듯이 최종적인 해결책은 없지만, 서로에게 열려 있고 취약해지는 위험을 감수하는 지속적인 실천만이 있을 것이므로 우리는 정의롭게 살 수 있는 새로운 가능성을 일깨우고 활기를 불어넣기 위해 응답 능력, 즉 책임감을 사용할 수 있다.

우리는 하나님이 인간을 하나님의 형상으로 창조하셨다는 것을 기억하지만 지구가 식물과 채소를 공동 창조한다는 사실은 잊고 있다. 즉, 하나님은 이 지구를 생명체의 공동창조자 co-creativity 로 두고 계신다. 인간에게 부여된 공동 창조성은 인간만을 위한 것이 아니라 모든 존재를 위한 것이다. 이것이 바로 우리가 동물, 식물, 채소, 그리고 자연적이든 인공적이든 사물과 함께 살아가는 방식을 고려해야 하는 이유이다. 인간주의 humanism 가 여전히 인간의 책임에 있어 중요한 이유는 인간은 항상 "지구 행성" Earth Planet 의 모든 것과 얽혀 있기 때문이다. 따라서 나는 여전히 인간의 책임, 즉 모든 존재에게 응답할 수 있는 능력을 강조하고자 한다. 왜냐하면 오직 인간만이 아직 실현되지 않은 것 the not-yet 을 상상하며 세상을 변화시킬 수 있기 때문이다.

3. 포스트 팬데믹 시대의 종말론과 그 윤리적 의미

1) 팬데믹 이후 다시 떠오른 종말론

　　팬데믹 동안 한국의 대형 서점가엔 COVID-19를 종말의 징조로 보는 기독교의 책들이 다수 출판되었다. '세상의 끝'에 대한 관심은 인류 역사에서 항상 있어서 왔으며 특히 오늘날과 같은 위기의식이 고조될 때는 어김없이 등장한다. 책의 내용은 주로 팬데믹을 이 지구의 종말과 그것도 파괴적인 세계 마지막의 징조로 해석하는 종말론^{apocalypse}이 대세이다. 이렇게 종말을 '시간의 마지막'으로 보는 관점은 오염된 지구를 살리고, 온난화를 막고, 탄소를 줄이며, 그리고 피조세계의 신음을 극복하기 위해 함께 노력하는 일들이 다가올 대재앙 앞에서는 부질없는 일들이 되는 것으로 만든다.

　　그러나 성서의 종말은 파괴 되어가는 현재의 세상을 뒤로하고 달려가는 도피성이 아니다. 성서에서 종말의 의미는 고통 가운데 있는 세상과 가난한 이웃을 돌보고, 입히고, 먹이는 자들이 상속할 나라를 말한다.^{마태복음 25:31-46} 이렇게 오히려 기독교의 종말은 싸매고 고쳐주는 치유의 의미와 함께 이루어가는 현재 변혁의 힘에 초점을 두고 있다. 마치 카이로스의 시간이 현실의 역사를 벗어나는 바깥으로의 돌파가 아니라 구체적 역사

안으로의 돌파를 의미하는 것과 같다.[83] 그러므로 기후 위기의 시대의 재난에 대한 기독교적 성찰이 파국적 대재앙과 연결되는 종말론적 해석은 수정되어야 한다. 그래야 기독교는 지구가 겪고 있는 생태 위기에 더 적극적으로 응답할 수 있기 때문이다.

팬데믹은 지구파괴와 기후위기에 가장 큰 책임이 인간에게 있음을 깨닫게 하였다. COVID-19의 엄청난 충격 앞에서 여전히 그리스도인들의 지구환경에 대한 관심은 미미한 수준이며, 교회 현장은 물론이고 신학 이론 역시 COVID-19로 인해서 촉발된 생태계 파괴에 대한 심각한 경고에 적극적으로 대응하지 못하고 있다. 이러한 긴급한 기후위기의 시대에 나타나고 있는 지구적 현상에 우리는 위기에 대한 협박이나 일상의 힘에 눌린 무관심 또는 인간중심적 사유로 인한 무감각을 통해서가 아니라 인간, 자연, 세계, 그리고 지구에 대한 재개념화 reworlding [84]와 그로 인해 새롭게 만들어갈 세계 reworlding 에 대한 희망으로 응답해 나아가야 한다.

이 글은 인류가 직면한 재난과 새롭게 대두되는 종말론에 대해 비판적으로 성찰하여, 기후 위기에 실질적으로 대응하기 위한 신학적 반성과 대안을 모색한다. 이를 위해 종말에 대한 왜곡된 이해를 비판적으로 검토하고, 기후위기에 대응하는 신학적 방안을 찾고자 물질 matter 과 물질화 materialization 의 개념 및 생동하는 물질의 의미를 연구하였다. 특별히 종말론적인 관점에서 세계와 자연에 대한 잘못된 이해를 수정하기 위해 신물질주의자들과의[85] 대화를 통하여 지구와 대지의 개념을 살펴보고 물질화의 신학 theology of mattering 적 구성을 시도한다. 이러한 논의는 신학적 실천을 위해 물질화의 윤리 ethics of mattering 로 귀결되면서 지구가 그저 인간이 살아가는 고정된 환경이나 공간이 아니라 인간과 함께 세계를 만들어가는 행위자임을 강조한다. 이러한 지구에 대한 재개념화는 종말이 만물과 함께 세계를 만들어가는 새로운 질서의 시작으로 연결되어서 만물 all things 공생의 길을 모색하도록 이끈다. 이러한 재개념화를 통한 새로운 신학적 담론은 지구 전체가 당면한 기후위기의 상황에서 각자 고립된 개체와 개인이 스스로 생존할 길이 없다는 생태적 사실을 진지하게 검토한다.

특별히 종말론적인 관점에서 세계에 대한 잘못된 이해를 극복하고 하나님, 인간, 그리고 자연에 대한 새로운 관계를 정립하기 위하여 생태사물신학 형성을 시도하였다. 또한 최근 인문학에서 주목하고 있는 라투르와 바라드와의 대화를 통하여 지구와 대지의 개념을 통하여 물질화의 신학^{Theology of Mattering} 새롭게 구성하였다. 결론적으로 지구가 그저 인간이 살아가는 고정된 환경이나 공간이 아니라 인간과 함께 하나님의 창조와 구원의 세계를 만들어가는 행위자임을 강조한다. 즉 종말이 현재성이 박탈된 세계의 파국으로 연결되지 않도록 만물과 함께 세계를 만들어가는 새로운 가능성의 희망이 되기 위해 이제 생태사물신학은 인간중심주의적 구원론을 어떻게 사물과 생태 및 비인간 존재들을 포괄하는 확장된 구원론으로 전환할 것인가에 응답해야 한다. 더 나아가 생명·유기체 중심의 생태신학에서 만물의 얽힘^{entanglement}을 포괄하는 생태적 확장을 위해 사물을 포괄하는 '물질 윤리'는 '책임윤리'로부터 '응답-능력'^{response-ability}의 윤리로의 전환을 제안할 것이다.

2) 탈세계적 구원론을 극복하기 위한 종말에 대한 새로운 이해

종말론의 가장 큰 오해 중 하나는 요한계시록 1장 1절에 나오는 묵시^{Apocalypsis}라는 헬라어 단어에서 비롯된다.[86] '베일을 벗다', '감추어진 것을 나타내다'라는 '묵시'의 의미 때문에 요한의 계시록이 비밀스러운 장래의 일을 미리 알려 주는 책처럼 오해되어 왔다. 그러나 요한의 묵시는 직선적 시간표의 종결을 의미하는 것이 아니라 제국의 종말과 함께 시작되는 새로운 가능성을 상징하는 것이다. 즉 요한계시록은 미래의 사건을 예견하는 것이 아니라 기후변화와 생태파괴의 깊은 영적인 뿌리를 드러내는 인류의 현재적 실재에 대한 예시라고 말한다.[87] 즉 요한의 예언자적 종말은 이 현실 세계의 파국이 아니라 제국의 폐쇄적 시스템의 파멸과 오히려 보편적 갱신을 향한 희망을 의미하며 동시에 '새 하늘과 새 땅'을 위한 가능성을 말한다[사 61:1]. 이러한 요한계시록의 종말에 대한 의미에도 불구하고 기독교 공동체 안에서 종말이 왜 파국적 세계의 끝으로 이해되고 있는지 생각해 보자.

첫째로, 서구신학 전통이 인간구원을 세상과 자연과의 분리로 생각해 왔음을 반성해야 한다. 막연히 인간은 구원되고 자연은 불구덩이에서 파괴될 것이라는 잘못된 구원 개념이 문제다. 이렇게 기독교의 전통적 신학은 자연스럽게 세계 종말과 구원을 연결한다. 그러나 분명한 것은 결코 묵시적 재앙이 기후 위기 문제의 궁극적 해결이 될 수 없다는 것이다. 오히려 세상의 끝에 대한 기독교의 종말에 대한 이해는 생태파괴의 가운데서 오히려 세상의 새로운 질서를 찾아가는 방향을 제시할 수 있어야 한다. 불가능의 가능성을 꿈꾸며 카이로스의 미래가 현재에 도래하도록 현재의 변화를 가능하게 하는 것이 요한계시록 종말의 핵심이다[사 118:8-9].

바울의 종말론에 주목하는 철학자 조르조 아감벤 Giorgio Agamben 역시 기독교의 관심은 시간의 끝이 아니라 끝을 향해 달리는 현재의 시간 즉 끝이라는 시간이 지니는 현재의 의미라고 말한다.[88] 즉, 그리스도인들이 창조 세계의 파괴에 무관심하고 그 파괴를 종말론적으로 해석하는 이유는 이 세상에 대한 잘못된 이해를 하고 있기 때문이다. 예를 들면 한국교회에 오랫동안 영향을 주고 있는 세대주의적 종말론의 경우는 그리스도인들이 이 세상을 대재앙과 함께 사라지는 임시적인 곳, 그곳으로부터 구출되어 벗어나야 할 곳으로 인식하게 만들었다. 그러나 구원은 인간을 세계와 자연으로부터의 분리를 의미하지 않는다. 오히려 하나님은 몸으로 육화하심으로 지구의 한 부분이 되셨고 지구 생명공동체의 한 구성원이 되었음을 성찰해야 한다. 이미 헤러웨이는 비인간 자연에 대한 근본적 인식의 변화를 주장하며 모든 것이 파국적 종말로 결단날 것이라는 단순한 종말에 대한 이해를 지적하였다.[89] 즉 종말을 세계의 파국과 연동시키는 신학적 왜곡이 팬데믹 이후 지구파괴에 대한 기독교의 무책임과 무한경쟁과 적자생존의 파괴적 힘을 현존하는 지배적 질서로 용인하게 만든다.

둘째로, 시간의 끝으로의 종말론적 구원을 인간만을 위한 그리스도의 사역으로 제한시키는 것을 반성해야 한다. 구원은 종종 인간영혼을 자연과 세계로부터 구하는 것으로 그 의미를 철저히 인간만을 중심에 두고 생각했던 결과이다. 그러나 성서는 신구약을 통해 우주적 그리스도와 그리스도의 구원 사역은 인간만이 아니라 비이성적인 피조물, 물질적인 피조물, 생물, 무생물, 유기체, 무기체 땅과 하늘과 강가 바다와 자연과 동식물 등을 포함하고 있다는 것을 보여주고 있다.[90] 바울은 골로새서 1장을 통하여 우주적 그리스도를 묘사하고 있는데 17절은 모든 피조물은 그리스도에게서 나왔고 그리스도를 위하여 존재하며 그리스도를 향하고 있음을 말한다요 1:3; 히 1:2. 즉 그리스도는 만물의 통일의 원리이며 모든 창조물을 유지하는 분이심을 말한다. 또한 그리스도는 온 우주에 혼돈 대신 조화를 가져다주는 응집의 원리가 되신다는 것을 의미한다. 이러한 성경의 만물 이해는 그리스도가 단순히 외적인 질서의 중심이 되심을 넘어 모든 만물은 그리스도 중심으로 할 때 그 본질적인 의미를 갖는다는 뜻이 함축되어 있다.

그리고 로마서 8장과 고린도전서 15장은 바울의 생태신학적 해석이 잘 드러나며 그리스도를 통한 생명의 역사 가운데 자연이 언제나 인간과 더불어 새로운 회복과 창조의 대상으로 언급된다. 골로새서 1장 16절은 '만물'이란 단어가 두 번 사용되었는데 이 단어는 우리가 흔히 '우주' universe 라고 말하고 있는 '타 판타' τα πάντα 를 번역한 것이다. 즉 그리스도의 구원 사역은 인간만이 아니라 즉 비인간적 모든 '만물'을 포함하고 있다. 그뿐만 아니라 로마서 8장 22절의 말씀대로 피조물이 다 이제까지 함께 탄식하며 고통당하고 있으며 모든 피조물이 하나님의 아들을 간절히 기다린다는 것을 분명히 전하고 있다. 그러므로 그리스도인들은 이 세계를 죄 많은 세상과 타락한 세속의 나라로 상징하여 종말론적 파괴의 장소로 연결하는 것을 중지하고 오히려 인간의 탐욕과 죄로 파괴된 하나님의 창조세계의 회복과 치유를 위해 노력해야 한다.

세계에 대한 새로운 인식을 가지지 않는 한 우리는 탈세계적 종말론과 인간중심의 구원론으로부터 자유롭기가 쉽지 않다. 종말론과 연동된 기독교적 도식의 구원은 몸으로부터 끄집어내어진 영혼들이 다시 시간 없는 영원으로 돌아가는 것으로 이해되며 바로 그 시간에 대한 이해가 계속 우주적 산고의 시간 속에서 해체된다. 그러나 우주적 산고의 과정은 마치 무한자가 스스로 응축해 들어가서 창조의 유한성을 위한 공간을 만들어내는 것으로써 이 우주적 공간을 통하여 유한성이 무한성으로 가득 찬 전체 세계로 현존함을 강조한다. 따라서 사도 바울은 지구에 매인 우리의 몸들로부터 from 가 아니라 그 몸의 of 구원을 강조한다.[9] 이러한 세계에 대한 재개념화의 순환을 통하여 켈러는 종말론의 해석과 카이로스가 불어넣는 희망을 연결시킨다. 이 종말론적 희망은 초자연적 구원, 세속적 진보, 혹은 역사적 낙관주의와 같은 상투적인 희망과 반대로 작용할 것임을 시사한다. 그래서 그녀는 더 좋은 실패를 제안한다.

3) 지구 행성 신학 Theology of Earth Planetary 과 재세계화 Reworlding [92]

　　팬데믹 이후 생태신학의 전환을 위해 지구와 세계에 대한 새로운 이해가 요구된다. 지구 신학 theology of Planetary 은 세계를 형성되어가는 물질화의 과정으로 이해한다. 켈러는 지구 신학의 물질화 과정을 설명하면서 모두가 모두로 응축하는 생태적 신성화 eco-divine 속에 물질의 '사이적 육화' inter-carnation 를 체현하는 과정으로 이해한다. 그녀는 진정한 종말 eschaton 은 시간의 끝이 아니라 경계의 "끝"으로 정의한다.[93] 종말은 장소의 대체가 아닌 갱신을 위한 교회-도시-자연을 연결하는 세계의 되어감 becoming world 이다.[94] 지구는 그저 인간이 살아가는 환경이 아니라 신학의 주체적인 주제로서 물질화하는 생명, 즉 우리와 함께 하는 생동하는 물질인 것이다.[95] 종말론적인 해석이 새 하늘과 새 땅에 대한 가능성을 제외하지 않도록 지구신학은 '무한의 응축'으로서의 세계의 얽힘의 전 과정에 머무르시는 신적인 현존을 드러내는 과제를 수행한다.

　　우리는 지난 팬데믹 기간에 락다운 조치를 통해서 인간은 결코 지구를 떠나서 생존할 수 없다는 것을 깨달았다. 세계 최고 부자인 제프 베이조스 Jeffrey Preston Bezos 조차 우주에 단 11분간 머문 뒤 돌아왔다.[96] 인류가 지구를 떠나 도망갈 곳은 없다. 그러나 같은 장소를 다르게 살 수는 있다. 예를 들면 행위자-네트워크 또는 행위자-연결망 이론 Actor-Network Theory 을 창시한 라투르는 팬데믹, 기후위기, 그로 인한 극대화된 불평등까지, 이 모든 위기의 근본 원인은 대지 terrestrial 에 대한 잘못된 이해라고 말한다. 그는 대지는 환경이나 배경이 아니라, 새로운 정치적 행위자임을 밝힌다.[97] 이 대지의 개념은 라투르가 고안한 신기후체제 the new climatic regime 를 극복하고 기후변화문제를 해결할 정치적 기획의 핵심이다. 그래서 라투르는 "우리는 땅에 속해 있고, 대지의 것들 중의 대지의 것들이다"라고 강조하며 "자연에서 대지로 관심을 바꾸면 기후 위협 이후 정치적 입장을 얼어붙게 하고 사회 투쟁과 생태 투쟁 사이의 연대를 위태롭게 했던 단절에 마침표를 찍는 것이 가능해진다"라고 말한다.[98] 인간을 자연과 분리된 영적인 존재로 보는 근대 신학적 사고와 대비되는 말로, 인간이 땅과 대지에 속해 있다는 것을 의미한다. 즉, 우리가 땅에 속해 있는 공동체로 스스로를 받아들일 때 땅을 존중하고 피조세계의 치유를 위해 행동하게 될 것이다.

우리는 행성으로서의 '지구'를 지칭할 때는 대문자로 'Terre/Earth'를, '세계'를 의미할 때는 'monde/world'를 사용한다. 고유명사인 지구는 다른 행성들과 구별되는데, 이는 "생명"^Vie/Life, 즉 생명체와 그들로 인해 시간의 흐름에 따라 변화된 대기, 바다 등을 포함하는 "생명의 아주 특별한 배치"이기 때문이다.[99] 이때 지구-생명은 가이아와 동의어가 되고, 지상체는 "가이아 혹은 지구 위에" 있다기보다는 "가이아 혹은 지구와 같이" 있는 존재들이 된다. 이러한 지구와 인간관계에 대한 새로운 이해는 기독교적 종말이 세계의 파국으로 연결되지 않고 현재 속에 끝의 의미 대한 사유를 수행하여 새로운 세계 형성^worlding에 어떻게 기여할 것인가를 고민하게 만든다. 따라서 우주 만물이 독립된 실체로 존재하는 게 아니라, 공생진화론이나 가이아 이론과 같이, 상호작용을 통해 생성·변화·소멸함을 인식하는 새로운 생태사물신학^eco-theology and thing's ecology이 요구되는 시대이다.

이와 같이 연결되고 확장된 생태신학은 개체군, 종, 생태계, 생태 공간의 내재적 가치를 인정하고 인간과 다른 존재의 미래적 공존과 비인간 존재들의 정치적 이익을 인정한다. 이 관점은 개체의 독립과 자율이라는 근대적 개념 속에 자유주의적 가치의 한계가 있음을 지적하고 살아 있는 것과 살아 있지 않은 것, 인간과 자연의 절대적 구분을 허용하지 않는다. 지구는 인간과 분리될 수 있는 환경이나 인간이 살아가는 독립된 공간의 개념이 아니다. 즉 세계는 고정되어 존재하는 것이 아니라 지속해서 함께 만들어가는the world in its intra-active becoming 세계로 본다. 따라서 자연과 사회의 철저한 분리를 통해 건설해 온 근대에 대한 라투르의 급진적 비판처럼 지구신학은 응축된 공생적인 무한을 끝없는 인간의 확장으로 대체하여 온 인간 예외주의에 저항한다.[100] 이러한 세계에 대한 형성적 재개념화wordling는 정치적으로 다른 세상의 가능성을 구체화하는 재세계화reworlding[101]로 연결하는 윤리적 실천을 강조한다.

4) 만물과 함께 만들어가는 재세계화와 사물생태학

세계의 많은 지성인들은 바이러스로 인한 팬데믹이 단순히 보건의 문제가 아니라 기후위기의 문제임을 절감했다. 팬데믹 현상과 그로 인해 드러난 기후 위기는 생명체·유기체만의 문제가 아닌, 지구·기후체계·사물·존재가 모두 얽혀 있는 총체적 현상임을 보여주었다. 비록 기후체계가 유기체처럼 작동하는 모습을 보인다 해도, 이 시스템은 유기체가 아니며, 이 기후체계와 인간 삶과의 얽힘은 다른 무엇보다도 더 문명에 큰 영향력을 미치고 있다. 유기체와 비유기체 사이의 경계선에 놓인 바이러스가 현재 지구 문명을 2년째 위기로 몰아세우고 있는 모습은 인간 문명이 비단 유기체적 존재들과 함께 공생할 뿐만 아니라, 비유기적 존재들과 공생하며 존재와 삶을 '함께-만들어-나가는'sympoietic 존재임을 명확히 한다.

근대 생태신학은 환경파괴와 생태계 위기의 원인을 인간중심주의에서 찾았다. 그래서 인간중심주의를 벗어나 유기체생명체 중심으로 생태신학을 전개해 왔다. 그래서 인공과 사물존재에 대한 관심은 상대적으로 빈약했거나 전무했다. 생태신학적 담론들 안에서 '물질'matter/things은 여전히 수동적이고 죽어있는 것으로 생각했다. 그러나 물질 윤리는 ^{ethics of mattering} 행위성 개념에 사물의 행위성을 포함한다. 지구 위에서 생명체는 더 많은 비생명체와 사물들과 얽혀서 존재한다. 이러한 실재에 대한 과학적 지식은 생태신학이 기존 '생명 지평'에서 사물과 환경을 포함한 '존재 지평'으로 패러다임 전환을 이루도록 통찰을 준다. 즉 인간중심주의를 극복하는 생태신학에서, 생명체 중심주의를 극복하는 사물신학으로 전환해야 한다는 것이다. 이러한 사물신학^{theology of mattering}은 인간, 생명체, 비생명체^{things,} ^{사물} 질서를 따르는 서열적 사고의 해체를 내포하고 있다. 서열적 사고는 서열 위의 존재가 서열 아래의 존재를 도구화하게 만들어 결국에는 공멸할 수밖에 없는 결과를 초래한다.

지구 행성 위에서 함께 삶과 생명을 만들어 나가는 존재로서 모든 것들^{all things}은 함께 참여하고 있으며, 인간도 그 참여자 중 일부일 뿐이다. 하나님은 인간과 생명체만 창조하신 것이 아니라 그보다 더 많은 물질과 사물과 환경을 창조하셨다. 'Theology of Mattering'은 이렇게 유기체 중심주의를 넘어서 '사물의 신학' ^{Theology of Things} 으로까지 나아가야 한다는 발상의 전환을 통해 기후위기 문제의 해결의 실마리를 찾고자 한다.

이러한 흐름은 최근에 신물질주의와 ANT 이론의 영향과도 연결되어 있다. 과학기술학의 개척자 중 한 명인 라투르[102]는 '행위자-연결망 이론' ^{Actor-Network Theory, ANT} 을 통하여 과학·기술을 연결망 구축의 산물로 보는데 과학자와 기술자 등 인간만 아니라 실험기기, 텍스트, 건물, 생물 등 다양한 비인간 역시 행위자로서 연결망에 참여한다고 말한다. 예컨대 과학자와 실험기기가 네트워크를 이루어 과학적 지식이 생산되고 정치·사회적 영향력을 형성한다는 것이다.[103] 또한 그는 ANT 이론으로 미생물, 식물, 지구 등 비인간의 행위성^{agency}을 인간의 그것과 동등하게 취급해 왔다. 즉 인간과 비인간을 행위자로서 구분하지 않는 것이 이 이론의 핵심이다.[104] 이러한 가이아 모델은 인간과 비인간, 생명과 지구 사이의 이분법적 구도를 넘어 양자의 공생과 얽힘을 강조함으로써 인간과 자연 사이의 이분법적 구별에 의존하지 않으면서도 동시에 인간의 책임을 간과하지 않는 방식을 모색하는 계기를 제공하였다.

라투르는 이미 1991년 출간된 *We have never been in Modern*에서 인간과 비인간 사이에 어떤 질적 간극도 존재하지 않음을 밝혀냄으로써 철저한 분리 속에서 건설된 근대주의 한계를 지적하고, 기후변화로 대표되는 근대성의 위기를 벗어나기 새로운 정치철학으로서 정치생태학political ecology의 필요성을 제시한다. 필자는 라투르의 생태정치와 지구행성에 대한 이러한 새로운 개념화로부터 사물에 대한 생태적 관계를 해석하는 방식에 많은 도전을 받았다. 최근의 생태적 위기는 우리의 세계를 무한의 유니버스에서 폐쇄된 세계로 혹은 지구 표면을 덮고 있는 비유기체적 존재들과 모든 살아있는 것을 의미하는 즉 그가 언급하는 대지를 제한하고 심지어 가두는 것으로 회기하는 세계를 만들었다. 그러므로 지구는 그저 죽어 있는 것이 아니라, 반복적으로 변화를 진행하고, 다른 물질화 안으로 끊임없이 접혀져, 되어가는 과정 속에 있는 물질이다.[105]

등산하는 사람을 떠올려보자. 폐를 채우는 산소는 무수히 많은, 숨은 존재들이 무상으로 제공하는 것이다. 태양으로부터 등산객을 보호하는 오존층 또한 수십억 년에 걸친 박테리아의 활동으로 만들어졌다. 그가 외딴 산을 홀로 오르고 있다 해도, 결코 혼자가 아닌 것이다. 라투르는 행위자가 영향을 미칠 수 없는 바깥을 우주Univers, 그리고 안쪽을 지구Terre 라 부른다. 이 안쪽에 거주함을 받아들이는 이들은 지구와 함께 자신의 존재를 구성해 가는 '지구생활자'이다. 식물이 산소를 배출하면 인간을 포함한 동물이 그것을 호흡하며 서로 연결되고, 동물은 다시 이산화탄소를 배출하여 다른 존재들과 이어진다. 이러한 얽히고설킨 '물질화의 과정'materialization을 이해한다면, 이는 근대화의 칼이 끊어버린 고르디우스의 매듭 Gordian Knot을 다시 묶는 일이 될 것이다.[106] 이러한 주장은 바이러스를 포함한 지구의 여러 행위자들을 인간의 의지대로 쉽게 조종할 수는 없음을 의미한다.

5) 새 하늘과 새 땅 : 기술 인간 물질 윤리[107]

라투르는 지난해 팬데믹이 시작할 즈음, COVID-19에 따른 고통과 혼돈은 더 큰 기후위기를 준비하기 위한 예행연습드레스 리허설에 불과하다고 지적했다. 팬데믹의 위기와 파괴적 기후변화 속에서도 기독교의 종말은 파국적 결말이 아닌 실패에 대한 직면과 고통에 대한 공감으로 모든 것들과의 공존의 가능성으로 우리를 이끄는 힘이어야 한다. 즉 우리는 서로에게 모든 것을 빚져 있기때문에 세상 안에서 우리에게 문제가 아닌 것은 아무것도 없다.[108]

이러한 의미에서 성육신은 예외적인 성자를 의미하는 것이 아니라 '신과 함께 만들기' theopoiesis, '만물 중에 만물되기' becoming all in all[109]이다. 즉 희망은 역사적으로 투쟁의 물질적인 구현인 동시에 창조적 체현의 조건으로서 희망은 마지막의 예측이 아니라 불안정한 현재적 생성의 진동하는 가장 자리라는 의미의 종말eschatos 속에서 살아가는 것이다. 새로운 질서는 중심에서 시작하는 것이 아니라 혼돈의 가장 자리에서 생성되기 때문이다. 그러므로 비인간 존재들 특별히 사물존재들이 인간의 존재와 삶에 분리될 수 없이 복잡하게 얽혀있다는 사실에 대한 통찰을 통해 인간의 배타적 주체성 위에 건설된 환경파괴를 반성하고 공존과 공생의 모델을 형성하기 위해 우리는 인간과 비인간의 관계를 물질화의 과정으로 재고해야 한다. 인간중심 문명의 파괴성/야만성과 이러한 예외주의적 인간중심의 문화환경의 과정에서 신음하는 비인간 생물들과 파괴 되어가는 기후체계 그리고 인간이 생존 불가능한 지구로 변화 되어가는 것에 대한 철저한 반성은 그동안 걸어온 방식에 대한 실패를 선언하는 것이다. 결과적으로 이제 생태사물신학은 인간중심주의와 인간예외주의에 뿌리를 내리고 오랜 기독교의 탈세계적 역사를 교리화해 온 전통적 구원론을 어떻게 유기체적 피조세계만이 아니라 사물과 및 만물을 포함하는 비인간 존재들을 포괄하는 구원론으로 전환할 것인가의 문제에 집중한다. 이제 생명·유기체 중심의 생태신학에서 이제 만물의 얽힘^{entanglement}의 물질화의 과정을 신학적 사유로 확장해 간다면 인간적 책임윤리로부터 만물의 상호 '응답-능력'^{response-ability}을 정치적으로 증진시키는 물질화의 윤리로^{ethics of mattering}의 전환이 가능하다.

4부 미주

1 "2024년 인류 최대 위험 기후위기, AI, 사회·정치적 대립" 『세계일보』 (2024. 1. 22.).

2 여기에서 물질이란 만물(萬物, thing)로서 세상에 있는 모든 것을 뜻하며, 도처에 존재하는 수많은 물체들을 하나로 묶어 표현하는 단어이다. 이처럼 우리 주변에는 무수히 많은 물체들이 존재하며, 이러한 물체를 구성하는 재료를 물질(matter)이라 한다. 본 논문에서 일반적인 물질 개념은 matter로 표현하고 그 물질의 구체화 과정을 의미할 때 물화mattering로, 그리고 인간과 모든 물질들의 존재론적인 얽힘의 과정을 강조할 때는 물질화로 materialization 표기하였다.

3 지구 신학에 대한 기본 개념은 필자의 논문을 참고하라 Eun-Hye Kim, "Christian Planetary Humanism in the Age of Climate Crisis," *Religions* 13 (2022), 224.

4 이 사상은 역사적으로 1990년대 중후반, 로지 브라이도티의 『유목적 주체』, 마누엘 데란다의 에세이에서 등장하면서 주목을 받았다. 이 사상의 최초 세대에는 카렌 바라드, 로지 브라이도티, 엘리자베스 그로스, 제인 베넷(Jane Bennett), 비키 커비 그리고 마누엘 데란다가 속한다. 또한 다이아나 쿨(Diana Coole), 사만다 프로스트(Samantha Frost), 스테이시 알라이모(Stacy Alaimo)와 수잔 헤크만 (Susan J. Hekman)도 중요한 인물들이다.

5 1990년대 미국항공우주국(NASA)은 지구 밖 외계 생명체를 찾기에 앞서 '생물이란 무엇인가'에 대한 논의를 진행했다. 논의 끝에 결론 내린 생물의 정의는 '다윈의 진화론을 따르는 자립형 화학 시스템(A self-sustaining chemical system capable of Darwinian evolution)'이었다. 이는 물체가 분자구조를 이루고 있고, 이 구조는 자발적으로 형성되며, 물질대사나 생식 등을 조절할 수 있고, 자연선택에 따라 세대를 이어가면 생물로 인정한다는 뜻이다. 서동준, "바이러스는 생물일까, 무생물일까" 『동아사이언스』 (2020. 7. 11.).

6 New Materialism을 역자에 따라 '신유물론'으로 번역하기도 하고, '신물질주의'라고 번역하기도 하는데 각자의 번역어는 강조점에 따른 차이로 여겨진다. '신유물론'은 new materialism이 근대 마르크스/레닌 시절의 materialism을 비판적으로 '승계'하고 있다는 점에 강조점이 있고, '신물질주의'는 new materialism이 고전적 유물론이 물질을 정치적 경제적 의미로 환원시켰다는 것을 비판하면서, 그와는 다른 맥락의 물질 개념을 전개하고 있다는데 강조점을 두고 있다고 한다.

7 이 사상은 철학적 존재론을 중심으로 기술과학과 철학 등의 분야에서 보통 '물질적 전회'(material turn)라고 부르기도 한다. Rick Dolphijn and Iris van der Tuin, *New Materialism: Interviews & Cartographies*, 박준영 역, 『신유물론-인터뷰와 지도제작』(서울: 교유당, 2021), 270.

8 Steven Shaviro, *The Universe of Things: On Speculative Realism*, 안호성 역, 『사물들의 우주』(서울: 갈무리, 2021), 11.

9 Rick Dolphijn, *Philosophy of Earth and Matter*, 우석영 역, 『지구와 물질의 철학』(서울: 산현재, 2023), 93.

10 Francesca Ferrando, *Philosophical Posthumanism: 237 Questions to Understand the Posthuman Era*, 이지선 역, 『철학적 포스트휴머니즘-포스트휴먼시대를 이해하는 237개의 질문들』(서울: 아카넷, 2021), 327.

11 관찰자 효과란 실험자가 미립자를 입자라고 생각하고 바라보면 입자의 모습이 나타나고, 바라보지 않으면 물결의 모습이 나타나는 현상이다. 양자물리학에서는 '관찰자 효과(observer effect)'라고 부른다.

12 Dolphijn and Tuin, 『신유물론-인터뷰와 지도제작』, 275.

13 그는 보이지 아니하는 하나님의 형상이시요 모든 피조물보다 먼저 나신이시니 만물이 그에게서 창조되되 하늘과 땅에서 보이는 것들과 보이지 않는 것들과 혹은 왕권들이나 주권들이나 통치자들이나 권세들이나 만물이 다 그로 말미암고 그를 위하여 창조되었고 또한 그가 만물보다 먼저 계시고 만물

이 그 안에 함께 섰느니라(골 1:15-17).

14 Karen Barad, *Meeting the Universe Halfway* (Durham: Duke University Press, 2007). 33.

15 이러한 경향성을 연구하는 일군의 학자들이 『생태사물신학』이라는 책을 출판하였다. 전현식 외, 『생태사물신학』(서울: 대한기독교서회, 2022)

16 문규민, 『신유물론 입문』(성남: 두번째테제, 2022), 15.

17 물질(matter)을 그저 고정되어 있거나 죽어있는 대상으로 사유하는 것을 비판하며 최근 신물질주의 학자들이 물질의 변화와 행위성을 나타내는 의미로 물화(mattering)로 구별되게 사용하는 단어이다.

18 김상민, "물질의 귀환: 인류세 담론의 철학적 기초로서의 신유물론," 『문화과학』 97 (2019), 63-64.

19 몸문화연구소, 『신유물론: 몸과 물질의 행위성』(서울: 필로소픽, 2022), 6.

20 몸문화연구소, 『신유물론: 몸과 물질의 행위성』, 262.

21 Shaviro, 『사물들의 우주』, 18.

22 Catherine Keller, "Earth Matters: Generation, Motivation, and Ecocivilization," *HTSN International Online Seminar "Ecology & Science: Dialogue between Ecological Theology and Science"* (2022), 2.

23 윤철호, 『인간』(서울: 새물결플러스, 2017). 529.

24 Shaviro, 『사물들의 우주』, 10.

25 Luce Irigaray and Michael Marder, *Through Vegetal Being: Two Philosophical Perspectives*, 이명호, 김지은 역, 『식물의 사유: 식물 존재에 관한 두 철학자의 대화』(서울: 알렙, 2020), 156.

26 Timothy Morton, *Being Ecological*, 김태한 역, 『생태적 삶』(서울: 도서출판 앨피, 2023), 103. 서양철학에서 우리를 이런 "다양체(mainfold)"의 방식으로 생각하도록 이끈 것은 독일의 현상학자 에드문트 후설이었다. 위의 책, 96.

27 윤철호, 『인간』, 530.

28 즉 모든 양자는 물질 형태를 띠려고 기다리는 보이지 않는 진동들이다. 반대로 모든 물질은 표면적으로는 단단하지만 그 내부는 보이지 않는 에너지의 진동으로 이루어져 있다. 전은경, "신이 부리는 요술 '관찰자 효과'," 『K스피릿』(2012.11). https://www.ikoreanspirit.com/news/ articleView.html?idx-no=35742 [2024.1.24 접속]

29 Catherine Keller, "Tingles of Matter, Tangles of Theology," in *Entangled Worlds*, ed. Karen Barad, Jane Bennett, Catherine Keller, Philip Clayton and Elizabeth Singleton, (New York: Fordham University Press, 2017), 117.

30 Catherine Keller, "Earth Matters: Generation, Motivation, and Ecocivilization," 2.

31 Keller, "Tingles of Matter, Tangles of Theology," 117.

32 예를 들면 바르트와 브루너의 주요 논쟁으로 점화되었던 논점이 바로 자연신학이었다. 바르트는 자연신학을 정면으로 부정했다. 남기철, 『현대신학해제』(서울: 대한기독교서회, 2003), 319-20.

33 W. Pannenberg, *Systemic Theology*, vol.2 (Michigan: Eerdmans Pub Co, 2013), 20-34,

34 위의 책, 451-52.

35 위의 책, 164.

36 Jürgen Moltmann, *God in Creation*, 김균진 역, 『창조 안에 계신 하나님』(서울: 대한기독교서회, 2017), 56.

37 김정형, "팬데믹 시대 생태신학-'공동 창조자' 개념을 중심으로," 『생태사물신학』(서울: 대한기독교서회, 2022), 113-15.

38 Keller, "Tingles of Matter, Tangles of Theology," 111.

39   위의 책, 113-14.

40   윤철호, 『인간』, 533.

41   우리는 정신이라는 위대한 속성을 탄생시킬 만큼 물질이 그 자체로 경이로운 존재라는 사실을 깨달
      아야 한다. 문규민, 『신유물론 입문』, 11.

42   Morton, 『생태적 삶』, 98.

43   욥기 36장 24절-37장 24절, 38장 1절-41장 34절, 8장 1-22절, 시편 89편 5-13절, 97편 1-6절, 104편
      1-32절, 145편 5-16절에 나타난다.

44   김은혜, "첨단기술시대의 신학적과제: 인간과 기술의 상호협력적 관계에 대한 신학적 상상력과 기술
      신학 정립" 『기독교사회윤리』 56 (2023), 241.

45   Jürgen Moltmann, *Ethik der Hoffnung*, 곽혜원 역, 『희망의 윤리』(서울: 대한기독교서회, 2012), 253.

46   Mark Jerome Walters, *Six Modern Plagues and How We Are Causing Them* (Washington, DC: Island
      Press, 2003).

47   Donna Haraway, *Staying with the Trouble: Making Kin in the Chthulucene* (Durham: Duke University
      Press, 2016), 58.

48   Rosi Braidotti, *Posthuman Feminism* (Cambridge: Polity, 2022), 43.

49   LBruno Latour, "To Modernize or to Ecologize? That is the Question," in *Remaking Reality: Nature
      at the Millennium, ed. Noel Castree and Bruce Willems-Braun* (London and New York: Routledge, 1998)

50   Stacy Alaimo, "New Materialisms, Old Humanisms," *NORA—Nordic Journal of Feminist and Gender
      Research 19* (2011), 282.

51   Jakob Signäs, "Who is Thy Neighbour? On Posthumanism, Responsibility and Interconnected Soli-
      darity," *Approaching Religion 10* (2020), 111.

52   위의 책

53   Braidotti, *Posthuman Feminism*, 236.

54   Bruno Latour, *We Have Never Been Modern* (Cambridge: Harvard University Press, 1993), 46-48.

55   Timothy Morton, *Hyperobjects: Philosophy and Ecology after the End of the World* (Minneapolis: Uni-
      versity of Minnesota Press, 2013), 14.

56   Bruno Latour, *Politics of Nature: How to Bring the Sciences into Democracy* (Cambridge: Harvard Uni-
      versity Press, 2004), p. 64.

57   Alaimo, "New Materialisms, Old Humanisms," 283.

58   Denis Edwards, *Ecology at the Heart of Faith: The Change of Heart That Leads to a New Way of Living
      on Earth* (Maryknoll: Orbis Books, 2006), 60.

59   Bruno Latour, "Will Non-humans Be Saved? An Argument in Ecotheology," *Journal of the Royal
      Anthropological Institute 15*, no. 3 (2009), 463.

60   AStacy Alaimo, "Wanting All the Species to Be: Extinction, Environmental Visions, and Intimate
      Aesthetics," *Australian Feminist Studies 34*, no. 102 (2019), 405.

61   Braidotti, *Posthuman Feminism*, 137.

62   Rosi Braidotti, *Posthuman Knowledge* (Cambridge: Polity Press, 2019), 12.

63   Barad, *Meeting the Universe Halfway*.

64   Carl G. Herndl and S. Scott Graham, *Thinking with Bruno Latour in Rhetoric and Composition* (Car-

bondale: Southern Illinois University Press, 2021).

65   Jane Bennett, *Vibrant Matter: A Political Ecology of Things* (Durham: Duke University Press, 2010).

66   Karen Barad, "Posthumanist Performativity: Toward an Understanding of How Matter Comes to Matter," *Signs 28*, no. 3 (2003), 827

67   Marcos Antonio Norris, "Ecocriticism and Moral Responsibility: The Question of Agency in Karen Barad's Performativity Theory," *Fugitive Environmentalism 49*, no. 1 (2016).

68   Braidotti, *Posthuman Feminism*.

69   Whitney A. Bauman, *Religion and Ecology: Developing a Planetary Ethic* (New York: Columbia University Press, 2014), 152.

70   Latour, *Politics of Nature*, 64.

71   Niels Henrik Gregersen, "The Extended Body of Christ: Three Dimensions of Deep Incarnation," in *Incarnation: On the Scope and Depth of Christology*, ed. Niels Henrik Gregersen (Minneapolis: Fortress Press, 2015), 225-51.

72   위의 책, 251.

73   Glen A. Mazis, *Earthbodies: Rediscovering Our Planetary Senses* (Albany: State University of New York Press, 2002).

74   John D. Caputo, *The Insistence of God: A Theology of Perhaps* (Bloomington: Indiana University Press, 2013), 1.

75   Denis Edwards, *Partaking of God: Trinity, Evolution, and Ecology* (Collegeville: Liturgical Press, 2014).

76   Catherine Keller, *Intercarnations: Exercises in Theological Possibility* (New York: Fordham University Press, 2017).

77   Jürgen Moltmann, *Ethics of Hope* (Minneapolis: Fortress Press, 2012), 252.

78   Catherine Keller, "Tangles of Matter, Tangles of Theology," in *Entangled Worlds: Religion, Science, and New Materialisms*, ed. Catherine Keller and Mary-Jane Rubenstein (New York: Fordham University Press, 2017), 111-12.

79   Bennett, *Vibrant Matter: A Political Ecology of Things*, 11.

80   Mazi, *Earthbodies: Rediscovering Our Planetary Senses*, 220-21.

81   Bauman, *Religion and Ecology: Developing a Planetary Ethic*, 147.

82   위의 책, 166.

83   Catherine Keller, *Political Theology of the Earth* (New York: Columbia University Press, 2018), 4.

84   재개념화는 개념을 더욱 명확하게 하고 수용가능하게 하기 위하여 다른 단어들을 사용하여 어떤 개념을 새롭게 의미화하는 행위를 의미한다.

85   본 논문에서는 대표적인 신물질주의자인 버라드와 최근 행위자네트워크 이론의 대표적인 학자인 라투르를 중심으로 살펴보고자 한다.

86   Catherine Keller, *Facing Apocalypse: Climate, Democracy and Other Last Chances* (Maryknoll, NY: Orbis Books, 2021), 15.

87   위의 책, 9.

88   Giorgio Agamben, *The Time that Remains: A Commentary On the Letter to the Romans, Trans. Patricia Dailey* (Palo Alto: Stanford University Press, 2005), 19.

89   Donna Haraway, *Modest_Witness@Second_Millemium* (New York: Routledge, 2018), 8.

90 골로새서 1장 15-19절은 모든 피조물은 그리스도에게서 나왔고 그리스도를 위하여 존재하며 그리스도를 향하고 있음을 말합니다.

91 Keller, *Political Theology of the Earth*, 26.

92 재세계화는 세계를 새롭게 구성해가는 과정을 의미하고 동시에 신물질주의적 존재인식론적(onto-epistemic ethics) 윤리의 토대 위에 세계를 고정된 공간이 아니라 끊임없이 움직이고 있는 장소로 다르게 바라보려는 시도이다.

93 Keller, *Facing Apocalypse*, 22.

94 위의 책, 145.

95 Keller, *Political Theology of the Earth*, 73, 100.

96 Jakie Wattles, "Jeff Bezos is flying to space. Here's everything you need to know," https://edition.cnn.com/2021/07/17/tech/jeff-bezos-space-flight-walkup-scn/ index.html [Updated July 19, 2021, Acessed July 19, 2021].

97 Bruno Latour, *Down to Earth Politics in the New Climatic Regime* (Medford, MA: Polity Press, 2018), 16.

98 Bruno Latour, "Agency at the Time of the Anthropocene" *New Literary History 45-1* (Winter 2014), 3.

99 위의 책, 5.

100 Keller, *On the Mystery*, 75.

101 'The meaning of worlding and reworlding'은 바라드와 해러웨이 등의 신물질주의의 영향을 받은 학자군에서 종종 사용되는 개념으로 고정된 공간으로서의 지구 개념을 해체하고 onto-epistemic ethics in light of the new materialist 관점으로 물질세계와 의미는 상호영향을 주는 관계(material-discursive)임을 밝힌다.

102 라투르는 21세기 가장 영향력 있는 학자로 꼽힌다. 과학과 인문학의 학제적 연구인 과학기술학(STS)의 대가인 그는 자연과 인간을 구분하는 서구식 근대 관점을 재검토 해왔다. 라투르의 행위자-연결망 이론(Actor-Network Theory, ANT)은 기존의 생태주의와도 다른 결을 보인다. 그는 멸종위기의 동식물을 보호하거나 동물권을 강조하는 걸 넘어 석탄, 세균, 이산화탄소도 행위자로 보고 인간과의 상호작용을 관찰한다.

103 과학기술의 발생을 설명하는 데서 시작한 행위자-연결망 이론은 1990년대 일반 사회이론으로 확장되고 인류학, 문화연구, 지리학, 환경학, 정치학, 경제학 등으로 확대 적용된다.

104 Bruno Latour, *Reassembling the Social: An Introduction to Actor-Network Theory* (New York: Oxford University Press, 2005), 72.

105 Barad, *Meeting the Universe*, 180-81.

106 그리스의 전설에 나오는 고르디우스의 매듭은 끝을 찾을 수 없을 정도로 얽히고 설킨 매듭이다. 이렇게 얽혀있는 매듭을 전설속의 알렉산더는 과감하게 잘라내고 마치 매듭을 해결한 듯이 자부했다. 라투르는 "우리는 결코 근대인이었던 적이 없었다"에서 이렇게 매듭을 끊고 해결한 듯이 착각한 이들이 바로 근대인이었다고 말한다. 라투르는 이 예를 들어서 자연과 문화를 나누는 근대의 인간중심주의적 기획을 비판한다.

107 물질화의 윤리에 대한 논문은 다음을 참조하라 Un Hey Kim, "New Ecumenism in a Discriminatively Divided World: Post-Pandemic Living as Ethical Communion with the Biological and Material Community," *The Ecumenical Review* 74-1 (January 2022).

108 Keller, *Political Theology of the Earth*, 28.

109 Keller, *Facing Apocalypse*, 72. According to Keller, this dwelling in God would later be called panentheism: all in God. In that dynamism of immanence, the Messiah/Christos becomes "all in all."

참고문헌

1부 1장. 기술과 신학의 관계와 기술신학의 토대

김재희. 『시몽동의 기술철학: 포스트휴먼 사회를 위한 청사진』. 파주: 아카넷, 2017.

_____. "우리는 어떻게 포스트휴먼 주체가 될 수 있는가?." 『철학연구』 106 (2014), 215-42.

김진택. 『테크네 상상력』. 서울: 바른북스, 2021.

안미현. "하이데거의 기술철학에 대한 비판적 고찰 - STS와 ANT의 관점에서." 『독일언어문학』 89 (2020), 73-96.

최승현. "5개 국어로 축복해주는 '로봇 목사' 등장." 『뉴스앤조이』. https://www. newsn-joy. or. kr/news/articleView. html?idxno=211252. [게시 2017. 5. 31.].

황수영. "시몽동의 기술철학에서 규범성의 문제: 생명적 규범성과 사회적 규범성 사이에서." 『근대철학』 18 (2021. 10), 51-90.

Barad, Karen. *Meeting the Universe Halfway*. Durham, NC: Duke University Press, 2007.

Heidegger, *Martin. Vorträge und Aufsätze*. 이기상, 신상희, 박찬국 역. 『강연과 논문』. 서울: 이학사, 2008.

Keller, Catherine. *Cloud of the Impossible*. New York: Columbia University Press, 2014.

Moltmann, Jürgen. *Ethik der Hoffnung*. 곽혜원 역. 『희망의 윤리』. 서울: 대한기독교서회, 2012.

O'Brien, Peter T. *Word Biblical Commentary V.44 Colossians, Philemon*. 정일오 역. 『골로새서, 빌레몬서-WBC 성경 주석 44』. 서울: 솔로몬, 2008.

Pieper, Josef. *Wahrheit der Dinge: eine Untersuchung zur Anthropologie des Hochmit-telalters*. 김진태 역. 『사물들의 진리성』. 서울: 가톨릭대학교 출판부, 2005.

Simondon, Gilbert. *Du Mode d'existence des Objets Techniques*. 김재희 역. 『기술적 대상들의 존재양식에 대하여』. 서울: 그린비, 2011.

Simondon, Gilbert. *L'Individuation A La Lumiere Des Notions De Forme Et D'Information*. 김재희 역. 『형태와 정보 개념에 비추어 본 개체화』. 서울: 그린비, 2011.

고인석. "인공지능이 자율성을 가진 존재일 수 있는가?." 『철학연구』 133 (2017. 11), 163-87.

김은혜. "첨단 기술 시대의 신학적 과제: 인간과 기술의 상호협력적 관계에 대한 신학적 상상력과 기술신학 정립." 『기독교사회윤리』 56 (2023), 215-49.

김지연. "인공지능(AI)의 윤리적 지위: 인간과 비인간 사이에서 어울리기." 『사회와이론』 46 (2023. 11), 89-131.

김효은. 『인공지능과 윤리』. 서울: 커뮤니케이션북스, 2019.

맹성현. 『AGI 시대와 인간의 미래: 챗GPT 이후의 삶, 일자리 그리고 교육』. 성남: 헤이북스, 2024.

마정목. "미 국방부 무기체계 자율성 훈령 개정에 따른 자율무기체계 정책 분석과 이해." 『국방연구』 66-2 (2023), 11-130.

신상규. "인공지능의 도덕적 지위와 관계론적 접근." 『대한철학회논문집』 149 (2019. 2), 243-73.

이상욱. "인공지능의 도덕적 행위자로서의 가능성." 『철학연구』 125 (2019), 259-60.

이중원 외 8인. 『인공지능의 윤리학』. 파주: 한울 아카데미, 2019.

장동선. 『AI는 세상을 어떻게 바꾸는가』. 파주: 김영사, 2022.

전찬영, 방정배, 박균열. "인공지능의 윤리적 자율성 검토와 공익적 시사점." 『디지털콘텐츠학회논문지』 25-4 (2024), 909-18.

조형주. "'로봇공학계 전설' 로드니 브룩스 '생성형 AI, 지나치게 과대평가됐다'." 『AI POST』. https://www.aipostkorea.com/news/articleView.html?idxno=2649. [게시 2024. 7. 1.]. 쿠마가이 코지, 타카하시 야스히로. 技術者の倫理 : 循環型社會に向けた技術者の責務と責任. 남윤의 역. 『기술 윤리: 순환형 사회를 향한 기술자의 책무와 책임』. 서울: 인터비전, 2008. 박휴용. "탈인본주의적 AI 윤리란 무엇인가?: '윤리적 AI'를 중심으로." 『컴퓨터교육학회논문지』 25-6 (2022), 75-88.

Barth, Karl. *Church Dogmatics, vol. 3, The Doctrine of Creation*, Part 2. Edited by Geoffrey Bromiley and Thomas Torrance. Translated by J. W. Edwards, O. Bussey, and Harold Knight. Edinburgh: T&T Clark, 1958.

Bostrom, Nick. "A History of Transhumanist Thought." *Journal of Evolution and Technology* 14. no. 1 (April 2005).

Bradotti, Rosi. *Nomadic Subjects*. New York: Columbia University Press, 2011.

Coeckelbergh, Mark. *AI Ethics*. 신상규, 석기용 역. 『AI 윤리에 대한 모든 것』. 파주: 아카넷, 2020.

Derr, Thomas Sieger et al. *Environmental Ethics and Christian Humanism. Nashville*, TN: Abingdon Press, 1997.

Ferrando, Francesca. "Posthumanism, Transhumanism, Antihumanism, Metahumanism, and New Materialisms: Differences and Relations." *Existenz* 8-2 (Fall 2013).

Fisher, L. Christopher. *Human Significance in Theology and the Natural Sciences.* OR: Pickwick Publications, 2010. Gould, Stephen Jay. The Mismeasure of Man. 김동광 역. 『인간에 대한 오해』. 서울: 사회평론, 2003.

Harari, N. Yuval. *Homo Deus.* 김영주 역. 『호모 데우스』. 파주: 김영사, 2017.

Herzfeld, Noreen. *The Artifice of Intelligence: Divine and Human Relationship in a Robotic Age.* MN: Fortress Press, 2023.

Keller, Catherine E. *Intercarnations: Exercises in Theological Possibility.* New York: Fordham University Press, 2017.

Niebuhr, Reinhold. *Nature and Destiny of Man.* 2 vols. New York: Scribner's, 1941-1942.

Pannenberg, W. *Systematische Theologie II.* 신준호, 안희철 역. 『판넨베르크 조직신학 2』 서울: 새물결플러스, 2018.

Smink, Veronica. "인공지능 3단계: 인류 멸종으로 이어질까?." 『BBC NEWS 코리아』. https://www.bbc.com/korean/news-65817704. [게시 2023. 6. 6.].

2부 1장. 포스트휴먼 시대의 되기의 기독교윤리

금동근. "인문학 뉴트렌드(3): '포스트휴먼' 인문학." 『동아일보』, 2008. 3. 19.

김수연 외 11명. 『포스트휴먼 시대, 생명, 신학, 교회를 돌아보다』. 서울: 동연, 2017.

김은혜. "기독교 인간주의에 대한 성찰: 새로운 문화현상에 대한 신학적 응답." 『선교와신학』 33 (2014. 2), 211-40.

김지성, 남욱현, 임현수. "인류세(Anthropocene)의 시점과 의미." *Journal of the Geological Society of Korea* 52, no. 2(April 2016).

박일준. "나 역시 남자가 아니다: 포스트휴먼 시대의 성(性)과 젠더에 대한 성찰." 『한국연구재단 후원 한-미 인문학 특별협력 국제 학술대회자료집』(2017. 10).

박희준. "전장의 사신 드론, 벌새로봇에서 글로벌 호크까지." 『아시아경제』. https://www.asiae.co.kr/article/2011102314403385873. [게시 2011. 10. 23.].

배국원. "사이버스페이스의 기독교적 의미." 『종교연구』 23 (2001. 6), 41-64.

이소희. "로지 브라이도티의 유목적 페미니스트 주체형성론에 관한 연구: 전지구화와 초국가주의의 관점에서." 『영미문학페미니즘』 13-1 (2005), 109-40.

이종관. "포스트휴먼을 향한 인간의 미래." *Future Horizon* 26 (2015. 11). 이화인문과학원. 『인간과 포스트휴머니즘』. 서울: 이화여자대학교출판부, 2013.

조주현. "실천이론에서 본 바라드의 행위적 실재론: 과학적 실천이론과 페미니스트 과학기술학(STS)의 접점." 『한국기술과학회 학술대회자료집』(2017. 5), 114-33.

Bostrom, Nick. "A History of Transhumanist Thought." *Journal of Evolution and Technology* 14, no. 1(April 2005).

Braidotti, Rosi. *Nomadic Subjects.* New York: Columbia University Press, 2011.

Braidotti, Rosi. "The Critical Posthumanities; Or, Is Medianatures to Naturecultures as Zoe Is to Bios?." *Cultural Politics* 12, no. 3(November 2016).

Braidotti, Rosi. *Posthuman*. 이경란 역. 『포스트휴먼』. 파주: 아카넷, 2015.

Derr, Thomas Sieger et al. *Environmental Ethics and Christian Humanism*. TN: Abingdon Press, 1997.

Ferrando, Francesca. "Posthumanism, Transhumanism, Antihumanism, Metahumanism, and New Materialisms: Differences and Relations." Existenz 8, no. 2(Fall 2013).

Fisher, L. Christopher. *Human Significance in Theology and the Natural Sciences*. OR: Pickwick Publications, 2010.

Harari, N. Yuval. *Homo Deus*. 김영주 역. 『호모 데우스』. 파주: 김영사, 2017.

Keller, Catherine E. "Entangled Hopes: Transfeminist Theological Im/possibility." 『한국연구재단 후원 한-미 인문학 특별협력 국제 학술대회자료집』(2017. 10). *Intercarnations: Exercises in Theological Possibility*. New York: Fordham University Press, 2017.

Ruether, Rosemary. *Gaia & God: An Ecofeminist Theology of Earth Healing*. San Francisco: Harper, 1994.

2부   2장. 포스트바디 시대에 대한 성찰과 윤리적 과제

김은혜. 『포스트모던 시대의 기독교 윤리문화』. 서울: 대한기독교서회, 2015.

_____. 『생명신학과 기독교문화』. 서울: 쿰란출판사, 2006.

_____. "포스트 휴먼 시대의 되기의 기독교 윤리." 『신학과사회』 32 (2018), 211-43.

김재성. 『바울 새로 보기』. 서울: 한국신학연구소, 2000.

_____. "제국의 지배이데올로기와 바울의 그리스도의 몸으로서의 공동체적 해석." 『신학사상』 108 (2000), 103-19.

김선일. "과학혁명시대의 복음의 소통 가능성: 유발 하라리의 종교 전망에 대한 대응." 『신학과실천』 62 (2018), 477-504.

김정두 외 10인. 『포스트휴먼 시대, 생명 신학 교회를 돌아보다』. 서울: 동연, 2017.

김정현. 『니체의 몸 철학』. 서울: 문학과현실사, 2000.

김혜정. "한국선교의 재고를 위한 고찰: 선교의 상황화와 성육신적 동일화 선교." 『선교와 신학』 48 (2019). 143-78.

나인선. "인공지능과 예배의 초월적 경험으로 자기희생의 윤리적 가능성." 『신학과실천』 67 (2019), 35-66.

노양진. 『니체의 몸 철학』. 파주: 서광사, 2013. 레마종합자료씨리즈. 『요한복음』. 광명: 임마누엘출판사, 1988.

마정미. 『포스트휴먼과 탈근대적 주체』. 서울: 커뮤니케이션북스, 2014.

몸문화연구소 편. 『포스트바디: 레고인간이 온다』. 서울: 피로소픽, 2019.

박일준. 『인공지능의 시대, 인간을 묻다』. 서울: 동연. 2018.

심상태. 『인간: 신학적 인간학 입문』. 서울: 서광사, 1989.

윤승태. "4차 산업혁명시대의 교회의 역할과 방향." 『신학과실천』 58 (2018), 601-25.

이찬석. "미래목회를 위한 기독교의 새로운 공식에 관한 연구 - 〈정의→생명→평화〉를 중심으로." 『신학과실천』 66 (2019), 589-614.

장보철. "인공지능에 대한 목회 신학적 고찰." 『신학과실천』 59 (2018), 247-67.

장윤재. 『포스트휴먼 신학: 아담아 네가 어디 있느냐?』. 서울: 신앙과지성사, 2017.

정대현, "특이점 인문학: 특이점 로봇은 인간사회의 성원이다." 『한국철학회』 131 (2017. 5), 189-216.

Balsamo, Anne Marie. *Technologies of The Gendered Gody: Reading Cyborg Women.* 김경례 역. 『젠더화된 몸의 기술: 사이보그 여성읽기』. 홍천: 아르케, 2012.

Braidotti, Rosi. *The Posthuman.* 이경란 역. 『포스트휴먼』. 파주: 아카넷, 2015.

Brynjolfsson, Erik., and Andrew McAfee. *The Second Machine Age: Work, Progress, and Prosperity in a Time of Brilliant Technologies.* 이한음 역. 『제2의 기계 시대, 인간과 기계의 공생이 시작된다』. 서울: 청림출판, 2017.

Clarke, Andy. *Natural-Born Cyborg: Minds, Technologies, and the Future of Human Intelligence.* 신상규 역. 『내추럴-본 사이보그: 마음, 기술 그리고 인간 지능의 미래』. 파주: 아카넷, 2015.

Dona J, Haraway. *Simians, Cyborgs anad Woman : The Reinvention of nature.* New York: Routledge, 1991.

Haraway, Donna J. *How Like A Leaf.* 민경숙 역. 『한 장의 잎사귀처럼』. 서울: 갈무리, 2005.

Henry, Michel. *Incarnation: Une Philosophie de la chair.* 박영옥 역. 『육화, 살의 철학』. 서울: 자음과모음, 2012.

Hayles, N. Katherine. *How we Became Posthuman.* 허진 역. 『우리는 어떻게 포스트휴먼이 되었는가』. 파주: 플래닛, 2013.

Kurwweil, Ray. *The Singularity is near.* 김명남, 장시형 역. 『특이점이 온다』. 파주: 김영사, 2018.

Sallie, McFague. *The Body of God: Emperor's Palace for Krishna in Eighty-century Kanchipuram.* New York: Oxford University press, 2008.

Sommer, Wolfgang., and Detler Klahr. *Kirchengeschichtliches repetitorium.* 홍지훈, 김문기, 백용기 역. 『교회사 무엇을 공부할 것인가?』. 서울: 한국신학연구소, 2008.

김난도 외. 『트렌드코리아 2018』. 서울: 미래의창, 2017.

김대호. 『4차 산업혁명』. 서울: 커뮤니케이션북스, 2016.

김수연 외 11인. 『포스트휴먼 시대, 생명, 신학, 교회를 돌아보다』. 서울: 동연, 2017.

김용섭. 『언컨택트』. 서울: 퍼블리온, 2020.

김은혜. "신학적 인문주의자, 칼뱅연구: 새로운 기독교 인간주의의 복원을 위하여." 『신학과 사회』 30-4 (2016. 11), 223-58.

류은정. "마을교육공동체를 위한 지역교회의 역할." 『선교와 신학』 44 (2018. 2), 259-88.

배국원. "사이버스페이스의 기독교적 의미." 『종교연구』 23 (2001. 6), 41-64.

백종현 외 5인. "제4차 산업혁명과 포스트휴먼 사회." 『철학과 현실』 112 (2017. 3), 20-128.

신광은. 『메가처치 논박』. 서울: 정연사, 2009.

이재현. 『디지털 문화』. 서울: 커뮤니케이션북스, 2013.

이종관. "포스트휴먼을 향한 인간의 미래?." *Future Horizon* 26 (2015. 11).

이화인문과학원. 『인간과 포스트휴머니즘』. 서울: 이화여자대학교출판부, 2013.

정기묵. "뉴미디어 시대와 미디어 선교." 『선교와신학』 32 (2013. 8), 77-110.

조용훈. "기독교의 4차 산업혁명 대응을 위한 세 차례 산업혁명에 대한 반성적 고찰." 『선교와신학』 51 (2020), 191-224.

최재봉. 『포노사피엔스』. 파주: 샘앤파커스, 2019.

최재천 외. 『코로나 사피엔스: 문명의 대전환』. 서울: 인플루엔셜, 2020.

Braidotti, Rosi. "The Critical Posthumanities; Or, Is Medianatures to Naturecultures as Zoe Is to Bios?" *Cultural Politics 12*, no. 3 (November 2016).

Derr, Thomas Sieger et al. *Environmental Ethics and Christian Humanism*. Abingdon Press, 1997.

Harari, N. Yuval. *Homo Deus: A Brief History of Tomorrow*. 김영주 역. 『호모 데우스: 미래의 역사』. 파주: 김영사, 2017.

Jenkins, Henry. *Convergence Culture: Where Old and New Media Collide*. 김정희원, 김동신 역. 『컨버전스 컬처: 올드 미디어와 뉴 미디어의 충돌』. 서울: 비즈엔비즈, 2008.

Keller, Catherine. *Intercarnations: Exercises in Theological Possibility*. New York: Fordham University Press, 2017.

Moltmann, Jürgen. *Ethik der Hoffnung*. 곽혜원 역. 『희망의 윤리』. 서울: 대한기독교서회, 2012.

Ruether, Rosemary. *Gaia & God: An Ecofeminist Theology of Earth Healing*. San Francisco: Harper, 1994.

Schwab, Klaus. *The Fourth Industrial Revolution*. 송경진 역. 『클라우스 슈밥의 제4차 산

업혁명』. 서울: 새로운현재, 2016.

3부 2장. 디지털 기술과 한국 교회의 청년 문제

곽건용. "'하나님의 형상'은 과연 상징일 뿐일까?."『기독교사상』632 (2011).

김상민. "물질의 귀환: 인류세 담론의 철학적 기초로서의 신유물론."『문화과학』97 (2019), 55-80.

김은혜. "첨단기술시대의 신학적 과제 - 인간과 기술의 상호협력적 관계에 대한 신학적 상상력과 기술신학 정립."『기독교사회윤리』56 (2023), 215-49.

_____. "Christian Planetary Humanism in the Age of Climate Crisis." *Religion* 13(3), 224, 2022.

김정형. "팬데믹 시대 생태신학-'공동 창조자' 개념을 중심으로."『생태 사물 신학: 팬데믹 이후 급변하는 생태신학』. 김은혜 외 10인. 107-120. 서울: 대한기독교서회, 2022.

남기철.『현대신학 해제』. 서울: 대한기독교서회, 2003.

몸문화연구소.『신유물론: 몸과 물질의 행위성』. 서울: 필로소픽, 2022.

문규민.『신유물론 입문』. 성남: 두번째테제, 2022.

서동준. "바이러스는 생물일까, 무생물일까."『동아사이언스』. 2020. 7. 11.

서필웅. "2024년 인류 최대 위험 기후위기, AI, 사회·정치적 대립."『세계일보』. https://www.segye.com/newsView/20240121508451. [게시 2024. 1. 22.].

윤철호.『인간』. 서울: 새물결플러스, 2017.

이지선. "물질의 의미와 물의(物議) 빚기 - 캐런 버라드의 행위적 실재론에 관한 예비적 고찰."『시대와철학』32-1 (2021), 233-60.

전은경. "신이 부리는 요술 '관찰자 효과.'"『K스피릿』. 2012. 11.

전현식, 김은혜.『생태사물신학』. 서울: 대한기독교서회, 2022.

캐서린 켈러. "지구는 물화(物化)한다: 세대, 동기부여, 생태문명."『HTSN국제 온라인세미나 Ecology&Science 생태신학과 과학의 대화 자료집』, 2023.

Barad, Karen. *Meeting the Universe Halfway*. Durham: Duke University Press, 2007.

Bennett, Jane. *Vibrant matter: a political ecology of things*. 문성재 역.『생동하는 물질: 사물에 대한 정치생태학』. 서울: 현실문화, 2020.

Dolphijn, Rick., and Iris van der Tuin. *New materialism*. 박준영 역.『신유물론-인터뷰와 지도제작』. 서울: 고유당, 2021.

Dolphijn, Rick. *Philosophy of matter : a meditation*. 우석영 역.『지구와 물질의 철학』. 서울: 산현재, 2023.

Ferrando, Francesca. *Philosophical posthumanism*. 이지선 역.『철학적 포스트휴머니즘-포스트휴먼시대를 이해하는 237개의 질문들』. 서울: 아카넷, 2021.

Hüttermann, Aloys P., and Aloys H. Hüttermann. *Am Anfang war die Ökologie: Naturverständnis im Alten Testament*. 홍성광 역. 『성서 속의 생태학: 성서에서 찾아낸 지속가능성의 원형』. 서울: 황소걸음, 2004.

Irigary, Luce., and Marder, Michael. *Through vegetal being*. 이명호, 김지은 역, 『식물의 사유: 식물 존재에 관한 두 철학자의 대화』. 서울: 알렙, 2020.

Keller, Catherine. *Facing Apocalypse: Climate, Democracy, and Other Last Chances*. New York: Orbis Books, 2021.

_____. "Tingles of Matter, Tangles of Theology." In *Entangled Worlds*, Edited by Karen Barad. et al. New York: Fordham University Press, 2017.

McFague, Sallie. *New climate for theology : God, the world, and global warming*. 김준우 역. 『기후변화와 신학의 재구성』. 서울: 한국기독교연구소, 2008. Life abundant. 장윤재, 장양미 역. 『풍성한 생명: 지구의 위기 앞에 다시 생각하는 신학과 경제』. 서울: 이화여자대학교출판문화원, 2008.

Moltmann, Jürgen. *Der geist des lebens : Eine ganzheitliche pneumatologie*. 김균진 역. 『생명의 영: 총체적 성령론』. 서울: 대한기독교서회, 2017.

_____. *Gott in der schöpfung : Ökologische schöpfungslehre*. 김균진 역. 『창조 안에 계신 하나님: 생태학적 창조론』. 서울: 대한기독교서회, 2017.

Morton, Timothy. *Being ecological*. 김태한 역. 『생태적 삶: 티머시 모튼의 생태철학 특강』. 서울: 앨피, 2023.

O'brien, Peter T. *Word biblical commentary. Volume 44, Colossians, Philemon*. 정일오 역, 『골로새서, 빌레몬서-WBC 성경 주석 44』. 서울: 솔로몬, 2008.

Pannenberg, W. *Systemic Theology. Vol. 2*. Michigan: Eerdmans Pub Co, 2013.

Shaviro, Steven. *Universe of things : on speculative realism*. 안호성 역. 『사물들의 우주: 사변적 실재론과 화이트헤드』. 서울: 갈무리, 2021.

4부   1장, 기술과 생태를 연결하는 물질Matter과 물질화Materialization

Agamben, Giorgio. *The Time that Remains: A Commentary on the Letter to the Romans*. Stanford. CA: Stanford University Press, 2005.

Barad, Karen. *Meeting the Universe Halfway*. Durham, NC: Duke University Press, 2007.

Haraway, Donna J. *Modest_Witness@Second_Millemium*. New York: Routledge, 2018.

Keller, Catherine. *Political Theology of the Earth*. New York: Columbia University Press, 2018.

_____. *Facing Apocalypse: Climate, Democracy, and Other Last Chances*. Maryknoll, NY: Orbis, 2021.

_____. *On the Mystery: Discerning Divinity in Process*. Minneapolis, MN: Fortress Press, 2007.

Kim, Un-Hey. "New Ecumenism in a Discriminatively Divided World: Post-Pandemic Living as Ethical Communion with the Biological and Material Community." *The Ecumenical Review* 74, no. 1(January 2022).

Latour, Bruno. *Down to Earth Politics in the New Climatic Regime*. Medford, MA: Polity Press, 2018.

_____. *Reassembling the Social: An Introduction to Actor-Network Theory*. New York: Oxford University Press, 2005.

_____. "Agency at the Time of the Anthropocene." *New Literary History* 45, no. 1(Winter 2014).

Wattles, Jakie. "Jeff Bezos is Flying to Space. Here's Everything You Need to Know." *CNN*. Last updated July 19, 2021. Accessed July 19, 2021. https://edition.cnn.com/2021/07/17/tech/jeff-bezos-space-flight-walkup-scn/index.html.

4부   2장. 포스트 팬데믹 시대의 종말론과 그 윤리적 의미

Agamben, Giorgio. *The Time that Remains: A Commentary on the Letter to the Romans*. Translated by Patricia Dailey. Palo Alto: Stanford University Press, 2005.

Barad, Karen. *Meeting the Universe Halfway*. Durham, NC: Duke University Press, 2007.

Haraway, Donna. *Modest_Witness@Second_Millennium*. New York: Routledge, 2018.

Keller, Catherine. *Political Theology of the Earth*. New York: Columbia University Press, 2018

_____. *Facing Apocalypse: Climate, Democracy, and Other Last Chances*. Maryknoll, NY: Orbis Books, 2021.

_____. *On the Mystery: Discerning Divinity in Process*. Minneapolis, MN: Fortress Press, 2007.

Latour, Bruno. "Agency at the Time of the Anthropocene." *New Literary History* 45, no. 1(Winter 2014).

_____. *Reassembling the Social: An Introduction to Actor-Network Theory*. New York: Oxford University Press, 2005.

Wattles, Jakie. "Jeff Bezos is Flying to Space. Here's Everything You Need to Know." *CNN*. Last updated July 19, 2021. Accessed July 19, 2021. https://edition.cnn.com/2021/07/17/tech/jeff-bezos-space-flight-walkup-scn/index.html.

Alaimo, Stacy. 2011. "New Materialisms, Old Humanisms, or, Following the Submersible." *NORA—Nordic Journal of Feminist and Gender Research* 19, 280-84.

_____. 2019. "Wanting All the Species to Be: Extinction, Environmental Vision, and Intimate Aesthetics." *Australian Feminist Studies* 34, 102.

Barad, Karen. "Posthumanist Performativity: Toward an Understanding of How Matter Comes to Matter." *Sign* 28 (2023), 801-31.

_____. *Meeting the Universe Halfway: Quantum Physics and the Entanglement of Matter and Meaning.* Durham: Duke University Press, 2007.

Bauman, Whitney A. *Religion and Ecology: Developing a Planetary Ethic.* New York: Columbia University Press, 2014.

Bennett, Jane. *Vibrant Matter: A Political Ecology of Things.* Durham: Duke University Press, 2010.

Braidotti, Rosi. *Posthuman Knowledge.* Princeton: Polity Press, 2019

_____. *Posthuman Feminism.* Cambridge: Polity, 2022.

Caputo, John D. *The Insistence of God: A Theology of Perhaps.* Bloomington: Indiana University Press, 2013.

Edwards, Dennis. *Ecology at the Heart of Faith.* Maryknoll: Orbis, 2006.

_____. *Partaking of God: Trinity, Evolution, and Ecology.* Collegeville: Liturgical Press, 2014.

Greg, N. H. "The Extended Body of Christ: Three Dimensions of Deep Incarnation." *Incarnation on the Scope and Depth of Christology* (2015) 225-51.

Haraway, Donna J. *Staying with the Trouble: Making Kin in the Chthulucene.* Durham: Duke University Press, 2016.

Herndl, Carl, and Scott Graham. "Getting Over Incommensurability: Latour, New Materialisms, and the Rhetoric of Diplomacy." In *Thinking with Bruno Latour in Rhetoric and Composition.* Edited by Paul Lynch and Nathaniel Rivers. Carbondale: Southern Illinois University Press, 2021.

Keller, Catherine. *Intercarnations: Exercises in Theological Possibility.* New York: Fordham University Press, 2017a.

_____. "Tangles of Matter, Tangles of Theology." *Entangled Worlds* (2017), 111-12.

Latour, Bruno. *We Have Never Been Modern.* Translated by Catherine Porter. Cambridge: Harvard University Press, 1993.

_____. "To Modernise or Ecologise? That is the Question." In *Remaking Reality: Nature at the Millennium,* edited by Bruce Braun and Noel Castree, 221-42. London: Routledge, 1998.

_____. *Politics of Nature: How to Bring the Sciences into Democracy.* Translated by Catherine Porter. Cambridge: Harvard University Press, 2004.

_____. "Will Non-humans Be Saved? An Argument in Ecotheology." *Journal of the Royal Anthropological Institute* 15 (2009), 459-75.

Mazi, Glen. *Earthbodies: Rediscovering Our Planetary Senses.* Albany: State University of New York Press, 2002.

Moltmann, Jürgen. *Ethics of Hope.* Minneapolis: Fortress Press, 2012.

Morton, Timothy. *Philosophy and Ecology after the End of the World.* Minneapolis: University of Minnesota Press, 2013.

Norris, Marcos. "Ecocriticism and Moral Responsibility: The Question of Agency in Karen Barad's Performativity Theory." *Fugitive Environmentalism* 49 (2016), 180-81.

Signas, Jakob. "Who is Thy Neighbour? On Posthumanism, Responsibility, and Interconnected Solidarity." *Approaching Religion* 10 (2020), 111.

Walters, Mark Jerome. *Six Modern Plagues: And How We Are Causing Them.* Washington, DC: Island Press, 2003.